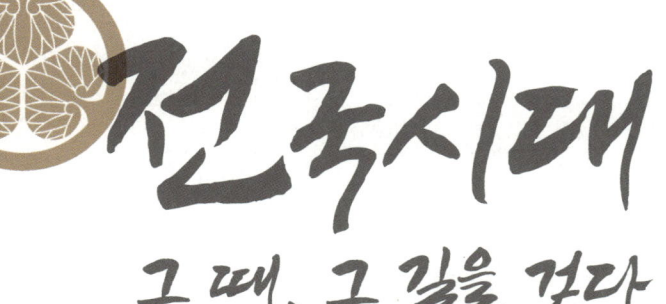

# 전국시대

## 그 때, 그 길을 걷다

**전국시대의 3대 영웅**

오다 노부나가 도요토미 히데요시 도쿠가와 이에야스
최신의 연구를 바탕으로 그들의 일생과 전쟁을 기록

# 머리말

일본의 전국시대(戦国時代, せんごくじだい)는 수많은 무장들이 등장하고, 또 여러 전투가 벌어졌기에 그것을 하나하나 이해하고 알기는 상당한 시간이 요구된다. 그러나 애니메이션이나 드라마, 게임, 만화 등에 전국시대의 무장들이 등장하여 특색이 있는 캐릭터를 보여주고 있어서 일본의 젊은이들에게 인기가 많다.

최근에는 「역사를 좋아하는 여자」라는 말을 줄여서 「레키조(歷女, れきじょ)」라는 신생어가 생겨날 정도로 일본의 각 지역에 남아 있는 전국시대의 흔적지를 찾아다니는 사람들도 엄청 증가하였다. 2, 3년마다 NHK 대하드라마는 메이지유신이나 에도막부, 전국시대 등을 배경으로 제작을 하는데, 최근에는 전국시대를 무대로 하는 드라마가 많이 만들어지고 있다. 홋카이도와 오키나와를 제외한 거의 일본 전 지역에 전국시대의 유적지가

남아 있어서, 관련된 드라마가 방영되면 그 지역은 관광객으로 발붙일 틈이 없다. 한국에서도 일본 유투브나 넷플릭스, 왓챠 등을 통해서도 전국시대의 드라마를 볼 수 있는데, 일본의 전국시대에 관심이 있는 한국인들도 상당히 많은 것 같다.

일본의 역사연구 중에서 부러워할 만한 점은, 이미 알려진 역사라도 끊임없는 사료연구와, 특히 편지 쓰는 것을 좋아하는 민족답게 전국시대 무장들, 혹은 그 외의 사람들이 친인척이나 모시는 주군, 부하들에게 보낸 편지에서 새로운 것이 발견되면, 기존의 알려진 사실(史實)을 뒤집는다는 것이다. 일본의 역사학자들은 본인들이 주장해 왔던 것이 뒤집어지더라도 부끄럽게 생각하지 않고 더욱 더 연구에 매진을 한다. 그래서 연구자들은 서로 경쟁하듯이 새로운 사실을 발견하기 위한 부단한 노력을 한다. 그리고, 역사 소설가들도 역사학자 못지않은 연구와 노력을 하기에 누구나 즐길 수 있고 쉽게 이해할 수 있는 글을 발표한다. 이것을 바탕으로 NHK 대하드라마가 만들어지니 얼마나 많은 일본국민들이 그들의 역사를 즐기고 있는지를 알 수 있다.

일본의 천하를 통일한 오다 노부나가(織田信長, おだ のぶなが), 도요토미 히데요시(豊臣秀吉, とよとみ ひでよし), 도쿠가와 이에야스(德川家康, とくがわ いえやす)에

대해서 한번쯤은 그 이름을 들어본 적이 있는 독자들도 있을 것이다. 그들이 어떤 삶을 살아왔고, 또 어떻게 천하를 통일하게 되었는지를 알면, 현대를 살아가는 우리들의 삶에도 일정부분 도움이 되지 않을까?

저자는 일본 전국시대의 유적지를 일일이 찾아다니며 그들이 꿈꾸고 바랐던 일본에 대해서 생각을 해 보았다. 약 5백년 전의 일이기에 온전히 남아 있는 城(성)이나 유적은 드물었지만 그것을 보존하고, 재건, 관리하는 일본인들을 보면서 새삼스럽게 부럽다는 생각이 들었다. 앞으로도 저자는 일본 전국시대여행을 계속할 것이다. 본 저서는 그 중의 한 권으로서, 출판뿐만 아니라 영상으로도 독자 여러분께 그들의 삶과 역사에 대해서 알릴 생각이다.

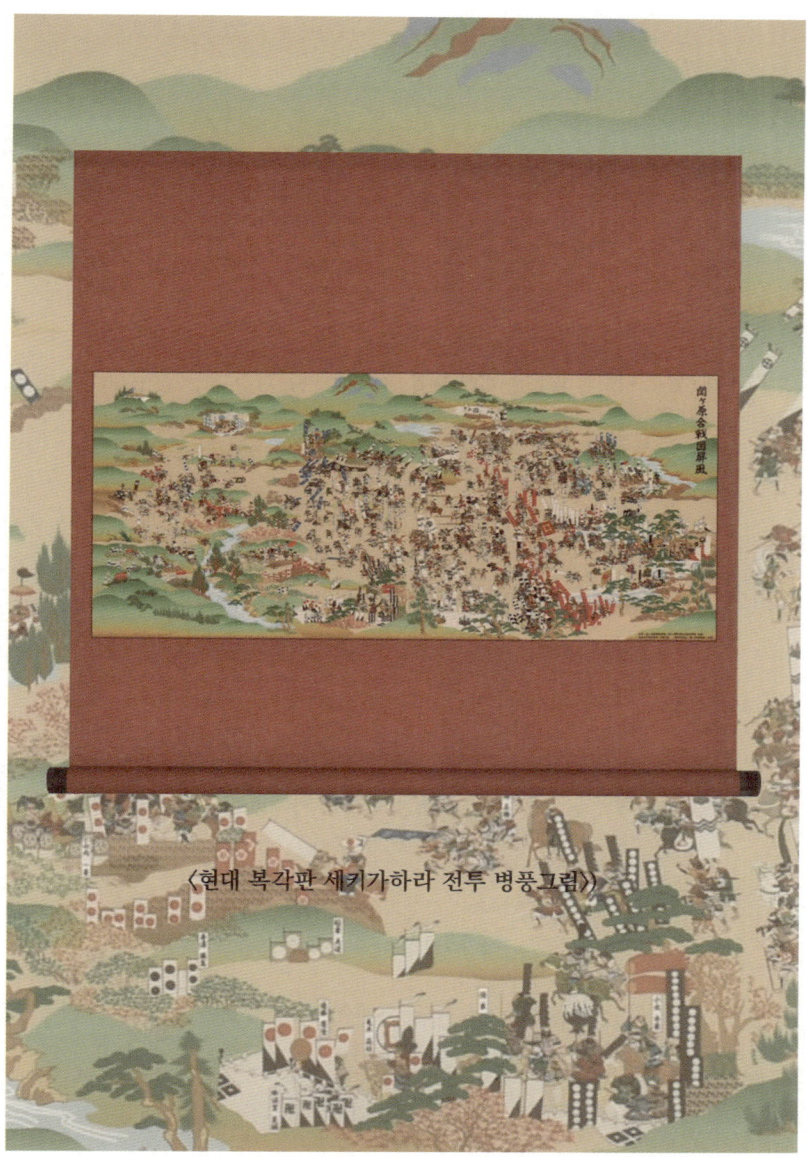

〈현대 복각판 세키가하라 전투 병풍그림〉

## 목차

**제1장 천하인의 발판을 만든 무장_오다 노부나가 / 9**
  1. 아버지, 오다 노부히데 - 10
  2. 오다 가문의 내분 - 14
  3. 오케하자마 전투와 미노평정 - 20
  4. 아시카가 요시아키의 옹립 - 25
  5. 오다 노부나가와 아시카가 요시아키의 관계 - 30
  6. 제1차 오다 노부나가 포위망 - 33
  7. 제2차 오다 노부나가 포위망 - 39
  8. 아시카가 요시아키의 추방과 천하인(天下人) 노부나가 - 44
  9. 제3차 오다 노부나가 포위망 - 48
  10. 혼노지의 변 - 51

**제2장 천하인의 과정이었던 무장_도요토미 히데요시 / 57**
  1. 히데요시의 출생과 출세 - 58
  2. 추고쿠 공격 - 64
  3. 추고쿠 대회군과 야마자키 전투 - 69
  4. 기요스 회의와 시즈가타케 전투 - 72
  5. 고마끼·나가쿠테 전투 - 75
  6. 관백(천황을 보좌하는 역)취임과 천하통일 - 77
  7. 조선출병과 히데쯔구 할복 사건 - 84
  8. 히데요시의 죽음 - 89

## 제3장 천하인이 된 무장_도쿠가와 이에야스 / 93

1. 인질로서 보낸 10대 - 94
2. 오케하자마 전투와 기요스 동맹 - 98
3. 미카와 잇코잇키와 미카와 평정 - 102
4. 아네가와 전투 - 105
5. 미카타가하라 전투 - 107
6. 나가시노·시타라가하라 전투 - 111
7. 노부야스 할복사건 - 114
8. 타케다 가문의 멸망 - 117
9. 혼노지의 변과 신군이가고에 - 119
10. 고마끼·나가쿠테 전투 - 123
11. 오다와라 정벌과 관동전봉(영지 전환) - 126

## 제4장 전국시대의 일화와 에피소드 / 131

1. 히데요시도 함락 못한 오시성 - 132
2. 패잔병들의 지옥-오치무샤가리 - 138

## 제5장 전국시대를 이끈 무장들 / 149

1. 사나다 마사유키-도쿠가와 이에야스의 침공을 두 번이나 막은 지장 - 150
2. 나오에 가네쯔구-우에스기 가문의 핵심 참모 - 178
3. 구로다 간베에-3명의 천하인을 모신 군사(軍師) - 202
4. 무라카미 요시키요-다케다 신겐을 두 번이나 물리친 무장 - 217
5. 다치바나 무네시게-연전무패의 전국시대 무쌍(無雙) - 225
6. 다테 마사무네-전국시대의 독안용 - 258
7. 사나다 유키무라·노부시게-전국시대 일본 최고의 용사 - 295
8. 아자이 나가마사-의리와 명분을 목숨처럼 아낀 무장 - 321
9. 아사쿠라 요시카게-백성을 사랑한 다이묘 - 334
10. 가모 우지사토-영지경영의 천재 문화인 - 342

# 제 1 장
# 천하인의 발판을 만든 무장
오다 노부나가(織田信長)

### 강력한 리더십의 '용장' 오다 노부나가

전국시대를 상징하는 가장 대표적인 인물은 오다 노부나가이다. 젊은 나이에 주변의 영토를 통일하고 자신보다 몇 배나 강한 무장들을 기가 막힌 계략으로 무찌른 용장이었다. 누구보다 먼저 최신 병기였던 총을 대량으로 준비하여 당시 최강이었던 타케다 가문을 멸망시켰다. 그리고 자유시장경제라는 개념을 전국적으로 실시한 그는 구 시대의 관습을 버리고 과감하고 적극적으로 최신 문물을 받아들였다.

# 일본 최초의 천하인이 되다
오다 노부나가(織田信長)


## 1. 아버지, 오다 노부히데(織田信秀)

우선 오다 노부나가의 아버지인 오다 노부히데(織田信秀, おだ のぶひで)가 살았던 시대부터 알아보자. 노부나가는 전국시대의 절정기인 1534년에 오와리(尾張, おわり-현재의 아이치현의 서부)에서 무장인 노부히데의 장남으로 태어났고 어릴 때의 이름은 킷뽀시(吉法師, きっぽうし)였다. 노부나가에게는 형이 있었지만 그는 측실의 아들이었기에 정실의 아들인 노부나가가 노부히데의 후계자로서 키워졌다. 그럼 여기서 노부나가의 집안에 대해서 알아보자.
 당시 오와리의 수호(守護, しゅご-국가 단위로 설치된 군사지휘관·행정관)로 근무했던 시바(斯波, しば) 가문의 밑에서 일을 한 것이 오다 가문이었다. 오닌의 난

(応仁の乱, おうにんのらん)이라는 계속된 전란 속에서 당시 오다 가문은, 이와쿠라성(岩倉城, いわくらじょう)을 거점으로 하는 「이와쿠라 오다가」와 기요스성(清洲城, きよすじょう)을 거점으로 하는 「기요스 오다가」로 나뉘어져 있었고 오다 노부나가의 아버지인 오다 노부히데는 「기요스 오다가」의 계열이었다. 즉 노부나가의 집안은, 수호(시바 가문) → 수호 대리(기요스 오다가) → 오다 노부히데라는 상당히 낮은 레벨의 신분이었지만 노부히데는 매우 강한 무장이었다. 노부히데는 당시 이마가와(今川, いまがわ) 가문의 성이었던 나고야성(那古野城, なごやじょう)을 빼앗거나 오와리에 있어서 교통적으로 경제적으로 엄청 중요한 곳이었던 아쯔다(熱田, あつた)를 지배하는 등 점점 세력을 확대해 나갔다.

처음에는 수호 대리인 기요스 오다가의 부하였지만 점차로 오와리의 주도권을 장악해 갔다. 하지만 모든 것이 순조롭게 진행된 것이 아니고 만년에는 상당히 힘든 지경에 처하기도 하였다. 북쪽에 있는 미노(美濃, みの-현재의 기후현의 남부)의 사

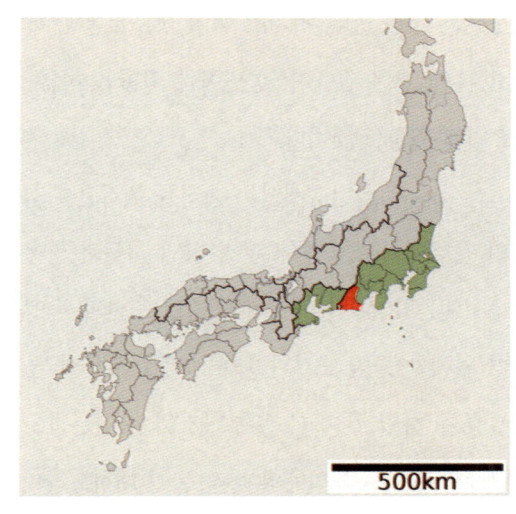

도오토우미(遠江, とおとうみ-현재 시즈오카현 서부)

이토 도산(斎藤道三, さいとう どうさん)과 동쪽에 있는 도오토우미(遠江, とおとうみ-현재 시즈오카현 서부)의 이마가와 요시모토(今川義元, いまがわ よしもと), 미카와(三河, みかわ-현재의 아이치현 동부)의 마츠다이라 히로타다(松平広忠, まつだいら ひろただ, 마쯔다이라 히로타다-이에야스의 아버지)와 계속 전쟁을 하였고 승리보다는 패하는 경우가 훨씬 많았기에 만년에는 괴로운 생활이 계속되었다.

  이 전쟁을 살펴보면, 1547년에 노부히데는 미카와의 마쯔다이라 히로타다에게 승리를 거두었다. 패한 히로타다는 항복의 증거로서 아들인 다케치요(竹千代, たけちよ-후의 이에야스)를 오다 가문에게 인질로 보냈다. 아직 어렸던 이에야스와 당시 13세였던 노부나가가 오와리에서 만났다고 대하드라마에서는 자주 나오는 장면이지만 이 두 사람이 이 시기에 만났다는 1차 사료는 전혀 없다. 하지만 어떤 식으로든 두 사람이 만났을 가능성이 크다고 본다. 같은 집에서 몇 년이나 생활을 하였기에 마주치지 않았다는 것이 오히려 이상할 것이다.

  1547년 전쟁에서는 승리를 했지만 다음해 1548년 이마가와 가문과의 전투에서는 패했다. 두 방향의 적들과 싸우는 것은 힘들다고 생각한 노부히데는 1549년 미노의 사이토 도산과 동맹을 맺었다. 동맹을 확고히 하기 위해 아들인 노부나가와 사이토 도산의 딸인 노히메(濃姫, のうひめ)는 정략결혼을 하였고 이 때 노부나가의 나이는 16세였다. 노부나가와 노히메의 부부생활이나 노히메의 성격 등이 대하드라마나 소설 등에서 자주 언급되지만 이 두 사람의 관계성에 관한 사료는 거의 남아 있지 않기에 사실이 아닐 가능성이 크다.

슨뿌성(駿府城, すんぷじょう)

노부히데는 북쪽의 사이토 도산과 동맹을 맺었지만 동쪽의 이마가와 가문의 전쟁에서는 계속 패배하였다. 이 전쟁 속에 노부나가의 형인 노부히로(信弘, のぶひろ)가 이마가와 가문에 포박되었다. 이마가와는 미카와를 다스리기 위해서는 다케치요를 본인의 수중에 두는 편이 좋다고 생각하여 노부히로와 인질교환을 요구했고, 노부히데는 그 조건을 받아들여 성립되었다. 그래서 노부히로는 오와리로 되돌아 왔지만 다케치요는 슨뿌(駿府, すんぷ-현재의 시즈오카현)에 가게 되었다. 인질이라고는 하지만 이마가와 가문은 다

케치요를 이마가와 가문의 무장으로 키웠다. 이 내용은 도쿠가와 이에야스 편에서 충분히 설명을 해 두었기에 참고로 하자. 이마가와에게 계속 연패를 했던 노부히로는 이 때부터 병을 앓기 시작했다. 때문에 노부나가는 아버지를 대신해서 나고야성에서 정무를 행했고 결국 아버지 노부히데는 1552년에 병사를 하였기에 노부나가는 19세의 젊은 나이로 오다 가문을 짊어지게 되었다.


### 2. 오다 가문의 내분

노부나가가 오다 가문을 쉽게 물려받은 것은 아니었다. 주변에 많은 적들이 있었고 그 중의 한 명이 남동생인 오다 노부카쯔(織田信勝, おだ のぶかつ)였다. 왜 두 사람이 대립을 하게 되었는지 알아보자. 노부나가는 어릴 때부터 나고야성의 성주였지만 동생인 노부카쯔는 스에모리성(末森城, すえもりじょう)에서 아버지와 함께 생활하였다. 아버지가 병에 걸리고 나서는 아버지를 대신하여 스에모리성의 정무를 행했다. 실질적인 가독은 형인 노부나가가 맡았지만 동생인 노부카쯔의 존재감도 만만치 않았다. 전국시대의 정해진 수순이라고 할까 가문의 후계자 자리를 두고 두 사람은 부딪히게 된다.

「신장공기(信長公記, しんちょうこうき)」라는 노부나가의 부하가 쓴 자료에 의하면 아버지 노부히데의 장례식에 노부나가는 가로(家老, かろう)인 하야시(林, はやし), 히라테(平手, ひらて)와 함께 지각을 하였고 남동생인 노부가쯔는 시바타 카쯔이에(柴田勝家, しばた かついえ) 등의 가로와 함께 왔다고 한다. 노부나가는 하까마(일본 옷의 곁에 입는 주름 잡힌 하의, 정장의 일종)도 입지 않고 불단 앞에 놓인 향을 집어 불단으로 집어 던졌으나, 남동생인 노부카쯔는 정장을 똑바로 차려 입고, 예의를 갖춰 아버지께 향을 올렸다고 한다. 이 광경을 본 주변 사람들은 노부나가와 행동을 함께 해도 되는지 엄청 의문을 품었다고 한다. 어디까지가 진실인지는 모르겠지만 노부나가와 노부카쯔의 성격이나 인품을 엿볼 수 있는 장면 중의 하나이다.

또 노부나가는 기요스 오다가와도 대립을 하였다. 기요스 오다가의 아래 레벨이었던 노부히데가 실력으로 기요스 오다가를 제압하였지만 노부히데가 사망하였기에 후계자인 노부나가는 인정할 수 없다고 하여 서로 맞붙게 되었다. 이런 집안 싸움을 보고 역시 노부나가는 안 된다고 생각하여 나루미성(鳴海城, なるみじょう)의 성주 야마구치(山口, やまぐち)가 이마가와 가문 쪽으로 돌아섰다. 나루미성은 오와리와 미카와의 국경에 위치하였고 바다를 접하고 있어서 해상교통적으로 엄청난 요충지였다.

이것은 후에 언급하겠지만 오케하자마 전투(桶狹間の戰い, おきはざまのたたかい-1560년)로 연결되는 큰 사건이었다. 이런 상황 속에서 1553년 노부나가는 미노의 사이토 도산과 쇼도쿠지(正德寺, しょうどくじ)에서 회담을 개최하였다. 즉 장인과 대면을 하게 된 것이다. 이 회담은 사이토 도산이 먼저 제안을

했고, 그는 사위인 오다 노부나가가 어떤 인물인지 직접 확인하고 싶어했다.

그 한편으로 사이토 도산은 이 무렵 남쪽 오우미(南近江, みなみおうみ-현재의 시가현의 남부)의 롯카쿠(六角, ろっかく) 가문과 싸우고 있었기에 오다 가문과의 관계를 나쁘게 하고 싶지 않았다. 이 후의 이야기는 신장공기에 나와 있는 내용이다. 사이토 도산은 오다 노부나가가 어떤 인물인지 알고 싶어서 오두막집 같은 곳에서 숨어서 회견 장소로 향하는 노부나가 일행을 지켜보았다. 노부나가의 행색은 거의 불량배 수준으로 복장도 형편없었다. 이 모습을 보고 사이토 도산은 노부나가는 멍청이라고 생각을 하며 회견장소에 갔

쇼도쿠지(正德寺, しょうどくじ)

다. 하지만 이곳에 나타난 노부나가는 깔끔하고 장소에 맞는 복장을 하고 있었기에 깜짝 놀랐다고 한다.

그 후 어떤 대화를 주고 받았는지는 기록에 없지만 이 회견이 끝난 후 사이토 도산은 우리 자식들은 장래에 노부나가의 신하가 될 것이라며 노부나가를 높게 평가했다고 한다. 신장공기는 노부나가의 입장에서 쓴 기록이기에 노부나가를 띄우는 내용이 많은 것은 사실이다. 하지만 이 후의 사이토 도산의 행동을 보면 실제로 노부나가에게 원군을 보내기도 하는 등 사이 좋게 지낸 것은 틀림이 없다. 사이토 도산이라는 큰 방패막이자 후원자를 얻은 노부나가는 1554년에 상사인 기요스 오다가문을 멸망시켰다.

그 과정을 보면 당시 오와리의 수호는 시바 요시무네(斯波義統, しば よしむね)였고, 그 아래에 수호 대리로서 기요스 오다가가 있었으며, 기요스 오다가의 탑은 오다 노부토모(織田信友, おだ のぶとも)였다. 그 아래에 노부나가가 있었는데 이미 설명한 것처럼 기요스 오다가와 노부나가는 대립을 하고 있었고 동시에 수호와 수호 대리도 대립을 했다.

왜냐하면 수호는 시바 가문이지만 수호 대리인 기요스 오다가가 실권을 잡고 있었기 때문이었다. 그래서 진정한 실권자가 누군가를 둘러싸고 수호와 수호 대리, 그리고 오다 노부나가가 서로 경쟁을 하였다. 게다가 오다 노부토모는 노부나가를 치기 위해 이마가와 가문과 동맹을 맺었고 시바 가문이 집안 싸움에 다른 세력을 끌어들이는 것에 반대를 하며 서로 의견이 부딪혔다.

하지만 최종적으로 수호 대리에 의해서 수호가 공격을 당하는 말도 안 되는 사건이 일어났고, 이 때 수호인 시바 요시무네는 사망을 하였지만 그의 아들인 시바 요시카네(斯波義銀, しば よしかね)는 겨우 목숨을 부지할 수 있었으며 노부나가에게 투항을 하였다. 이렇게 됨으로써 노부나가는 수호와 수호 대리를 칠 수 있는 대의명분을 얻었다.

이런 명분이 생긴 노부나가에게 많은 군세가 모였고 수호 대리인 오다 노부토모는 공격을 받아 기요스 오다가는 멸망하게 되었다. 상사인 기요스 오다가를 물리치는 하극상을 일으킨 노부나가는 이후 또 위험에 빠지게 되었다. 노부나가의 최대 후견인인 미노의 사이토 도산이 1556년 나가라가와 전투(長良川の戦い, ながらがわのたたかい)에서 아들인 사이토 요시타쯔(斎藤義龍, さいとう よしたつ)에게 살해당했다. 이후 사이토 요시타쯔는 노부나가와 대립을 하였고 이런 상황 속에서 시바타 카쯔이에 등이 오다 노부카쯔, 즉 노부나가의 남동생을 지원하기 시작하였다. 시바타 카쯔이에는 노부나가의 중신으로서 유명한 무장이었지만 처음에는 노부나가를 엄청 싫어하였다. 이렇게 하여 노부나가와 노부카쯔 사이에 이노의 전투(稲生の戦い, いのうのたたかい)가 발발하였다.

나가라가와(長良川, ながらがわ)

군사 수에서 두 배나 많은 노부카쯔였지만 노부나가가 선두에 서서 전투를 하였기에 노부나가 쪽의 군사의 사기가 훨씬 높아서 승리를 거두었다. 일설에 의하면 노부나가가 노부카쯔군에게 「내가 누군줄 아는가? 자신 있으면 덤벼 보라」고 하자 노부카쯔군은 겁을 먹어 싸울 의지가 사라졌다고 한다. 가족 끼리의 전투였기에 노부나가의 존재감을 확실하게 알고 있었던 상대방이 겁을 먹었던 것이다.

이 후 노부나가는 어머니의 중개를 통해 남동생인 노부카쯔와 시바타 카쯔이에를 용서하였지만 2년 후인 1558년에 노부카쯔가 재차 모반을 일으킬 준비를 하였다. 원래 노부카쯔 편이었던 시바타 카쯔이에는 한번 더 모반을 일으키는 것은 말이 안 된다고 생각하여 노부나가에게 노부카쯔의 모반 계획을 밀고하였다. 노부나가는 두번째는 용서할 수 없다고 생각하여 「내가 병이 걸렸으니 병문안 하러 오라」는 거짓말을 하여 노부카쯔를 그 자리에서 죽여버렸고 노부카쯔 편을 든 「이와쿠라 오다가」를 몰락시켰다.

또 수호인 시바 요시카네가 노부나가에게 실권을 빼앗기고 싶지 않다고 하여 이마가와 가문과 손을 잡을 움직임을 보였다. 그러자 노부나가는 시바 요시카네를 국외로 추방해 버렸다. 이렇게 하여, 원래는 기요스 오다가의 부하에 지나지 않았던 노부나가였지만 1554년에 상사인 기요스 오다가를 멸망시켰고, 1558년에는 최대의 라이벌인 남동생 노부카쯔, 더 나아가 이와쿠라 오다가문마저 멸망시켰다. 또 수호인 시바 가문도 국외로 추방시키며 쿠데타를 성공하였다. 그러나 아직 오와리에는 노부나가를 적대시하는 세력이 남아 있었기에 오와리를 완전히 통일한 것은 아니지만 대부분의 실권을 장악했다고 해도 과언은 아니었다. 오다 가문의 내분은 이렇게 종결이 되었다.

### 3. 오케하자마 전투(桶狹間の戦い)와 미노(美濃) 평정

　　순조롭게 적대세력을 처리해 나가던 노부나가였지만 마침내 최대의 적을 만났다. 1560년 노부나가가 27세 때에 도오토우미(遠江, とおとうみ-현재 시즈오카현 서부) 스루가(駿河, するが-현재의 시즈오카현의 동부 및 중부)를 다스리는 대 다이묘 이마가와 요시모토가 약 2만 5천명(여러 설이 있음)의 대군으로 오와리를 침공했고 오다 본군과 이마가와 본군은 오케하자마라는 곳에서 전투를 벌였다. 이마가와 요시모토가 왜 오와리에 침공을 했는가 하면 이미 앞에서 말한 것처럼 나루미성의 성주 야마구치가 이마가와에게 돌아선 것이 계기가 되었다.
　　나루미성은 교통의 요충지이고 국경지역에 있었기에 노부나가의 입장에서는 뼈아픈 배신이었지만 대응을 해 나가야만 했기에 늘 긴장감을 늦추지 않았다. 그리고 이 지역에는 나루미성뿐만 아니라 오오다카성(大高城, おおだかじょう)도 있었다. 그래서 노부나가는 이것을 둘러싸는 성루 5개를 만

들어 감시를 하였다. 이마가와도 이런 상황을 예의주시하였기에 오와리로 침공하였다. 노부나가군은 2천에서 3천의 군사로 맞섰으며 최종적으로 오케하자마에서 맞붙었다.

오케하자마 전투(桶狹間の戦い, おきはざまのたたかい) 지역

오케하자마 전투는 아직 오와리 일국도 통일하지 못한 노부나가군이 패할 것으로 여겨졌지만 전국시대의 대 다이묘인 이마가와에게 승리를 하였고, 심지어 적장인 이마가와 요시모토를 죽여버렸다. 그럼 군사수에서 절대적인 열세임에도 노부나가가 승리를 할 수 있었던 요인은 무엇인가 하면 「모르겠다」 이다.

오케하자마 전투에 대해서는 정말 많은 속설이 있어서 「이것이 정답이다」라고 할 만한, 즉 역사적 사료에 바탕을 둔 정설은 없다. 예전에는 기습이 성공을 했다는 설이 유력했으나 지금은 철저히 부정되고 있고 정면공격으로 승리를 거두었다는 설이 현재는 유력하다. 그리고 신장공기에 의하면 많은 비가 내려서 그것이 노부나가군에게 유리하게 작용했다든가 이마가와군이 소규모 전투에서 이기고 난 후 잠시 방심을 하는 틈에 당했다든가, 승리의 전리품을 챙기는 동안 기습을 당했다는 등, 정말로 다양한 설이 있다. 그리고 실질적으로는 전력차가 없었다는 설도 있다. 이마가와군은 약 2만 5천명의 대군이 전투에 참여했지만 모든 군사가 오케하자마에 있을 수 없었고, 약 5천명만이 오케하자마에 있었다는 설도 있다. 만일 이 설이 맞다면 예를 들어 기습이 성공했다거나 큰 비가 내려 도움이 되었다는 것이 터무니없는 이야기는 아니다. 모든 것을 종합해서 유추하면 오케하자마에 있는 이마가와군의 군사수는 노부나가의 군사수와 비슷했고, 노부나가의 작전이 성공을 하여 적장인 이마가와 요시모토를 죽였기에 군사들의 사기가 떨어져서 승리를 거두었던 것이다. 그 당시, 적장이 전쟁터에서 목이 달아나는 경우는 매우 드물었다. 따라서 다양한 설 중에서도 이마가와 요시모토의 죽음이 결정적인 패배의 원인이 아닌가 라는 개인적인 생각이 든다.

큰 위기를 넘긴 노부나가였지만 그 후도 전투는 계속되었다. 북쪽의 미노 사이토 가문과도 계속 긴장관계를 가지고 있었고 동쪽의 미카와의 이

마가와 요시모토를 쳐부수기는 했지만 이마가와 세력이 일시적으로 후퇴를 하며 반격의 준비를 하고 있었다. 이런 상황 속에서 1561년 아버지 사이토 도산을 죽인 사이토 요시타츠는 젊은 나이에 병사를 하고 14세의 사이토 타츠오키(斎藤龍興, さいとう たつおき)가 가독을 물려받았다. 어린 아이가 당주가 되었기에 이번이 찬스라고 생각한 노부나가는 미노를 공격하여 승리를 거두었다. 그 후의 전투에서 패하는 경우도 있었지만 미노는 어린 당주가 국가를 경영하게 되어 점점 쇠퇴해 갔다.

  1562년 노부나가는 미카와의 마쯔다이라 모토야스(松平元康, まつだいら もとやす-후의 도쿠가와 이에야스)와 동맹을 맺었고 이것을 기요스 동맹(清須同盟)이라고 한다. 이 동맹을 맺는 경위에 대해서는 이에야스 편에서 상세히 설명을 해 놓았으나 간단히 언급하자면 당시 이에야스는 이마가와 쪽의 무장으로 미카와의 오카자키성(岡崎城, おかざきじょう)에 가서 서쪽 미카와를 침공한 오다군과 싸우게 되었다.

  이마가와군은 이마가와 요시모토가 전사했기에 정신이 없었으므로 이에야스를 도울 수가 없었다. 그러자 이에야스는 자신을 도와주지 않는 이마가와와 손을 잡는 것은 어리석은 일이라고 생각하여 노부나가와 동맹을 맺기로 하였다. 노부나가로서도 미노의 사이토 가문과의 전투에 집중하고 싶은 마음이 있었기에 양자의 이해관계가 일치했던 것이다. 그리고 미노의 사이토 가문과의 싸움이 계속되는 1565년 32세 때에 마침내 노부나가는 오와리를 통일했다. 그리고 같은 해에 노부나가는 타케다 신겐(武田信玄, た

けだ しんげん)과 동맹을 맺었다. 동맹을 맺은 이유는 동쪽 미노 쪽에 세력을 구축하였지만 이 지역은 다케타 신겐의 영토인 시나노(信濃, しなの-현재의 나가노현)와 접한 국경지역이다. 이럴 때는 서로 맞붙어 싸워 누군가 한 쪽이 깨지던가 아니면 서로 동맹을 맺어 평화롭게 지내던가였는데 노부나가와 신겐은 각각이 생각하는 바가 있어서 동맹을 맺은 것이다. 이 동맹과 관련된 이야기는 앞으로 하는 이야기와 큰 관련이 있기에 잘 기억해 주기를 바란다. 동맹을 맺은 2년 후 1567년 34세가 된 노부나가는 마침내 사이토 타쯔오키를 물리치고 미노를 평정하였다. 노부나가의 분발도 있었지만 사이토 가문의 자멸적인 면도 있었다. 타쯔오키는 젊은 당주였기에 다양한 인재를 등용하지 않고 자신이 마음에 드는 사람만 옆에 두는 패착을 했다. 그러자 예전부터 사이토 가문을 모셔온 미노상닌슈

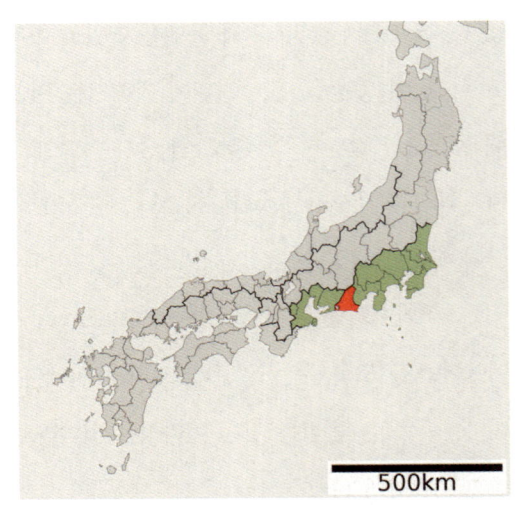

시나노(信濃, しなの-현재의 나가노현)

(美濃三人衆, みのうさんにんしゅう-사이토 가문의 세명의 가신) 등이 노부나가 쪽으로 배신

을 하였다. 이렇게 하여 원래 기요스 오다가의 부하에 지나지 않았던 노부나가는 오와리와 미노 두 나라를 지배하는 다이묘로 성장을 하였다.

### 4. 아시카가 요시아키(足利義昭)의 옹립

이제부터 노부나가는 단순한 지방의 다이묘가 아닌, 천하에 이름을 떨치는 인물이 된다. 우선 노부나가와 막부의 접점을 살펴보면 노부나가는 오케하자마 전투 1년 전인 1559년에 13대 쇼군인 아시카가 요시테루(足利義輝, あしかがよしてる)를 알현했다. 이 두 사람이 만난 경위와 이유에 대해서는 여러 설이 있기에 생략하겠다. 여하튼 노부나가는 쇼군과 면식이 있었지만 1565년에 발생한 에이로쿠의 변(永禄の変, えいろくのへん)에서 부하인 미요시(三好, みよし)에게 살해당했다. 쇼군이 부하에게 살해당하는 말도 안 되는 사건이 발생한 것이다.

이 내용은 추후에

아시카가 요시아키(足利義昭, あしかが よしあき)

설명하기로 하고 전체적인 내용을 살펴보면, 당시 오닌의 난부터 계속된 혼란 속에서 막부의 권위는 엄청나게 실추되었고 실질적으로 미요시 가문이 기나이(畿内, きない-왕성과 천황 등이 있는 수도권 주변의 특별구역)를 통치했다. 그래서 쇼군인 요시테루는 막부의 권위를 찾기 위해 노력을 하였기에 미요시 가문과 쇼군은 대립하게 되었다. 그런 속에서 힘에서 밀린 쇼군이 살해당한 것이다. 그런 이유로 다음 쇼군을 옹립해야 하는데 쇼군을 살해한 미요시상닌슈는 요시테루의 사촌인 아시카가 요시히데(足利義榮, あしかが よしひで)를 옹립하려고 하였지만 그것에 대항하여 마쯔나가 히사히데(松永久秀, まつなが ひさひで)는 아시카가 요시아키(足利義昭, あしかが よしあき)를 쇼군으로 옹립하려고 하였다. 이렇게 하여 팀 요시히데파와 팀 요시아키파가 생겨났다. 이런 구조 속에서 힘의 열세를 느낀 요시아키는 오우미로 도망을 갔다.

그 후 요시아키는 모든 다이묘들에게 본인이 교토에 갈 수 있도록, 즉 쇼군이 될 수 있도록 협력을 구했다. 아무나 힘이 있는 다이묘가 있으면 나를 쇼군으로 옹립하여 교토로 가서 미요시상닌슈가 지지하는 요시히데파를 물리치고 나를 쇼군으로 모셔라는 것이었다. 이 때 적극적으로 나섰던 인물이 바로 오다 노부나가였다. 그 때가 1565년이었고 이 당시는 노부나가가 사이토 가문과 한창 전투를 벌이고 있던 중이었기에 최종적으로 노부나가는 요시아키를 돕는 것을 단념하게 되었다. 그러나 이런 상황 속에서 요시아키를 돕겠다고 나섰다는 것은 상당히 평가할 만한 것이었다. 앞에서 말한 것처럼 1567년에 미노를 평정한 노부나가는 재차 요시아키를 옹립하며 교토로 가게 되었다. 그 전에 중요한 이야기가 있으니 먼저 언급을 하겠다.

미노를 평정할 무렵부터 노부나가는 「천하포무(天下布武)」라는 인장을 사용하기 시작했고 노부나가가 다른 다이묘들에게 보내는 문서 등에 천하포무라는 도장을 찍었다. 「천하포무」는 예전에는 「내가 무력으로 천하를 취한다」라는 의미로 해석되었지만 현재는 다른 의미가 아닌가 라는 연구발표가 있었다. 노부나가는 오와리와 미노 두 나라를 다스리는 다이묘였고 그 당시에는 타케다 신겐(武田信玄, たけだ しんげん), 우에스기 켄신(上杉謙信, うえすぎ けんしん)과 모리 모토나리(毛利元就, もうり もとなり), 호조 우지야스(北条氏康, ほうじょう うじやす) 등 쟁쟁하고 유력한 다이묘가 있었다. 그 단계에서 노부나가가 무력으로 천하를 취한다는 인장을 사용했다면 다른 다이묘들은 바로 오다 노부나가를 가소롭게 여기며 공격을 했을 것이다. 그러나 「천하포무」라는 인장을 사용한 노부나가에게, 화를 내거나 이것을 계기로 공격을 했다는 사료는 전혀 없기에 노부나가가 말하는 「천하포무」는 「내가 힘으로 너희들을 제압할 것이다」라는 의미가 아니라는 것을 알

호조 우지야스(北条氏康, ほうじょう うじやす)

수 있다.

「천하」는 현대에서 말하는 일본 전체, 세상의 전체라는 의미가 아니고 어디까지나 막부나 쇼군을 말하는 것이며 그들이 있는 지역을 나타내는 말로서 사용되었고 기나이의 교토나 나라, 오사카를 지칭하는 말이었다. 실제로 노부나가도 그런 의미로 사용한 것이 아닌가 라는 생각이 든다. 따라서 「천하포무」는 기나이에서의 아시카가 쇼군가, 즉 막부의 통치와 그것에 따른 질서회복이라는 의미로 노부나가 나름대로의 슬로건이지 않았는가 라는 것이 현재의 연구결과이다. 이후 실제로 노부나가는 아시카가 요시아키를 옹립하여 교토로 갔으며 그 요시아키를 멋지게 쇼군으로 만들었다.

자신의 문제를 어느 정도 정리한 노부나가는 1568년 35세 때에 아시카가 요시아키를 옹립하며 교토로 가게 되었다. 물론 상경함에 따라 노부나가는 팀 요시히데파 등 적대세력과 싸우게 되었지만 적대세력인 남 오우미의 롯카쿠 가문이나 미요시상닌슈 등을 멋지게 격퇴했다.

미요시 가문 내부에서의 분란이 있었고 이미 14대 쇼군이 된 요시히데는 자주 병에 걸렸으며 이 무렵에는 사망을 했기에 어려운 싸움은 아니었다. 그러나 롯카쿠 가문과 미요시상닌슈를 격퇴하기는 했지만 그들이 사망한 것이 아니기에 이후로도 끈덕지게 노부나가와 적대관계를 유지하였다. 하지만 적들을 물려쳤기에 아시카가 요시아키는 15대 쇼군으로 취임할 수가 있었다. 요시아키는 노부나가 덕분으로 쇼군이 될 수 있었기에 나이는 3살밖에 차이가 나지 않았지만 노부나가에게 「아버지」라고 불렀다. 그리고 노부나가에게 「부 쇼군」의 지위를 권유했지만 노부나가는 이것을 거절하고 바로 미노로 돌아왔다. 미노를 평정한지 얼마 되지 않았기에 미노를 안정시키기 위해 즉시 돌아갔던 것이다.

　　최근의 학설로는 노부나가가 어디까지나 막부를 무력으로 다스릴 생각이었고 기나이의 통치는 막부가 행해야 한다고 생각했다고 한다. 그래서 막부가 행하는 정치에는 관여하고 싶지 않았기에 쇼군이 주는 직책 따위에는 관심이 없었던 것이다. 그럼 노부나가는 아무런 이득도 없는데 도대체 무엇을 위해 요시아키를 쇼군으로 취임시켰는가인데, 노부나가는 앞에서 언급한 것처럼 벼락출세와 하극상으로 다이묘가 된 것이기에 권위가 있는 집안은 아니었다.

　　따라서 오와리와 미노를 다스리게 위해서는 본인에게 어느 정도의 권위가 필요했다. 그래서 쇼군을 본인이 옹립을 했고, 그런 쇼군에게 인정을 받음으로써, 예를 들면 「부 쇼군」의 지위를 권유 받은 것과 아시카가 가문에 전해지는 「오동나무」 문장을 사용해도 된다는 허락을 얻은 것이다. 즉, 노부나가는 단순한 다이묘에서 막부(쇼군)에게 인정 받은 다이묘가 되었기에 영토를 다스림에 있어서 보다 충분한 권위를 가질 수 있게 되었다.

　　노부나가가 미노로 되돌아간 틈을 타 1569년 새해에 미요시상닌슈 등이 쇼군의 임시 거처인 혼코쿠지(本圀寺, ほんこくじ)를 습격했지만 쇼군의 가신들에 의해 격퇴되었고 이 가신 중에는 아케치 미쯔히데(明智光秀, あけち みつひで)도 있었다. 쇼군이 습격을 당했다는 소식을 들은 노부나가는, 미노에서

눈이 빗발침에도 이틀만에 원군을 이끌고 달려왔다.

이런 점을 보면 노부나가가 쇼군 요시아키를 어느 정도 소중히 생각하였는지를 알 수 있다. 그 후 노부나가는 임시 거처가 이대로는 위험하다고 생각하여 쇼군의 거처로서 니조성(二条城, にじょうじょう)을 만들었다. 노부나가는 지방의 단순한 다이묘가 아니고 쇼군 요시아키와 막부를 군사적인 면이나 경제적인 면에서도 뒷받침하는 다이묘로서 성장해 나갔다.


5. 오다 노부나가와 아시카가 요시아키의 관계


이 두 사람의 관계에 대해서는 예전의 이야기와 최신의 학설이 전혀 다르기에 주목할 필요가 있다. 종래의 설에서는, 노부나가는 요시아키 막부를 처음부터 허수아비로 만들 생각이었고, 이 사실을 안 요시아키는 노부나가에게 대항하기 위해서 모든 다이묘들에게 연락을 취해「노부나가 포위망」을 만들게 하여 노부나가를 힘들게 했다고 한다.

그 결과 두 사람은 대립하게 되었고 이 싸움에서 이긴 노부나가가 요시아키를 교토에서 추방하며 막부를 멸망시켰다는 것이 지금까지의 학설이었다. 실제로 대하드라마나 소설 등에서도 이런 식으로 그려지고 있다. 하지만 최근의 학설에서는, 노부나가는 요시아키, 즉 막부를 존중하였으며 두 사람의 관계는 상당히 좋았다고 한다. 그러나 타케다 신겐이 노부나가를 배신하고 서쪽을 침공하는 사태가 일어나자, 요시아키는 「노부나가는 주변에 적이 너무 많으니 위험하다」고 생각하여 다른 다이묘로 갈아타려는 찰나에 이것을 눈치챘던 노부나가가 요시아키에게 배신감을 느껴 선수를 쳐서 교토에서 추방했다는 것이다.

　　이 학설에 대해 반론을 할 수 있는 것으로, 노부나가가 1570년에 요시아키에게 쇼군으로서 지키기 어려운 다섯개의 조서를 내밀며 이것을 지켜 달라고 한 것을 보면 처음부터 쇼군을 꼭두각시로 만들 생각이었다는 것이다. 그러나 이 다섯개의 조서에 대한 해석이 지금은 예전과는 완전히 다르다. 이 조서는 요시아키를 겁박하기 위해서 만든 것이 아니고, 막부의 권위를 지키기 위해서는 최소한 이 정도의 행동이나 정무를 행하는 것이 좋지 않은가 라는 「의견서」였다는 것이다.

　　물론 이 의견서 내용대로 요시아키가 행동을 하지 않았기에 후에, 1572년에 재차 17개의 조서, 즉 의견서를 제출하였다. 요시아키가 쇼군으로서 권위를 지키지 않았던 것에 화가 난 노부나가는

오다 노부나가(織田信長, おだのぶなが)

17개의 조서를 제출했을 때는 상당히 감정적이었다. 요시아키가 권력을 마음대로 휘두르는 것에 17개의 불평 불만을 써서 제출하였다. 이 17개의 조서와 5개의 조서의 내용은 유사한 것이었고 요시아키는 전혀 지키지 않았다. 실권은 요시아키가 가지고 있었기에 노부나가가 의견서를 제출해도 그것은 요시아키 입장에서 보면 부하의 단순한 의견서로밖에 보이지 않았다.

노부나가 입장에서는 막부를 부활시킨지 얼마 되지 않은 시점에 요시아키가 전횡을 일삼는 것에 대해 불만과 불안함을 느꼈던 것이다. 그래서 최소한 이 정도는 지켜 주어야만 막부와 쇼군의 권위를 세울 수 있다는 노부나가의 진언을 요시아키는 애써 무시를 하였다. 조서 중 하나의 내용을 보면, 노부나가는 요시아키에게, 다이묘들에게 편지를 부칠 때는 그 내용을 보여 달라는 것이 있다. 이것만 보면 노부나가가 요시아키를 마음대로 주무르는 것처럼 보이지만, 요시아키는 다이묘들에게 편지를 부칠 때, 꼭 말이나 황금 등의 헌상품을 요구했다. 쇼군이 다이묘들에게 그런 행동을 하면 권위가 실추되기에 노부나가가 편지 내용을 확인하고 나서 부치도록 요구한 것이다. 즉, 노부나가는 쇼군을 마음대로 조종하려고 한 것이 아니고 어디까지나 그의 권위와 쇼군이라는 입장에 맞는 행동을 하도록 조언을 했다는 것을 알 수 있다.

## 6. 제1차 오다 노부나가 포위망

　노부나가를 둘러싼 제1차, 제2차, 제3차 포위망이 만들어진다. 처음에 포위망이 만들어진 계기는 1570년, 노부나가가 에치젠(越前, えちぜん-현재의 후쿠이현의 동부)의 아사쿠라 요시카게(朝倉義景, あさくら よしかげ)를 토벌하기 위해 진군했고, 그것이 포위망을 만든 최초의 계기가 되었다. 그럼 왜 노부나가는 아사쿠라 요시카게를 토벌하기 위해서 군을 움직였는가 하면 아직까지 정확한 이유를 설명하는 사료는 없다. 대하드라마 등에서는 벼락출세를 한 노부나가가 명문인 아사쿠라에게 교토로 오라는 요청을 계속 무시한 것에 화가 나서 침공을

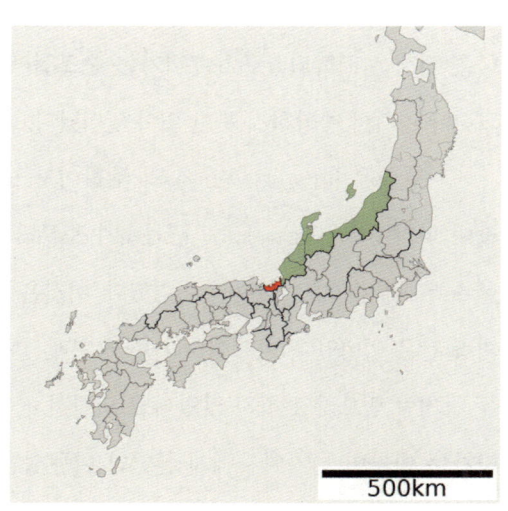

와카사노쿠니(若狹国, わかさのくに-현재의 후쿠이현의 서부)

했다는 식으로 그려지고 있지만 그렇게 단순한 것은 아니었다.
　최근의 학설로는 와카사노쿠니(若狹国, わかさのくに, 와카사노쿠니-현재의 후쿠이현의 서부)의 정세와 관련이 있다고 한다. 와카사노쿠니의 토착무사들이 두

그룹으로 분단이 되어 싸웠는데 한쪽은 아사쿠라에게 의지를 하였고, 다른 한쪽은 쇼군 요시아키와 관계가 깊어서 그에게 의지를 했기에 와카사노쿠니는 아사쿠라파와 요시아키파로 나뉘었다. 그래서 쇼군 요시아키의 명령에 따라 노부나가가 와카사노쿠니에 지원을 갔다.

즉, 노부나가가 천하통일을 목적으로 아사쿠라를 치러 간 것이 아니고 단순히 쇼군의 명령에 의해 군을 움직였다는 것이다. 즉, 이 당시에는 노부나가와 요시아키가 협력체제를 구축하고 있었다는 것을 알 수 있다. 여하튼 전쟁은 시작되었고 노부나가는 순조롭게 아사쿠라를 공격해 나갔다. 그러나 여기서 예상하지 못한 일이 일어났다.

북 오우미(北近江, きたおうみ)의 무장이자 노부나가와 친족 관계였던 아자이 나가마사(浅井長政, あざい ながまさ)가 노부나가의 뒤를 급습하였고, 당황한 노부나가는 바로 철수를 명령했다. 이것은 노부나가에게 있어서는 청천벽력 같은 일이었다. 아자이 나가마사가 배신했다는 보고를 받은 노부나가는 좀처럼 믿으려고 하지 않았다고 역사서 신장공기 등에 쓰여 있다. 노부나가는 아자이 나가마사에게 본인의 여동생인 오이찌(お市, おいち)를 시집을 보냈고 두 가문은 확실한 동맹관계였다. 그럼 왜 아자이 나가마사가 노부나가를 배신했는가에 대해서 알아보자.

그것에 관한 확실한 사료는 남아 있지 않으나 대하드라마나 소설 등에서는 아자이는 아사쿠라와 오랜 동맹 관계였고, 오다와 동맹을 맺을 때에 아사쿠라는 공격하지 않는다는 조건이 있었음에도 노부나가가 아사쿠라를 공격했다는 식으로 그리고 있다. 이 내용은 1차 사료가 아니기에 사실인지 아닌지는 불명확하다. 그리고 아자이와 아사쿠라가 언제 동맹을 맺었는지도 확실하지 않기에 아자이가 깊은 동맹관계였던 아사쿠라를 우선시했다는 것은 의문스럽다.

　　대하드라마 등에서 아자이 나가마사는 의리와 인정이 많은 무장으로 그려지는 경우가 상당히 많지만 어디까지나 작가의 상상력에 의한 것이다. 어쨌든 큰 위기에 빠진 노부나가였지만 겨우 목숨을 부지하며 도망칠 수가 있었고, 이 사건이 이른바「가네가사키의 철수(金ヶ崎の退き口, かねがさきののきくち)」이다. 아사쿠라군은 아자이군과 함께 노부나가군을 추격했지만,

가네가사키의 철수(金ヶ崎の退き口, かねがさきののきくち) 지역

노부나가군의 후미를 맡은 키노시타 도키치로(木下藤吉郎, きのした とうきちろう-후의 도요토미 히데요시)와 아케치 미쯔히데(明智光秀, あけち みつひで) 등의 격렬한 저항에 의해 노부나가를 놓쳐버렸다. 그 후 체제를 재정비한 노부나가와 아자이 사이에서 재차 전투가 벌여졌고 바로 아네가와 전투(姉川の戰い, あねがわのたたかい-1570년)이다.

이 전투에서 노부나가는 원군으로서 동맹자인 도쿠가와 이에야스를 불렀고 아자이는 아사쿠라를 불렀기에 오다·도쿠가와 연합군VS아자이·아사쿠라 연합군이라는 모양새로 전투가 시작되었다. 아네가와 전투에 대해서는 도쿠가와 이에야스 편에서 설명을 하였기에 참고하기를 바란다. 결과적으로 오다·도쿠가와 연합군이 아자이·아사쿠라 연합군을 격퇴하였지만 아자이·아사쿠라 가문이 멸망한 것은 아니었기에 이후 오다와 아자이·아사쿠라의 전쟁은 계속되었다. 아자이·아사쿠라를 적으로 둔 것을 계기로 반(反) 요시아키

아네가와 전투(姉川の戰い, あねがわのたたかい) 지역

•노부나가의 사람들이 일제히 봉기를 하게 되었다. 우선 미요시상닌슈가 기반을 만들었고 이후로도 그들과는 몇 번이나 전투를 벌였다. 그리고 교토에 갈 때도 롯카쿠 가문과도 여러 번 전투를 벌이기도 하였다. 이들과의 싸움에도 지칠 수밖에 없었고, 딱 이 타이밍에 정토진종의 총본산인 이시야마 혼간지(石山本願寺, いしやまほんがんじ)라는 절에서 노부나가와 요시아키에 반발하는 세력들이 거병을 하였다.

이시야마 혼간지는 노부나가에게 있어서 최대의 적이 되었고 이후 10년간에 걸쳐 싸우게 된다. 이시야마 혼간지는 오사카성에 있었고, 노부나가로부터 「시코쿠(西国, しこく) 공략의 거점으로 삼고 싶으니 이 절에서 퇴거해라」는 요구를 받았다. 그러자 이시야마 혼간지는 화를 내며 단호히 거절하며 노부나가를 공격하려고 거병을 했다는 것이 지금까지의 통설이었지만 이것도 사실이 아닐 가능성이 크다는 학설이 발표되고 있다.

우선 노부나가가 이시야마 혼간지에게 퇴거해 달라는 사료는 확실하게 남아 있지만 그 사료라는 것이 이시야마 혼간지가 「노부나가를 제거하기 위해 모두 일어나라」라고 신도들을 부추기는 격문 속에 남아 있다. 즉, 이시야마 혼간지 측의 사료밖에 없으니 상당히 신빙성이 떨어진다고 볼 수 있다. 오히려 다른 사료에서는 이시야마 혼간지가 거병한 것에 노부나가가 엄청 놀랐다는 기록도 남아 있다. 만일 퇴거를 명령했는데 거병을 했다면 노부나가가 놀랄 이유가 없다.

그럼 이시야마 혼간지가 왜 거병을 했는가에 대해서 정확하게 알아보자. 노부나가가 교토에 오기 전까지는 미요시 가문이 기나이를 통치하고 있었다. 미요시 가문은 이시야마 혼간지와 깊은 유대감을 가지고 있었고, 새롭게 쇼군이 된 요시아키와 그의 후원자인 노부나가는 눈엣가시 같은 존재였다. 지금까지는 미요시 가문과 이시야마 혼간지가 본인들의 의지대로 기나이를 주물렀지만 요시아키와 노부나가 때문에 방해가 되었다. 그래서 기나이에서 권력을 잡기 위해 10년간이나 노부나가와 싸웠던 것이다.

여기에 더해 새로운 적이 노부나가에게 나타났다. 아네가와 전투에서 승리했지만 아자이・아사쿠라가 멸망한 것은 아니었다. 아사쿠라는 엔랴쿠지(延曆寺, えんりゃくじ)에서 농성을 하며 저항을 하기 시작하였다. 이렇게 하여 노부나가는 미요시산닌슈와 혼간지, 아자이・아사쿠라 및 롯카쿠 등 전원을 적으로 돌렸고, 노부나가의 주변은 전부 적뿐이었기에 이런 상황을 「제1차 노부나가 포위망」이라고 부르게 되었다.

노부나가는 이런 상황을 어떻게 극복했는가 하면 전원과 싸워서 적을 물리치는 것은 불가능하기에 노부나가는 우선 아시카가 요시아키 막부와 조정 등의 중개로 화평을 맺기로 하였다. 전국시대의 화평이라는 것은 언제든지 깨질 수 있는 것이었지만 일단은 위기를 면할 수 있게 된 셈이다. 이 당시 요시아키는 노부나가와 아자이・아사쿠라가 화평을 맺지 않으면 쇼군을 그만두고 은퇴할 것이라는 말을 남겼다는 사료가 남아 있기에 요시아키가 노부나가를 구했던 것이다.

이러한 사실에서 요시아키가 노부나가 포위망을 구축한 것이 아니고 이 두 사람은 협력관계였다는 것을 알 수 있다. 그러나 이런 화평은 일시적인 것이었고 곧 바로 노부나가와 주변의 무장들 사이에 전투가 발발하였다.

### 7. 제2차 오다 노부나가 포위망

1571년 노부나가와 아자이・아사쿠라의 전쟁이 재개되었다. 그 중에서 유명한 것이 엔랴쿠지(延曆寺, えんりゃくじ)가 있는 히에이산 화공(比叡山燒き討ち, ひえいざんやきうち)이다. 노부나가가 갑자기 엔랴쿠지를 공격한 것은 아니고 1년전부터 아자이・아사쿠라의 편을 들면 불태우겠다는 경고를 계속 해왔다. 하지만 엔랴쿠지는 그 경고를 무시하였기에 절 전체가 불태워졌던 것이다. 이 공격에 대해서 강조해 두고 싶은 것은 노부나가가 새로운 가치관이자 종교인 기독교를 소중히 하고 캐캐묵은 불교를 탄압했다는 이미지가 강하지만 전혀 그렇지는 않다.

노부나가는 엔랴쿠지나 혼간지 같이 자신을 적대시하는 불교세력을 응징했지만 모든 불교세력을 탄압하려고 했던 것은 아니다. 따라서 히에이산 화공은 불교세력의 탄압이 아니고 단지 적인 아자이・아사쿠라의 편을 계속 들고 있었기에 엔랴쿠지를 불태워버린 것이다. 전쟁 중에 일어날 수 있는 하나의 전술이지 종교세력의 탄압 같은 의미를 부여해서는 안 된다는 것이 본 저자의 생각이다. 그리고 엔랴쿠지 화공 때 노부나가는 남녀노소 전부 죽였기에 잔혹하다는 인상도 있지만 최근의 발굴조사의 결과, 불타 죽은 사람의 뼈나 창이나 칼, 총으로 죽은 사람의 뼈가 발견되지 않았기에 엔랴쿠지 화공에 관한 노부나가의 잔혹성은 진실이 아닌 것으로 생각된다. 그리고 만일 실제로 남녀노소를 모두 죽였다고는 해도 그것은 노부나가가 사이코패스였기에 사람들을 죽이는 것을 좋아했다는 것은 아니고, 아무리 엔랴쿠지라도 너희들을 지켜주는 존재가 되지 못한다는 것을 표명하기 위한 것이라고 추측된다.

엔랴쿠지(延曆寺, えんりゃくじ)

전국시대에는 병사 외에 농민을 죽이는 경우는 극히 드물었지만 부득이하게 농민을 죽일 때는 「당신들의 주군은 당신들을 지켜주지 않는다」는 것을 강조할 경우에 일어난다. 노부나가는 종교세력의 탄압이 아니고 전쟁 중에 아자이·아사쿠라의 편을 든 엔랴쿠지를 공격하였으며, 이곳뿐만 아니라 각 지역에서도 전쟁이 시작되었다. 그런 와중에 전국시대 최강의 무장 중 한 명인 타케다 신겐이 1572년 10월에 노부나가를 배신하고 노부나가의 동맹자인 도쿠가와 이에야스의 영토를 침공했다.

타케다 신겐의 침공에 대해서는 종래의 설과 새로운 설이 전혀 다르기에 소개하겠다. 우선 오래된 설에서는, 노부나가는 타케다 신겐이 침공하기 한달 전인 9월에 요시아키에게 17개의 의견서를 제출했다. 의견서의 내용에 대해서는 앞에서 간략하게 설명하였고, 쇼군으로서 체통과 권위를 지켜 달라는 요구였다. 그러나 이러한 노부나가의 진언을 「건방지다」고 생각한 요시아키는 노부나가의 존재가 귀찮게 여겨져서 타케다 신겐에게 노부나가를 제거해 달라고 부탁을 하자, 다케타 신겐이 10월에 노부나가를 배신했다는 것이다. 그러나 새로운 설에 의해 이 내용

타케다 신겐(武田信玄, たけだ しんげん)

은 뒤집어졌다.

　　신설에서는 이 17개의 의견서가 제출된 타이밍이 다르다. 17개의 의견서는 노부나가가 미노에 있을 때에 요시아키에게 제출되었다고 하지만 9월에 노부나가는 미노에 없었다. 이 17개의 의견서는 9월이 아니고 1572년 연말부터 1573년 연초 사이에 제출되었다는 것이 새로운 학설이다.

　　이 말은 타케다 신겐의 배신이 먼저 있었고 그 후에 17개의 의견서가 제출되었기에 요시아키와 노부나가가 대립하게 되었던 것이다. 즉, 종래의 설에서는 우선 요시아키와 노부나가가 대립이 있자, 요시아키가 다케타 신겐에게 노부나가를 제거해 달라고 말했기에 타케다 신겐이 노부나가를 배신했다는 것이지만 신설에서는 타케다 신겐의 배신이 먼저 있었던 것이다.

　　타케다 신겐의 배신이 있었기에 노부나가가 요시아키에게 17개의 의견서를 제출한 것이 되므로 원인과 결과가 바뀌는 것이며, 전국시대를 연구하는 학자들 대부분은 이런 새로운 학설을 채용하고 있다.

　　그럼 신겐은 왜 노부나가를 배신하고 이에야스의 영토를 침공했는지에 대해서 알아보자. 노부나가는 신겐과 이에야스 양쪽과 동맹을 맺었지만 실은 신겐과 이에야스는 서로 적대시하고 있었다. 왜냐하면 1568년에 이에야스와 신겐은 동맹을 맺고 이마가와 가문을 제거하려고 하였다. 이 때 이에야스가 도오토우미, 신겐이 스루가를 통치한다는 약속으로 이마가와와 전투를 벌였지만 신겐의 부하가 승리의 기세를 타고 도오토우미까지 침공을 해버렸다.

이에야스 입장에서는 신겐이 약속을 어겼다고 생각했을 것이다. 졸지에 두 사람은 도오토우미와 스루가의 국경을 둘러싸고 적대관계를 계속 유지하게 되었다. 이런 상황 속에서 신겐은 이에야스에게 제대로 사과를 했지만 오히려 이에야스 쪽이 강경한 태도로 나서며 그의 사과를 거절했다. 그래서 난처해진 신겐은 노부나가에게 이에야스와의 관계를 중재해 달라고 부탁을 했지만 노부나가도 잘 처리하지 못하였다.

그 이후 신겐과 이에야스는 서로를 적대시하는 관계가 되었다. 그런 속에서 주변이 적들로 둘러싸이게 되자 관동에 있는 호조 가문과 동맹을 맺고 도쿠가와 이에야스의 영토를 침공했던 것이다. 즉 신겐의 침공에는 요시아키는 전혀 관계하지 않았고 어디까지나 신겐과 이에야스의 대립 속에서 침공이 발생하게 된 것이다. 그럼 노부나가는 왜 요시아키에게 불만이 섞인 17개의 의견서를 제출했는가에 대해서 알아보자.

17개의 의견서에 대해서는 확실한 내용이 적혀 있는 사료는 남아 있지 않기에 그 때의 상황을 유추할 수밖에 없는 점은 양해 바란다. 요시아키가 노부나가와의 협조노선에 불안을 느껴 관계를 끊으려고 하는 움직임을 보이기 시작했기 때문이 아닌가 라는 생각이 드는데 충분히 있을 수 있는 이야기이다. 여기서 요시아키의 입장이 되어보자. 확실히 노부나가 덕분으로 쇼군이 될 수 있었고 계속 협력관계를 유지해 왔지만 노부나가의 주변은 적들로 둘러싸여 있고 계속 전투를 벌이고 있었기에 불안감을 가졌을 것이다.

그런 상황 속에서 타케다 신겐이라는 불세출의 영웅이 나타났다. 누구라도 노부나가와 손을 잡는 것보다 신겐과 손을 잡는 것이 훨씬 좋을 것이라는 생각이 들 것이다. 따라서 지금 당장에는 노부나가보다 신겐이라는 다이묘로 갈아타려고 마음을 먹는 것도 무리는 아니다. 그런 움직임을 본 노부나가가 지금까지 요시아키에게 참아왔던 불평불만과 울분을 17개 조서로 터뜨린 것이다.

그런 속에서 신겐이 노부나가를 배신하였기에 요시아키는 노부나가에서 신겐으로 갈아탈 절호의 기회를 잡으려고 했을 것이다. 따라서 노부나가의 17개 의견서 따위는 거들떠보지도 않았고 마침내 1572년 2월에 요시아키는 노부나가와의 결별을 선언하였다.

## 8. 아시카가 요시아키의 추방과 천하인(天下人) 노부나가

요시아키가 결별을 선언하자 노부나가는 자신의 아들을 인질로 보내는 조건으로 화평을 요청했다. 이것은 노부나가의 이미지와 전혀 다른 장면이지만 현재의 노부나가 입장에서는 타케다 신겐이 배신을 하여 서쪽에서 공격해 오고 아자이와 아사쿠라와도 싸우고 있었기에 요시아키를 적으로 돌릴 수 없는 상황이었다. 그래서 노부나가는 화평을 요청했지만 거절당했다. 하지만 4월에 천황의 칙명에 의해 화평을 맺었다.

이 후 노부나가에게 있어서 기가 막힌 행운이 찾아왔는데 타케다 신겐이 같은 4월에 병사를 한 것이다. 그러나 신겐의 죽음은 타케다 가문이 잠시 숨겼기에 노부나가가 언제 신겐의 죽음을 안 것인지는 알 수 없다. 아무튼 최대의 위협이었던 신겐이 죽음으로써 노부나가는 한숨을 돌릴 수 있었다. 그리고 3개월 후 7월에 아시카가 요시아키는 노부나가와의 화평을 깨고 거병을 하였다.

아마 요시아키는 신겐의 죽음을 몰랐기에 거병을 했을지도 모른다. 따라서 본인이 거병을 하면 서쪽에서는 신겐이 노부나가를 공격하고 본인은 동쪽에서 공격을 할 수 있는, 즉 협공을 하여 노부나가를 처리하려고 생각했던 것이다. 하지만 노부나가는 요시아키의 거병을 예상하였고 철저히 준비를 하였기에 요시아키는 결국 노부나가에게 패하고 교토에서 추방당했다. 이렇게 하여 1573년 7월에 무로마치 막부가 멸망하게 되었다.

이것은 후세의 사람들이 이것으로 무로마치 막부가 멸망하였다고 생각하는 것뿐이고 당시의 사람들은 그렇게 생각하지 않았을 것이다. 왜냐하면 요시아키는 확실히 교토에서 추방되었지만 교토로 되돌아와서 복권할 가능성도 충분히 남아 있었다. 그리고 쇼군의 지위도 그대로 유지하고 있었기에 다른 다이묘들의 도움을 받을 수도 있었다. 이 후 요시아키는 각 지역을 방랑하면서 여러 다이묘들에게 도움을 요청하며 반 노부나가 움직임을 나타내기 시작하였다.

아무튼 쇼군이 교토에 없는 상태에서 노부나가가 쇼군 대신에 천하(이 시점에서의 천하는 기나이를 의미)를 다스리게 되었다. 요시아키를 추방한 후 노부나가는 원호를 겐키(元龜, げんき)에서 덴쇼(天正, てんしょう)로 바꾸었다. 앞으로는 노부나가 자신의 세상이 될 것이라는 생각으로 원호를 바꾸었고 또 그것을 세상사람들에게 알리고 싶었다. 그리고 원호가 겐키였을 때는 전쟁이 끊이지 않았기에 이 연호가 불길하다고 여겨 이전부터 조정(천황 측)과 노부나가는 연호를 바꿀 것을 희망을 하였다. 그러나 요시아키가 전혀 동의를 하지 않았기에 연호를 바꿀 수 없었지만 요시아키가 추방당하고 노부나가가 천하를 지배하게 되었기에 조정과 노부나가는 연호를 덴쇼로 바로 바꾸었다.

나가시노 전투(長篠の戦い, ながしののたたかい) 지역

이후의 노부나가는 1573년에 아자이와 아사쿠라, 미요시 같은 계속 노부나가를 적대시해 왔던 세력들을 전부 쓰러뜨렸다. 이렇게 하여 제2차 노부나가 포위망은 완전히 와해되었고 노부나가를 적대시하는 큰 세력이라고 하면 혼간지 같은 종교세력과 신겐의 뒤를 이은 타케다 가쯔요리(武田勝頼, たけだ かつより) 정도였다.

타케다 카쯔요리와의 전투는 1575년의 나가시노 전투(長篠の戦い, ながしののたたかい)에서 노부나가가 대승리를 거두었다. 이 전투의 주역은 이에야스였고 상세한 설명은 이에야스 편에서 다루었기에 그 부분을 참고하길 바란다. 또 같은 해에 노부나가는 혼간지와 화평을 맺었다. 이렇게 하여 노부나가는 일시적이기는 하지만 천하를 평정하게 되었고, 천하 즉, 기나이에서는 전쟁이 없어졌으며 평화로운 시대를 만들었다. 조정에서는 노부나가에게 종삼위권대납언(從三位權大納言) 겸 우근위대장(右近衛大将)이라는 지위를 주었다. 「종삼위권대납언」은 요시아키가 추방당하기 전에 가지고 있던 지위로 노부나가에게 쇼군과 같은 지위를 부여한 것이고 「우근위대장」은 세이이다이쇼군(征夷大将軍, せいいたいしょうぐん-정이대장군)에 준하는, 무가의 우두머리에게 주는 지위이다. 이것은 조정이 노부나가를 천하인으로서 공식적으로 인정했다는 것을 의미한다.

그 후 노부나가는 아들인 오다 노부타다(織田信忠, おだ のぶただ)에게 오다 가문의 가독과 미노, 오와리 등의 영지를 물려주었다. 즉 노부나가는 지방의 미노와 오와리의 통치는 아들에게 맡기고 자신은 천하(기나이)의 통치에 집중하려고 하였다. 이후 노부나가는 다음해 1576년에 교토의 중심지와 가까운 곳에 아즈치성(安土城, あづちじょう)을 구축하고 거기서 정무를 행하였으며 노부나가가 원래 거주했던 기후성(岐阜城, ぎふじょう)보다도 훨씬 가까운 곳이다. 배를 타면 비와호(琵琶湖, びわこ 호수)에서 바로 교토로 갈 수 있었다. 노부나가가 아즈치성에 들어갈 즈음에는 미노나 오와리의 지방 다이묘가 아니고 천하인이었다.

## 9. 제3차 오다 노부나가 포위망

세번째 오다 노부나가의 포위망이 만들어졌다. 세번째는 교토에서 추방된 아시카가 요시아키와 관련되어 있다. 1576년 요시아키가 추고쿠 지방(中国地方, ちゅうごくちほう-일본의 서쪽지역에 있는 5개의 현)을 지배하는 모리 테루모토(毛利輝元, もうり てるもと)라는 전국 다이묘에게 비호를 받았

우에스기 켄신(上杉謙信, うえすぎ けんしん)

다. 그리고 모리의 비호를 받은 요시아키는 모든 다이묘들에게 타도 노부나가를 호소하였다. 이런 움직임에 의해 원래는 우호관계였던 모리 테루모토와 우에스기 켄신(上杉謙信, うえすぎ けんしん)은 노부나가를 적대시하게 되었다.

다만 요시아키의 호소만으로 적대관계가 된 것이 아니고 노부나가와의 국경분쟁문제도 얽혀 있었다. 노부나가의 세력이 커지자 노부나가의 영토와 맞물려 있는 서쪽의 모리나 북동쪽의 우에스기 사이에 있는 작은 다이묘들은 어느 쪽으로 붙으면 유리할지 계산을 하기 시작하였다. 모리와 켄신은 국경문제로 분쟁이 생기기 시작할 즈음에 요시아키의 호소가 있었기에 타도 노부나가에 참가하게 된 것이다.

모리와 켄신, 그리고 원래 노부나가와 사이가 좋지 않았던 타케다 가문, 혼간지가 노부나가를 둘러싸는 형태로 제3차 노부나가 포위망을 구축하였다. 노부나가는 광범위한 지역에서 분쟁이 일어났기에 본인이 일일이 대처할 수 없다는 것을 알고 유력 가신을 각각의 지역에 두고 싸우게 하였다. 기나이를 담당한 것은 아케치 미쯔히데이고 추고쿠 지방을 담당한 것은 하시바 히데요시(羽柴秀吉, はしば ひでよし-후의 도요토미 히데요시)였다. 이런 포위망 속에서 노부나가에게 또 다시 행운이 찾아왔다. 제2차 노부나가 포위망 속에서 신겐의 죽음으로 위기를 벗어났던 노부나가였는데, 1578년에 우에스기 켄신이 병사를 했다.

켄신은 전국무쌍의 무장으로서 북륙지방(北陸地方, ほくりくちほう)을 맡은 시바타 카쯔이에게도 한번밖에 패한 적이 없는 무장이었다. 그런 켄신이 병사를 하였기에 노부나가는 천운을 타고난 사람임에는 틀림이 없다. 켄신이 사망함에 따라 우에스기 가문의 가독 분쟁, 즉 오타테의 난(御館の乱, おたてのらん)이 촉발하였기에 노부나가로서는 전쟁을 유리하게 이끌 수가 있었다. 게다가 오타테의 난에 타케다 가문과 관동의 호조 가문도 연관이 되어 이 두 가문의 관계가 악화되는 행문마저 얻었다.

오타테의 난으로 타케다 가문에 원한을 품은 호조는 반(反) 타케다인 도쿠가와와 동맹을 맺었기에 타케다 가문은 오다와 도쿠가와, 호조라는 적에 둘러싸이는 지경이 되었다. 이렇게 하여 오다군이 각 지역의 싸움에서 우세를 점하게 되자 1580년에 노부나가와 혼간지는 화평을 맺게 되었다. 혼간지와의 싸움은 1570년 초에 시작하여 약 10여년에 걸쳤지만 이것으로 더 이상 싸우지 않게 되었다. 또 그 2년 후인 1582년 3월에, 앞에서 설명한 것처럼 타케다 가문은 상당히 힘든 처지였고 마침내 오다·도쿠가와 연합군에 의해 멸망했다. 타케다 가문의 멸망에 대해서는 이에야스 편에서 상세히 설명해 두었기에 참고하길 바란다.

이제 남은 큰 적대세력은 우에스기와 모리, 그리고 시코쿠 지방의 초소가베(長宗我部, ちょうそかべ) 가문이다. 동일본 지역에서 노부나가를 적대시하는 것은 우에스기 가문뿐이었지만 물리치는 것은 시간의 문제였고 초소가베는 아직 시코쿠 지방도 통일 못한 다이묘이기에 노부나가와 싸우기에는 역부족이었다. 그리고 동북지방과 큐슈는 노부나가를 따르고 있었기에 남은 큰 적대세력은 추고쿠 지방의 모리 정도이다. 하지만 그 지역도 지금 하

시바 히데요시가 열심히 공격하고 있었기에 노부나가는 천하통일을 눈앞에 두고 있었다. 그런 상황 속에서 혼노지의 변이 일어났다.

### 10. 혼노지의 변(本能寺の変)

1582년 5월 15일, 도쿠가와 이에야스가 아즈찌성에 있는 노부나가를 방문했다. 이에야스는 타케다 가문과 계속 전투를 벌였기에 그 공적을

혼노지의 변(本能寺の変, ほんのうじのへん)

인정받아 스루가의 통치를 맡았다. 그 인사를 하기 위해서 이에야스는 아즈찌성을 방문하였다. 노부나가는 이에야스를 대접하기 위해 일주일이나 연회를 열었고, 그 책임자는 아케치 미쯔히데였다.

일설에 의하면 그 때 미쯔히데가 대접한 요리가 썩어 있어서 노부나가가 열 받아 미쯔히데를 때렸으며 그것이 혼노지의 변으로 연결되었다고 한다. 하지만 이 내용은 신빙성이 현격히 떨어지는 사료를 바탕으로 한 것이기에 사실이 아닐 가능성이 크다. 여하튼 이에야스를 대접하는 연회가 열린 것은 확실하다. 같은 날인 5월 15일에 추고쿠 지방 공격을 행하고 있던 히데요시로부터 원군요청이 있었다. 그래서 노부나가는 아케치 미쯔히데에게 히데요시의 원군에 참가하도록 명령을 하였고 미쯔히데는 전투 준비를 하였다. 히데요시와 미쯔히데는 서로 라이벌 같은 생각을 가지고 있었고, 미쯔히데에게 히데요시를 돕도록 명령한 것은 결국 히데요시 밑으로 들어가서 그의 지시를 받아라는 말이 되므로 미쯔히데로서는 상당히 자존심이 상했을 거라고 생각이 든다. 그리고 그 후 노부나가는 5월 29일에 스스로 원군으로 출진하기 위해 교토의 혼노지에 머물며 군세의 집결을 기다리고 있었다.

이 당시 노부나가를 호위한 무사는 70에서 80명 정도였다. 그리고 당주인 아들 히데타다는 혼노지 근처인 묘가쿠지(妙覺寺, みょうかくじ)에 있었다. 그리고 6월 1일 노부나가는 다회를 열며 느긋하게 시간을 보내고 있었다. 그 날 저녁, 노부나가를 향한 어둠의 그림자가 다가오고 있었다. 원래는

추고쿠 지방에서 히데요시를 돕고 있어야 할 아케치군이 교토로 향해서 진군을 하고 있었다. 6월 2일 이른 아침, 만 명(여러 설이 있음)의 군사가 혼노지를 포위하며 싸우게 되었고, 싸움이라고 해도 군사의 수에서 압도적이었므로 노부나가는 상대가 되지 않았다.

혼노지의 변에 관한 이야기는 정말 많은 이야기가 남아 있고 다양한 학설이 있다. 그래서 노부나가의 부하인 오오타 규이찌(太田牛一, おおた ぎゅういち)가 쓴 신장공기를 바탕으로 설명하겠다. 오오타 규이찌는 혼노지의 변이 발생했을 때 혼노지에 없었던 인물이기에 신장공기의 기록이 사실인지 어떤지는

아케치 미쯔히데(明智光秀, あけち みつひで)

알 수 없다. 하지만 혼노지의 변의 모습을 기록한 자료는 신장공기밖에 없다. 노부나가는 밖이 시끄러워 부하들이 싸움을 하는 줄 알고 잠에서 깨었다. 그래서 옆에 있던 시중, 모리 란마루(森蘭丸, もり らんまる)에게 무슨 일이 있는지 확인하라고 하였다. 그러자 아케치 미쯔히데의 모반이라고 보고하니 노부나가는 「是非(ぜひ)もなし, 제히모나시-어쩔 도리가 없지(이 말의 의미에 대해서는 다양한 해석이 있다)」라는 말을 하며 스스로 활을 들고 싸웠지만 활이 다 떨

어지자 다시 창을 들고 응전을 했다. 하지만 숫자에서 밀렸기에 노부나가는 여기서 죽을 생각으로 혼노지의 안쪽 방에 들어가 방문을 닫았다. 이 때는 이미 혼노지는 화염에 휩싸인 상태였고, 그런 속에서 노부나가는 자결을 하였다.

이렇게 하여 노부나가는 천하통일을 목전에 두고 엄청 신뢰했던 가신에게 배신을 당해 향년 47세로 사망하였다. 혼노지의 변으로 노부나가는 사망하였지만 이미 그는 가독을 아들 노부타다에게 물려준 상태였다. 따라서 히데타다만 살아 있다면 오다 정권은 계속 유지될 수 있었을 것이다. 히데타다 밑으로 유력 가신들이 모여 모반의 주모자인 미쯔히데만 치면 모든 것이 순조롭게 돌아갈 수 있었지만 히데타다도 공격을 당해 사망을 하였다. 히데타다는 혼노지의 변이 일어난 것을 알고 니조신고쇼(二条新御所, にじょうしんごしょ)로 거처를 옮기며 미쯔히데군에게 반격을 도모하였지만 역시 수적인 열세를 이겨내지 못해 결국 자결을 하였다. 만일 이 때, 노부히데가 미쯔히데와 싸우지 않고 전력으로 도망가는 길을 선택했다면 오다 정권은 계속 유지되었을 것이다. 물론 혼노지의 변이라는 혼란 속에서 바른 선택을 하는 것은 힘들었겠지만. 노부히데도 도망치다가 미쯔히데에게 붙잡혀 죽는 것보다는 차라리 전력을 다해 싸우다가 죽는 것이 훨씬 무사답다고 생각할 수도 있었을 것이다.

오다 정권이 붕괴되자 누가 기나이를 다스려야 하는가가 과제였지만 조정에서도 인정을 받은 아케치 미쯔히데가 정권을 잡았다. 이 소식을 들

은 히데요시는 추고쿠 지방 공격을 그만두고 엄청난 스피드로 교토로 돌아와서 야마자키 전투(山崎の戰い, やまざきのたたかい)에서 미쯔히데를 물리쳤다. 패한 미쯔히데는 도망을 가다가 오치무샤가리(落ち武者狩り, おちむしゃがり-패배한 무사 사냥꾼)에게 잡혀 죽음을 맞이했다. 누구보다고 먼저 노부나가의 적을 없앤 히데요시의 입지가 급상승하여 노부나가의 후계자로서 대두를 하였고 후에 천하통일을 이루는 발판을 만들었다.

## 제 2장
# 천하인의 과정이었던 무장
### 도요토미 히데요시(豊臣秀吉)

**지략가 면모 갖춘 '지장' 도요토미 히데요시**

전국시대는 많은 성이 축성되었다. 성을 만든 이유는 자국의 번영과 전쟁에 대비하기 위한 것이다. 유럽이나 중국과 다르게, 전국시대의 전쟁은 마을이나 도시의 공격보다는 성을 함락하는데 있었다. 그러한 성을 기막힌 전술로 함락하여 성 공격의 명인이라고 불리는 전국 다이묘가 있었고, 그가 바로 일본 천하를 통일한 사람 도요토미 히데요시이다.

## 농민에서 천하인이 된 인물
도요토미 히데요시(豊臣秀吉)

### 1. 히데요시의 출생과 출세

히데요시의 출생과 어릴 때의 행적에 대해서는 수수께끼로 둘러싸여 있다. 왜냐하면 그의 전반의 생을 알 수 있는 1차 사료는 전혀 없고, 지금에 전해지고 있는 이야기는 에도시대 때 만들어진 태합소생기(太閤素生記, たいこうそせいき)가 바탕이 되어 있다. 따라서 어디까지가 진실인지는 확실하지 않다는 감각으로 읽어 주기를 바란다.

태합소생기에 의하면 히데요시는 1537년 오와리국(尾張国, おわりのくに) 아이치군(愛知郡, あいちくん)의 나까무라(中村, なかむら)라는 마을의 농민의 아들로 태어났다. 그 후 1543년에 아버지가 사망하자 어머니는 재혼을 하였다.

하지만 히데요시와 계부는 사이가 좋지 않아 집을 나와 유랑길을 떠났다. 그 후 어떤 일이 있었는지는 확실하지 않지만 스루가(駿河, するが) 이마가와(今川, いまがわ) 가문의 가신이었던 마쯔시타(松下, まつした) 밑으로 들어가 그를 모셨다. 이곳에서 몇 년간 보낸 뒤 히데요시는 마쯔시타 가문에서 나와 오와리국으로 돌아왔다. 그리고 1554년 18세 경, 노부나가의 짚신 담당으로 일을 했다고 전해진다.

히데요시가 노부나가의 짚신을 가슴으로 품어 따뜻하게 만들었기에 노부나가가 그를 좋아하게 되었다는 것은 엄청 유명한 이야기이지만 이것은 에도시대에 쓰여진 그림책 태합기(太閤記, たいこうき)에 있는 것으로 사실이

히데요시 탄생지 조센지(常泉寺, じょうせんじ)

아닐 가능성이 매우 높다. 하지만 18세 경부터 노부나가를 모셨다는 것은 확실한 것 같다. 노부나가가 당주의 자리를 물려받은 것은 1552년이기에 노부나가가 아직 자리를 잡기 전에 그를 모셨던 것이다.

시간이 흘러 오케하자마 전투(桶狹間の戰い, おけはざまのたたかい)가 발발하였다. 이 전투에서 당시에 아직 오와리국도 통일하지 못한 노부나가가 스루가를 다스리는 대 다이묘 이마가와 요시모토(今川義元, いまがわ よしもと)를 물리쳤다. 이 전투에 히데요시는 아시가루(足輕, あしがる-무가에서 평시에는 잡역으로 종사하다가 전시에는 병졸이 되는 최하급의 무사)로서 참가했다는 기록은 있지만 그 이상의 것은 알려지지 않았다. 그 다음 해, 1561년에 히데요시는 '네네' 라는 여성과 결혼했다. 히데요시는 신분이 미천하였기에 네네의 부모님과 주변 사람들은 두 사람의 결혼을 상당히 반대했지만, 당시에는 드문 연애결혼에 성공하였고 두 사람 사이에는 평생 자식이 없었다. 이것은 나중에 도요토미 정권의 엄청난 재앙이 되었다.

결혼 후, 히데요시는 출세를 거듭해 나아갔다. 이 무렵 오다 가문은 1567년까지 미노(美濃, みの-현재의 기후현의 남부)의 사이토 도산(齋藤道三, さいとう どうさん)과 전투를 하고 있었으며 1567년에 겨우 물리치고 미노를 평정하였고 이 전투에서 히데요시는 무공을 세워 출세의 길을 걷게 되었다. 그럼 히데요시가 어떠한 활약을 했는가 알아보자. 가장 유명한 것은 스노마타이치야조(墨俣一夜城, すのまたいちやじょう) 전설이다. 노부나가는 사이토 가문과의 전투에서 유리한 고지를 선점하기 위해 스노마타에 성루를 쌓기로 하였다. 사쿠마 노부모리(佐久間信盛, さくま のぶもり)와 시바타 카쯔이에(柴田勝家, しばた かついえ)가 나섰지만 이것을 안 사이토의 공격으로 실패를 하였다. 그러자 히데요시가 단 하룻밤에 스노마타에 성루를 쌓은 덕분으로 사이토 가문과의 전투에서 유리한 고지를 점령할 수 있었다. 히데요시는 미노의 산중에 미리 벌채를 해 둔 나무를 스노마타의 상류에 두었다. 사이토군은 성루가 완성되기 직전에 공격을 하면 된다고 생각하여 방심을 하고 있던 찰나에, 히데요시는 준비해 둔 목재를 강에 흘려보내 하룻밤만에 성루를 만들었다. 현대 건축용어로 표현하자면 조립식 주택을 만든 것이다. 히데요시는 이런 공로를 인정받아 노부나가에게 더 큰 신임을 얻게 되었다. 하지만 이 이야기 역시 그림책 태합기에만 적혀 있는 것이어서 거짓일 가능성이 높다. 그러나 확실한 것은 1567년 전후부터 그의 이름이 문서에 오르내리고 있었고 노부나가의 유력 가신으로서 활약을 했다는 것이다. 전설은 거짓일 가능성이 있다고는 해도 사이토 가문과의 전투에서 히데요시가 엄청난 활약을 한 것은 사실일 것이다.

    그 후, 미노를 평정한 노부나가는 아시카가 요시아키(足利義昭, あしかが よしあき)라는 인물을 모시고 교토에 들어갔으며 노부나가의 도움으로 아시카카 요시아키는 15대 쇼군으로 취임할 수가 있었다. 그 후 노부나가는 교토에 신임하는 부하에게 행정 등의 일을 맡기고 즉시 미노로 돌아왔다. 이때 교토에 남은 부하는 니와 나가히데(丹羽長秀, にわ ながひで), 아케치 미쯔히데(明智光秀, あけち みつひで), 히데요시 등이었다. 이 무렵에 히데요시는 그만큼 노

부나가의 신임을 받았다는 것을 알 수 있다.

노부나가는 1570년에 에치젠노쿠니(越前国, えちぜんのくに-현재의 후쿠이현의 동부)의 아사쿠라 요시카게(朝倉義景, あさくら よしかげ)를 토벌하기 위해 출진을 했다. 이 전투는 상당히 순조롭게 진행되어 아사쿠라 가문이 멸망하는 것도 시간의 문제였다. 그러나 이 타이밍에 북 오우미(北近江, きたおうみ)의 아자이 나가마사(浅井長政, あざい ながまさ)가 노부나가를 배신하여 노부나가는 남북으로 협공을 당할 매우 위험한 지경에 처하였다. 이 때 히데요시와 미쯔히데 등은 신가리(殿, しんがり-군이 퇴각할 때 최후방에서 적의 추격에 대비하는 것)를 맡아 노부나가를 겨우 탈출시켰다. 유감스럽게도 히데요시가 어떻게 싸웠는가에 대한 상세한 기록은 남아 있지 않다. 하지만 어떤 자료를 보아도 카네가사키 퇴로(金ヶ崎の退き口, かねがさきののきぐち)에서 신가리를 담당한 사람으로 히데요시가 등장한다.

노부나가의 아사쿠라 요시카게 공격이 실패로 돌아가자 노부나가의 적대세력이 일제히 노부나가 포위망을 구축하였다. 아자이, 아사쿠라, 혼간지(本願寺, ほんがんじ), 미요시(三好, みよし) 가문, 롯카쿠(六角, ろっかく) 가문 등이 노부나가를 둘러싸듯이 포위망을 만들었다. 이런 상황 속에서 히데요시는 요코야마성(横山城, よこやまじょう)의 무장으로 발탁되어 아자이가 있는 오다니성(小谷城, おだにじょう)을 바로 코 앞에 두게 되었다. 노부나가 포위망으로 힘들어하는 와중에 전국시대 최고의 무장으로 알려진 카이(甲斐, かい-현재의 야마나시현)의 호랑이 타케다 신겐(武田信玄, たけだ しんげん)이 동맹을 맺고 있었던 노부나가를 배신하며 노부나가의 동맹자인 도쿠가와 이에야스(德川家康, とくがわ いえやす)의 영토를 공격하자 노부나가는 일생일대의 위기에 빠졌다.

이런 상황 속에서 1573년 2월, 쇼군 아시카가 요시아키가 노부나가는 적이 너무 많아서 의지를 할 수 없다고 하며 노부나가와 등지게 되었다. 이 당시 노부나가는 가문이 망할지도 모르는 초위기 상황에 처했지만 역시 천하인이 될 사람은 하늘의 운도 따르는 법이다. 전국무쌍인 신겐이 4월에 병사를 하였다. 그래서 노부나가 포위망은 느슨해지기 시작하였고 노부나가는 자신을 배신한 쇼군 아시카가 요시아키를 교토에서 추방해 버렸으며 무로마치 막부(室町幕府)는 멸망하였다.

쇼군이 사라졌기에 누군가 대신하여 기나이(畿内, きない-왕성과 천황 등이 있는 수도권 주변의 특별구역)를 지배할 사람이 필요했고, 그것을 노부나가가 맡게 되었다. 이렇게 하여 노부나가는 천하인으로 기나이를 통치하게 되었다. 하지만 아시카가 요시아키는 교토에서는 추방되었지만 이후로도 반 노부나가 세력으로서 계속 활동을 하였다. 신겐과 쇼군이 사라지자 노부나가는 지금이 기회라고 생각하여 단숨에 공세로 나섰고 8월에는

도요토미 히데요시(豊臣秀吉, とよとみ ひでよし)

아사쿠라, 9월에는 아자이 가문을 멸망시키는데 성공하였다. 그리고 노부나가는 이 전투에서 공헌을 세운 히데요시에게 아자이 가문의 영토를 맡겼다. 이 무렵 히데요시는 성을 키노시타(木下, きのした)에서 하시바(羽柴, はしば)로 개명했다. 1573년 히데요시는 아자이 영토도 통치하게 되었고 개명도 하였기에 큰 전기가 된 1년이었다.

2년 후인 1575년에 히데요시는 아자이 영토의 비와 호수 산기슭에 나가하마성(長浜城, ながはまじょう)을 세워 이곳을 본거지로 삼았다. 농민 출신인 히데요시가 39세 때 마침내 자신의 성을 가지게 된 것이다. 또 이 해에 노부나가의 천거에 의해 조정으로부터 치쿠젠노카미(筑前守, ちくぜんのかみ)라는 관직을 받았다. 히데요시의 출생과 출세에 대한 명확한 1차 사료가 없지만 이 정도가 그의 전반기의 일생이었다.

## 2. 추고쿠 공격(中国攻め)

히데요시가 나가하마성을 세운 것은 1575년이었지만 다음해 1576년부터 분위기가 심상치 않게 돌아갔다. 모리(毛利, もうり)와 우에스기(上杉, うえすぎ), 타케다, 혼간지, 호조(北条, ほうじょう) 등이 일제히 노부나가에게 적대감을 표현했다. 타케다와 혼간지와는 원래 싸우고 있었지만 여기에 우에스기

와 모리가 더해진 것이다. 왜냐하면 계속 확대를 해 나간 노부나가의 영토와 이 두 사람의 영토가 접하게 되었기 때문이다. 이렇게 되면 이 사이에 끼인 다른 다이묘들은 어느 한쪽을 택해야만 했다. 이런 상황 속에서 1576년에 노부나가로부터 추방을 당한 아시카가 요시아키는 모리의 보호 하에 들어갔고 그는 우에스기와 모리에게 노부나가를 치도록 부탁을 하였다. 노부나가에게 추방을 당한 몸이지만 쇼군직은 유지하고 있었으므로 다른 다이묘들에게 노부나가를 칠 대의명분을 만들어 준 것이다.

  노부나가 입장에서는 전선이 상당히 광범위하였기에 자신이 모든 곳을 담당할 수는 없다. 그래서 곳곳에 자신이 신임하는 유력 가신을 보내 사령관으로서 임무를 하도록 하였다. 예를 들면 우에스기는 시바타 카쯔이에, 모리는 히데요시에게 맡겼다. 그런 속에서, 하리마(播磨, はりま)의 쿠로다 간베에(黒田官兵衛, くろだ かんべえ)는 본인의 성인 히메지성(姫路城, ひめじじょう)을 히데요시에게 제공하며 추고쿠 공격을 도왔다. 이렇게 공략하는 중에 히데요시는 고즈끼성(上月城, こうづきじょう)을 함락했고 이 성은 모리와 오다의 최전선의 경계지점에 있었던 곳이었기에 그 의미는 상당했다. 히데요시는 아마고 카쯔히사(尼子勝久, あまご かつひさ)와 야마나까 유키모리(山中幸盛, やまなか ゆきもり)에게 성을 지키도록 하였다. 이렇게 하여 하리마노쿠니는 오다 세력에 의해서 평정된 것처럼 보였지만 노부나가의 영토 내에 있던 미키성(三木城, みきじょう)을 빼앗겼다.

  미키성은 히데요시의 서쪽에 있고, 동쪽은 모리가 있었기에 협공을 당할 위치에 있었다. 그래서 미키성을 탈환하려고 히데요시는 출진하였지만, 이 찬스를 모리는 놓치지 않았다. 모리의 대군은 이 틈을 타 고즈끼성을 공격하였다. 히데요시 입장에서는 전략적으로 미키성 쪽이 중요했기에 고즈끼성을 포기하였다. 이 싸움으로 아마고 카쯔히사는 할복을 하였고, 야마나까 유키모리는 전사하였다.

미키성 흔적지(三木城, みきじょう)

하지만 쿠로다 간베에가 서쪽에서 공격해 온 모리의 수군을 노부나가의 장남인 오다 노부타다(織田信忠, おだ のぶただ)의 원군 등에 의해 격퇴를 하여 위기에서 벗어날 수가 있었고 덕분에 하리마에서 히데요시의 세력은 재차 커졌다. 이 후, 1580년에 히데요시는 겨우 미키성을 함락할 수가 있었다. 2년이나 걸렸지만 그만큼 미키성의 수비가 막강했다는 것을 알 수 있다. 사실은 이 시기에 오다 가문 내부에서 아라키 무라시게(荒木村重, あらき むらしげ)라는 엄청난 영향력을 가진 무장의 반란이 일어났고, 이 반란의 영향으로 추고쿠 지방의 민심은 모리 쪽으로 기울었지만 히데요시의 눈부신 활약으로 추고쿠 지방은 평정되었다.

    노부나가는 이러한 히데요시의 공적을 높이 사서 하리마와 타지마노쿠니(但馬国, たじまのくに-현재의 효고현 북부) 두 나라를 맡겼다. 그 후 히데요시는 바로 옆 나라인 이나바노쿠니(因幡国, いなばのくに-현재의 돗토리현의 동쪽)를 공격했다. 히데요시는 이곳의 돗토리성(鳥取城, とっとりじょう)을 공략하기 위해서 시장과 성하 마을을 불태우며 보급로를 차단하는 작전을 펼쳤다. 돗토리성의 서쪽에 있는 우에시성(羽衣石城, うえしじょう)도 오다파였기에 돗토리성은 고립되어 버렸다. 그래서 성 안에 있던 야마나 토요쿠니(山名豊国, やまな とよくに)는 항복을 하였고, 히데요시는 히메지성으로 돌아갔다. 그 후 킷가와 모토하루가 우에시성을 공격하자 돗토리성 안의 사람들은, 히데요시에게 항복한 야마나 토요쿠니를 추방하고 모리에게 새로운 무장을 보내 달라고 부탁하였고 모리는 킷가와 쯔네이에(吉川経家, きっかわ つねいえ)를 파견하였다.

    이 당시의 돗토리성은 절망적인 상태였지만 모리는 동료를 버리지 않는다는 것을 보여주기 위해 킷가와 쯔네이에를 보냈다. 물론 그도 이 상황을 잘 알고 있었고, 돗토리성에 들어갈 때는 전쟁에 패하여 목이 잘렸을 때 넣는 통을 지참하였다는 일화도 남아 있다. 그런데, 한번 항복했으면서도 계속 반항하는 돗토리성을 히데요시는 용서하지 않았다. 또 다시 보급로 차단 작전을 펼쳤다. 미리 비싼 돈을 주어 돗토리성으로 보급되는 쌀을 구입하였기에, 돗토리성 밖의 주민들은 쌀을 구하러 성 안으로 피난갈 수밖에 없었다. 따라서 성 안에는 식량은 부족하고 사람은 미어 터지는 상태가 되었다. 돗토리성 안은 아비규환의 상태로 가축은 물론 말, 소까지 잡아먹었고, 심지어 죽은 사람의 시체까지 뜯어먹는 지경에 이르자 킷가와 쯔네이에는 항복할 테니 성 안의 사람들은 살려 달라는 조건을 내걸었고 히데요시는 그 조건을 받아들였다. 히데요시는 앞의 미키성도 병참공격으로 함락을 했기에 히데요시가 추고쿠 공격을 할 때의 기본적인 전략은 병참공격이었다. 공격을 받는 쪽에서는 힘이 들고 괴롭기에 히데요시가 죽도록 밉겠지만 공격하는 입장에서는 상당한 돈과 시간이 들어도 자신들의 병력을 피해없이 지킬 수 있는 장점은 있었다.

　드디어 추고쿠의 세나라를 손에 넣었다. 그리고 주변의 대부분의 국가들은 히데요시를 따르겠다는 의사를 표명하였기에 지금의 효고현, 돗토리현, 오카야마현 전체가 히데요시 세력 하에 놓였다. 하지만 아직 히데요시를 인정하지 않은 빗추(備中, びっちゅう-현재의 오카야마현 서부)의 모리의 거점인 빗추 타카마쯔성(備中高松城, びっちゅうたかまつじょう)의 공격을 시작했다. 타카마쯔성 주변은 강이 흐르고 있었기에 강에 제방을 쌓아 물길의 흐름을 타카마쯔성으로 향하게 했다. 성은 침수는 되지 않았지만 거의 물 위에 떠 있는

상태가 되었다. 순조롭게 공략을 하던 중 교토에서 터무니없는 소식이 들려왔다.

### 3. 추고쿠 대회군(中国大返し)과 야마자키 전투(山崎の戦い)

히데요시가 빗추 타카마쯔성 수공을 하자 모리의 본군 5만명이 원군으로 달려왔다. 이 숫자는 히데요시가 말한 것으로 실제는 만 명 정도라고 하지만 그래도 엄청난 숫자이다. 그래서 히데요시는 만전을 기하기 위해 1582년 5월 15일에 노부나가에게 원군을 요청했고 노부나가도 5월 17일에 아케치 미쯔히데에게 추고쿠로 향하게 하였으며 노부나가 자신도 29일 추고쿠원정 준비를 하기 위해 교토의 혼노지(本能寺, ほんのうじ)라는 절에 머물렀다. 그러나 이미 서쪽의 추고쿠로 향해야 할 아케치가 교토의 혼노지로 와서 모반을 일으켜 노부나가는 사망하였다. 이것을 혼노지의 변(本能寺の変, ほんのうじ-1582년 6월 2일)이라고 한다. 노부나가는 49세, 히데요시는 46세였다.

히데요시가 혼노지의 변을 안 것은 6월 3일 밤이었지만, 이것에 대해서는 다양한 설이 있다. 유명한 일화로는 아케치 미쯔히데가 혼노지의 변에서 노부나가를 죽인 뒤, 모리에게 '나와 협력하지 않겠는가?' 라는 편지가 우연히 히데요시군에게 들켰다는 것이다. 하지만 이 이야기도 사실 여부는 알 수 없다.

　　히데요시는 이 소식을 안 다음 날 4일 재빨리 모리와 화평을 체결하였다. 모리는 수공으로 힘든 와중이었고, 모리의 뒤에는 큐슈의 세력도 호시탐탐 노리고 있었기에 히데요시의 화평 교섭에 적극적으로 나섰다. 그후, 히데요시는 미쯔히데를 치기 위해 전군을 미쯔히데가 있는 기나이로 진군시켰고 이것이 이른바 '추고쿠 대회군' 이다. 추고쿠 대회군은 엄청난 스피드로 기나이로 돌아갔기에 많은 설이 있다. 그래서 필자도 일본의 수많은 사료를 살펴보았지만 책에 따라서 일정이나 여정이 다른 경우가 많아서 무엇이 사실인지는 확실하지 않다. 아직도 일본에서는 이 대회군에 대한

추고쿠 대회군(中国大返し, ちゅうごくおおがえし)

연구가 계속되고 있으니 언젠가 진실이 밝혀질 것 같다.

빗추 타카마쯔성에서 히메지성의 거리는 약 90킬로이고 타카마쯔성에서 출발한 것은 5일이다. 하루만에 히메지성에 도착하였기에 상당한 강행군이었다. 예전의 대하드라마를 보면 히데요시도 맨발로 히메지성까지 뛰는 장면이 있지만 실제로는 말을 타고 먼저 히메지성에 도착을 하여 앞으로의 계획과 정보 수집을 한 후, 9일에 히메지성에서 나왔다. 히데요시는 노부나가는 아직 죽지 않았다고 하며 아군들의 분발을 촉구하였다. 추고쿠 대회군은 인간으로서는 불가능한 스피드라는 말을 자주 하지만 실제의 거리를 보면 불가능한 것도 아니다. 다만 한창 전투 중에 즉시 화평을 맺고 바로 아케치 미쯔히데를 치기 위해 출발을 한 것은, 마치 노부나가의 죽음을 예견이라도 한 듯이 완벽하였다. 그래서 추고쿠 대회군에 대한 여러 설이 난무하고 학자들 사이에서도 의견이 분분한 것 같다. 여하튼 빗추 타카마쯔성에서 5일에 출발하여 13일에는 교토의 야마자키라는 곳에서 미쯔히데군과 부딪혔고 야마자키 전투가 시작되었다.

이 전투 전에 6월 4일에 시코쿠(四国, しこく) 공격을 할 예정이었던 노부나가의 3남 오다 노부타카(織田信孝, おだ のぶたか)군과 니와 나가히데군이 히데요시에게 합류하였다. 히데요시군은 군사가 늘어났지만 미쯔히데군은 오히려 군사가 줄었다. 왜냐하면 지금까지 함께 했던 친구 호소가와 후지타카(細川藤孝, ほそかわ ふじたか)와 쯔쯔이 준케(筒井順慶, つつい じゅんけい)가 배신을 하여 히데요시로 붙어버렸기 때문이다. 드디어 양군은 비가 내리는 속에서

야마자키에서 격돌했지만, 병사 수에서 압도한 히데요시가 승리하였고, 패배한 아케치 미쯔히데는 쇼류지성(勝龍寺城, しょうりゅうじじょう)으로 도망갔지만, 거기서도 쫓겨나 자신이 원래 머물렀던 오우미의 사카모토성(坂本城, さかもとじょう)으로 철군을 하였다. 그러나 아케치 미쯔히데는 오치무샤가리(落武者狩り, おちむしゃがり, 싸움에 지고 도망치는 무사를 쫓는 사냥꾼)에 붙잡혀 생애를 마감한다. 미쯔히데는 혼노지의 변을 일으킨 단 11일만에 사망하였다.

## 4. 기요스 회의(清須会議)와 시즈가타케 전투(賤ヶ岳の戦い)

혼노지의 변이 일어난 6월 말, 오다 가문의 유력 가신들이 모여 기요스성에서 회의를 개최하였다. 혼노지의 변에서 노부나가뿐만 아니라 이미 가독을 이어받은 장남 노부타다도 사망을 하였기에 후계자 문제와 아케치 미쯔히데의 영토분할문제로 모였던 것이다. 대하드라마나 소설 영화 등을 보면 이 회의에서 시바타 카쯔이에가 노부나가의 삼남 노부타카를 밀고, 히데요시가 노부나가의 손자, 즉 노부타다의 아들인 삼보시(三法師, さんぼうし)를 밀면서 서로 대립하는 듯이 나온다. 실은 그런 일은 없었고 삼보시를 정식 후계자로 정하고 큰 분쟁 없이 회의는 끝났다. 그러나 삼보시는 이 때 3살이었기에 당연히 당주의 역할은 할 수 없었다. 그래서 삼보시가 성인이 될 때까지 누군가 당주 대리의 역할을 해야 하는데 여기서 노부나가의 차남 노부카쯔와 삼남 노부타카가 분쟁하게 되었다. 두 사람의 분쟁은 해결될 기미가 없자, 우선은 삼보시를 당주로 하고 하시바 히데요시·시바타 카쯔이에·니와 나가히데·이케다 쯔네오키(池田恒興, いけだ つねおき) 네 명의 중신이 서로의 의견을 맞추어 오다 가문을 경영하기로 하였다. 다만 이 기요스 회의 결정에 자신이야 말로 당주 대리로 적합하다고 생각한 오다 노부타카가 반기를 들었다. 삼보시는 아즈치성(安土城, あづちじょう)에 들어갈 예정이었지만 오다 노부타카가 강제로 본인의 거성인 기후성(岐阜城, ぎふじょう)으로 데리고 들어가며, 마치 본인이 후계자인 마냥 행동을 했다. 이렇게 하여 오다 가문은 분열하게 되었다.

| 오다 노부카쯔<br>하시바 히데요시<br>니와 나가히데 삼보시<br>이케다 쯔네오키 |  | 오다 노부타카<br>시바타 카쯔이에 |
|---|---|---|

이 때 시바타 카쯔이에는 오다 노부타카의 편을 들었고 그 이유는 히데요시가 오다 노부카쯔 편을 들었기 때문이다. 카쯔이에는 히데요시가

야마자키 전투에서 미쯔히데를 제압한 것에 대해 상당한 불안감을 가지고 있었다. 그 만큼 히데요시의 지위가 올라가고 세력이 확대되는 것을 경계하였다. 이런 긴장 관계 속에서 유리한 쪽은 삼보시를 데리고 있는 노부타카였다. 왜냐하면 정식 후계자인 삼보시를 데리고 있는 것이 정당성이 있기 때문이다. 그래서 노부카쯔파, 즉 히데요시는 삼보시를 데리고 오려고 노력을 하였고 마침내 1582년 12월에 노부타카를 공격하여 삼보시를 탈환하였다. 시바타 카쯔이에의 거성은 눈이 많이 내리면 출진을 할 수 없는 지역에 있었기에 도울 수가 없었고 다시 지배 체제는 바뀌었다.

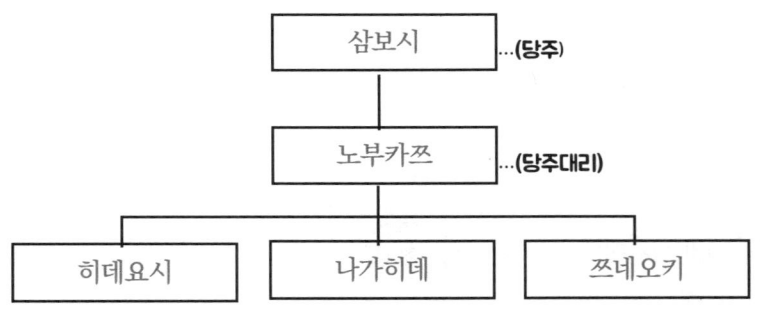

위의 그림에서도 알 수 있듯이 이 체제 속에는 오다 노부타카와 시바타 카쯔이에는 포함되어 있지 않다. 따라서 이 두 사람이 이 체제에 불만을 가졌기에 이 둘을 토벌하기 위한 전투가 시작되었다. 바로 시즈가타케

전투(賤ヶ岳の戦い, しずがたけのたたかい-1583년)이다.

이 전투에서 히데요시와 노부카쯔군이 승리를 하였고 시바타 카쯔이에와 노부타카는 사망하였다. 이 일련의 사건이 지난 후 히데요시는 한 걸음 더 천하인의 자리로 가는 주도권을 쥐게 되었다.

### 5. 고마끼・나가쿠테 전투(小牧・長久手の戦い)

히데요시는 1583년에 오사카성에 들어가 노부나가의 뒤를 이을 천하인은 본인이라는 것을 세상에 드러내기 시작했고 실제로 오다 가문의 실권도 쥐고 있었다. 이렇게 되면 노부카쯔는 히데요시를 타도할 수밖에 없다. 아직 힘이 약했던 노부카쯔는 도쿠가와 이에야스(德川家康, とくがわ いえやす)에게 도움을 요청했다. 히데요시는 이에야스가 있는 동국지방의 정세에도 간섭을 하기 시작하였기에 두 사람은 서로 협력하기로 하였다.

이런 상황 속에서 히데요시파는 아니지만 히데요시와 싸우지 않는 편이 좋다고 진언을 한 가신 둘을 노부카쯔는 죽여버렸다. 하지만 노부카쯔도 도쿠가와 이에야스와 이 건에 대해 충분히 상의를 하고 내린 결론이었다. 그러자 히데요시는 더 이상 보고 있을 수만 없어서 드디어 히데요시 대 카쯔요리・이에야스 연합군의 고마끼・나가쿠테 전투(小牧・長久手の戦い(こま

き·ながくてのたたかい-1584년)가 발발하였다. 이 전투는 히데요시와 이에야스만이 전투를 벌인 것이 아니고 일본 전국의 넓은 범위에서 두 사람을 대리하여 전투가 있었다. 히데요시와 이에야스는 아주 가까운 거리에 서로 진을 치고 대치를 하였지만 좀처럼 맞붙지는 않았다. 이런 상황 속에서 히데요시는 이케다 쯔네오키를 중심으로 별동대를 조직하여 이에야스의 본거지인 미카와의 오카자키성을 공격하도록 지시를 내렸지만 이런 움직임이 이에야스에게 발각되어 이케다 쯔네오키가 전사하였고 후에 천하인이 되는 두 사람이 붙었지만 결착은 쉽게 나지 않았다.

이 전투는 의외로 간단히 끝이 났고 히데요시군이 노부카쯔의 영토인 이세(伊勢, いせ-현재의 미에현의 동부), 정확히 말하면 남쪽 이세의 공략에 성공을 하였다. 이것에 안달이 난 노부카쯔는 먼저 히데요시에게 화평을 요청했다. 이 전투로 상황은 역전되어 히데요시가 천하인이 되었고 노부카쯔는 그를 모시는 신하가 되었다. 하지만 이에야스 입장에서는 패하지도 않은 전쟁에서 히데요시에게 고개를 숙이고 들어가야만 했다. 왜냐하면 이에야스의 전투 명분은 노부카쯔를 돕는 것이었기 때문이다.

나가쿠테 고전장(長久手, ながくて)

명분을 잃은 이에야스는 본토인 미카와의 오카자키성으로 돌아갔다.

반 히데요시파들은 이에야스를 제외하고 거의 소멸되었고 시코쿠, 호쿠리쿠(北陸) 지방, 모리의 추고쿠 등 일본의 대부분이 히데요시의 지배 하에 놓이게 되었다.

6. 관백(関白)취임과 천하통일

히데요시는 1585년 49세에 관백으로 취임했다. 관백은 천황을 보좌하며 실질적으로 천황을 대신해서 정치를 행하는 천황 다음의 최고위 관직이다. 농민 출신인 히데요시가 일본의 최고 관직에 오른 것이다. 이 무렵 교토에서는 코노에 노부스케(近衛信輔, このえ のぶすけ)와 니조 아키자네(二条昭実, にじょう あきざね)가 관백의 직책을 두고 경쟁을 하고 있었다. 이 경쟁의 해결을 맡은 히데요시는 둘 다 관백의 자리를 원하니 차라리 내가 관백이 되겠다고 제안을 했다. 그러나 관백이 될 수 있는 것은 후지와라(藤原, ふじわら) 가문만 가능하도록 정해져 있었다. 그래서 히데요시는 관백이 될 수 없었지만 이것을 해결할 방법을 찾아냈다.

코노에 노부스케의 아버지인 코노에 사키히사(近衛前久, このえ さきひさ)의 양자가 되어 코노에 일가가 되면 관백이 될 수 있는, 상당히 억지스러운 것이었다. 코노에는 후지와라(藤原(ふじわら) 가문의 일족이다. 이런 방법으로 히데요시는 관백이 되었고 일본정치의 중심이 되었다. 이 때 히데요시는 조정으로부터 도요토미(豊臣)라는 성도 하사 받았다. 이렇게 되면 히데요시의 자식도 관백의 자리를 물려받을 수 있게 된다. 다만 이 때는 히데요시에게 자식이 없었다.

　　이 후 히데요시는 이에야스 토벌을 계획하고 있었다. 왜냐하면 고마끼・나가쿠테 전투 이후에도 이에야스는 히데요시를 따를 생각은 없었기 때문이다. 하지만 이 당시에 발생한 엄청난 지진의 영향과 오다 노부카쯔의 중재로 인해 전쟁은 일어나지 않았고 대신, 이에야스를 복종시키기 위해

아사히히메 묘(旭姬, あさひひめ)

유화정책을 썼다. 만일 이 때 지진이 발생하지 않았다면 이에야스는 히데요시에 의해 멸망되었을 지도 모른다.

우선 히데요시는 자신의 이복동생인 아사히히메(朝日姬, あさひひめ)를 이에야스의 정실로서 시집을 보냈다. 이미 하사히히메는 결혼한 상태였지만 강제로 이혼을 시키며 무리를 했으나 이에야스는 히데요시의 요구를 들어주지 않았다. 이에야스는, 만일 교토로 가서 히데요시에게 복종을 맹세하더라도 언제 암살을 당할지도 모르기 때문에 안전 확보를 위해 누군가 인질을 보내 달라고 요청을 하자, 히데요시는 그의 어머니 오오만도코로(大政所, おおまんどころ)를 보냈다. 그러자 이에야스도 겨우 히데요시의 요구를 들어주며 교토로 가서 그의 신하가 되었다.

이 후 히데요시는 1587년에 큐슈정벌(九州征伐)을 했다. 큐슈는 이 당시 큐슈의 패권을 둘러싸고 시마즈(島津, しまづ) 가문과 오오토모(大友, おおとも) 가문이 다투고 있었다. 그래서 히데요시는 전쟁을 멈추라고 명령을 내렸지만 시마즈 가문은 패권 경쟁에서 우세했기 때문에 전쟁을 멈추지 않았다. 화가 난 히데요시가 큐슈를 공격하였고 이것이 '큐슈정벌' 이다. 이 전투를 끝내고 히데요시는 전후 처리를 위해서 하카타(博多, はかた)에 갔다.

여기서 히데요시는 크리스천 다이묘인 오무라 스미타다(大村純忠, おおむら すみただ)라는 인물이 나가사끼(長崎, ながさき)의 땅을 교회에 기부했다는 소식을 들었다. 지금은 나가사끼 땅뿐일지도 모르지만 이 움직임이 전국으로 번지면 기독교인들이 일본을 지배할 지도 모른다는 생각을 하였고 히데요시는 위기감을 가졌다. 실제로 이 무렵 나가사끼에서는 절의 불각과 신사가 파괴되거나 일본인이 노예로 팔려 나가는 사태가 일어나고 있었다. 그래서 히데요시는 기독교를 금지하고 선교사의 국외추방령을 내렸으며 이것이 '선교사 추방령(バテレン追放令, バテレンついほうれい)' 이다.

선교사에게 20일 이내에 국외로 퇴거하도록 요구한 것이지만 무역은 지금처럼 장려하는 추방령이었기에 효과는 그다지 크지 않았다. 히데요시는 다이묘들이 기독교를 믿는 것을 허가제로 했지만 하리마(播磨, はりま)의 아카시 성주(明石城主, あかしじょうしゅ)인 다카야마 우콘(高山右近, たかやま うこん)은 기독교를 버리지 않아 영지를 몰수당했다.

시간을 조금 뛰어넘어 1596년 히데요시가 두번째 조선출병을 하는 1년 전에, 도사노쿠니(土佐国, とさのくに-현재의 고치현)에 산 펠리페호(サン=フェリペ号)라는 스페인의 배가 표류했다. 이미 히데요시는 사제 추방령(バテレン追放令, バテレンついほうれい)으로 기독교를 금지하고 있었기에 바로 사람을 보내 이 배에 실려 있는 물건을 몰수하고 배를 수리하여 그 배에 타고 있던 승조원들을 국외로 추방시켰다. 그러나 그 승조원 중 한 명이, 「스페인은 선교사를 일본 영토 정복의 앞잡이로서 이용하고 있다」는 증언을 했기에, 히데요시는 「선교사를 이대로 방치해두면 일본이 정복될 것」이라고 생각하여 교토 주변에 있는 선교사와 신자 26명을 체포하여 나가사키로 데리고 가서 처형을 했다. 여기서 처형을 당한 사람들을 「일본26성인」이라고 불렀고, 현재도 나가사끼에는 그들을 위한 기념관이 남아 있다. 이 당시는 전국시대에서 아즈치모모야마 시대(安土桃山時代, あづちももやまじだい)로 들어왔기에 국내에서는 큰 전투가 발발하지 않았다. 그러나 해외로부터 많은 위협에 놓인 상태였기에 히데요시가 조선 출병을 결심한 하나의 이유가 되었다.

규슈정벌 다음 해, 1588년 관동에서 가장 큰 힘을 가진 '호조'라는 일족이 있었고 그들도 히데요시에게 복종을 하였지만 다음 해에 문제가 발생하였다. 1589년 호조와 사나다(真田, さなだ) 가문이 영토를 둘러싸고 분쟁이 발생했다. 그래서 히데요시가 나름대로 영토분배를 정했지만 호조 가문의 부하 중의 한 명이 반발하며 사나다 가문의 성을 공격했다. 그러자 히데요시는 자신의 명령을 거부했다고 생각하여 호조를 공격하기로 하였다. 이것이 오다와라 공격(小田原攻め, おだわらぜめ)이다.

결국 호조 가문은 멸망을 하였으며 호조 가문 대신에 누군가가 관동을 다스려야 하는데 그 역할이 도쿠가와 이에야스에게 돌아갔다. 이렇게 하여 에도를 중심으로 관동은 번성하게 되었고 히데요시는 동북지방의 유력자들도 본인의 아래로 들어오게 하여 드디어 1590년에 마침내 히데요시는 오다 노부나가가 달성하지 못했던 천하통일을 54세의 나이로 이루었다.

1591년 1월에 히데요시의 남동생 히데나가(秀長, ひでなが)가 병사를 하였고 히데나가는 엄청나게 우수한 무장이었다. 전국시대는 형제끼리 후계자를 둘러싸고 서로 죽고 죽이는 경우가 비일비재했지만 히데나가는 형인 히데요시를 극진히 모시며 모반이나 쿠데타는 꿈도 꾸지 않았다. 그 남동생이 병사한 그해 8월에 측실 요도도노(淀殿, よどどの-전의 이름은 차차) 사이에 낳은 아들, 유일한 친자식이었던 쯔루마쯔(鶴松, つるまつ) 도 병사해 버렸다. 히데요시의 나이를 생각하면 새롭게 자식을 얻을 가능성은 거의 불가능했다. 그래서 히데요시는 12월에 조카인 히데쯔구(秀次, ひでつぐ)에게 관백의 자리를 물려주었지만 실질적인 실권은 히데요시가 가지고 있었다.

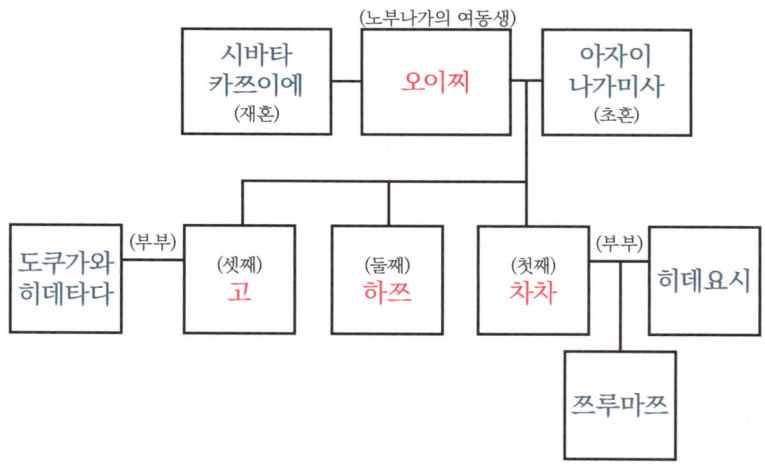

여기서 잠깐 요도도노에 대해서 알아보자. 노부나가의 여동생 오이찌는 처음에 아자이 나가마사에게 시집을 갔다. 그래서 노부나가는 여동생의 남편인 아자이 나가마사가 절대 배신을 하지 않을 것이라고 생각했지만 배

신을 당해 결국 전투를 벌렸고 히데요시의 활약 덕분으로 아자이 나가마사는 전사하였다. 하지만 아자이 나가마사의 여자 자식들은 목숨만은 구했고 그 장녀가 차차, 즉 요도도노이다. 아자이 가문이 멸망한 후 오이찌와 자식들은 잠시 오다 가문에 머물다가 기요스 회의에서 오이찌는 시바타 카쯔이에와 재혼을 하게 되었다. 그 시바타 카쯔이에도 시즈가타케 전투에서 히데요시에게 멸망 당했다. 이렇게 하여 남은 자식이 차차(茶々, ちゃちゃ), 하쯔(初, はつ), 고(江, ごう) 이른바 아자이 세자매이다. 이 세자매는 히데요시의 보호를 받았으며 비극적이지만 차차는 본인의 생부와 계부를 죽인 히데요시의 측실이 되어 '쯔루마쯔' 라는 아들을 낳았다. 차차 이외에 아자이 세자매는 일본 역사에 엄청난 영향을 끼친 인물이다.

'하쯔' 는 오사카 전투(大阪の陣) 때에 도쿠가와와 도요토미 사이에서 중재역할을 하였고, '고' 는 에도막부의 2대 쇼군인 도쿠가와 히데타다(德川 秀忠, とくがわ ひでただ)에게 시집을 가서 3대 쇼군이 되는 이에미쯔(家光, いえみつ)를 낳았다. 아자이 가문은 멸망했지만 아자이 나가마사의 혈통은 일본 역사에 길이 남을 영향을 끼쳤다고 할 수 있겠다.

다시 히데요시의 이야기를 하자면 앞으로 자식이 생기지 않을 것으로 생각했지만 요도도노가 또 다시 히데요시의 아이를 가졌다.

## 7. 조선출병과 히데쯔구(秀次) 할복 사건

천하통일을 달성한 히데요시의 시선은 해외로 향했으며 1592년에 조선을 침략하였다. 이 전쟁을 당시의 일본의 연호를 따서 문록의 역(文禄の役, ぶんろくのえき-임진왜란)이라고 한다. 다만 이 조선 출병은 어디까지나 조선은 통과점에 지나지 않았고 히데요시의 최종목적은 명나라였다. 히데요시는 명나라를 정복하기 위해 조선에게 길을 열어 달라는, 즉 '정명가도'를 부탁하였지만 조선이 거절을 하였기에 우선 조선부터 치려고 하였다. 그럼 여기서 히데요시가 왜 조선으로 출병하였는가, 왜 명나라를 정복하려고 하였는지가 궁금할 것이다. 물론 다양한 설이 있기에 이것이 바로 정답이다고는 할 수 없지만 히데요시가 조선출병을 결심한 유명한 5개의 설을 살펴보자.

우선 '쯔루마쯔 사망설'이 있다. 이 설은 대하드라마나 소설 영화 등에서도 자주 다루는 이야기인데, 이 무렵 남동생이 병사하고 아들인 쯔루마쯔가 사망을 하자 히데요시는 상당히 슬픔에 빠져 있었다. 히데요시는 이 슬픔을 견디지 못해 자포자기의 상태에서 조선출병을 결심했다든가, 호화찬란을 생활을 보내며 흥청망청 생활을 했던 히데요시가 판단력이 흐려져 즉흥적으로 조선출병을 결심했다는 것이다. 하지만 필자의 생각은 조금 다르다. 히데요시가 관백이 된 1585년 무렵부터 이미 명나라를 침략할 계획을 세우고 있었기 때문이고 자식이 죽었다는 이유로, 그 분풀이를 위해 해외에 나가서 전쟁을 한다는 것은 너무나 터무니없는 것이기 때문이다.

두번째는 동란외전설(動亂外轉說)이다. 일본 국내에 히데요시에게 대항할 수 있는 큰 힘을 가진 다이묘를 조선에 보내는 것으로 그들의 힘을 뺄 수 있다. 이것 역시 필자의 생각과는 동떨어진 설이다. 실제로 조선으로 건너간 무장들은 히데요시의 측근 무장들이 많았고, 오히려 히데요시에게 위협이었던 도쿠가와 이에야스 등은 조선에 간 적이 없다. 게다가 다이묘들의 힘을 뺀다는 것은 임진왜란에서 일본이 패한다는 것을 전제로 하기에 더더욱 이유가 될 수 없다고 생각하며 히데요시는 명나라를 차지한 후의 계획도 이미 세우고 있었다.

세번째는 공명심설(功名心說)이다. 이것은 쉽게 이야기하자면 자신의 이름을 널리 알리고 싶은 것을 의미한다. 실제로 히데요시가 조선에 보낸 문서를 보면 나의 이름을 삼국(일본, 명나라, 조선)에 전한다는 내용이 있기에 '공명심설'은 어느 정도 설득력이 있다. 물론 공명심만으로 조선출병을 했다고는 생각하지 않지만 이유의 하나는 될 수 있을 것 같다.

네번째는 영토확대설이다. 일본이 통일되었기에 히데요시가 부하에게 나누어 줄 영토가 없어졌다. 그래서 그것을 해결하기 위해 해외로 시선을 돌렸다는 것인데 충분히 있을 수 있는 설이라고 생각된다. 당시에는 영토를 확보하기 위해 상대방을 공격하는 것이 당연한 시절이었다.

다섯번째는 스페인과 포르투갈의 위협에 대항하기 위한 것이다. 이 무렵 일본은 '선교사 추방령' 도 앞에서 서술하였지만 스페인과 포르투갈인이 일본에 와서 선교와 포교를 목적으로 일본을 지배하기 위한 계획이 조금씩 진행되고 있었기 때문에 히데요시는 이것을 위협으로 느꼈던 것이다. 실제로 일본은 서양에게 지배를 받지 않았지만 아프리카나 아시아의 다른 나라를 보면 스페인이나 포르투갈에 의해서 지배를 받는 나라가 상당히 많았다. 그래서 히데요시는 선수를 치기 위해 스페인이나 포르투갈을 대신해서 명나라를 지배하려고 하였던 것이다. 이것도 히데요시의 선교사 추방령이나 기독교에 대한 위기감을 생각하면 충분히 있을 수 있는 설이라고 생각한다.

결론적으로 필자는 세번째 공명심설, 네번째 영토확대설 다섯번째 스페인과 포르투갈의 위협에 대항하기 위한 것이 합쳐져서 조선출병이 결정되었다고 생각한다. 조선출병의 동기는 이쯤하고 임진왜란에 대해서 알아보자.

일본군은 한반도의 북쪽 회령까지 공격해 들어갔다. 선봉에 섰던 가토 기요마사(加藤清正, かとう きよまさ)는 조선의 깊은 곳까지 진군을 했지만 이렇게 되면 보급로에 문제가 생긴다. 그것뿐만 아니라 명나라도 그냥 이대로 지켜보지만은 않았고 바로 조선에 원군을 파견하였다. 그리고 조선 수군의 활약이 엄청났으며, 게다가 의병까지 봉기했기에 일본군은 역경에 빠졌다. 전쟁이 시작되고 1년 후인 1593년에 일본 국내에서도 큰 사건이 발생하였다. 바로 히데쯔구의 할복사건이다. 이 사건은 의문이 많은 것으로 전문가들 사이에서도 의견이 분분하다. 하지만 전혀 다루지 않고 넘어가기에는 미련이 남기에 일반적인 통설을 바탕으로 설명하겠다.

우선 명나라와 강화가 시작된 1593년에 요도도노가 히데요시의 아들 히데요리(秀頼, ひでより)를 낳았다. 앞에서 서술하였지만 히데요시는 이제 자식이 생기지 않을 것으로 예상하여 조카인 히데쯔구에게 관백의 자리를 물려주었다. 그러나 아들이 태어났기에 자신의 친자식인 히데요리에게 자신의 뒤를 잇게 하는 것은 당연하다. 하지만 히데요시는 조카인 히데쯔구에게 관백을 그만두라고 직접적으로 압력을 행사하지 않았다. 다만 히데쯔구의 다음은 히데요리가 계승한다는 취지로 히데쯔구의 딸과 히데요리를 결혼시키기로 하였다. 이렇게 하면 히데요리는 히데쯔구의 사위가 되기에 장래가 보장되는 셈이었다. 그러나 히데쯔구는 이런 히데요시의 조치에 점점 정신불안증세를 보이기 시작하였다. 예를 들면 밤길에 행인을 무참히 칼로 베거나 임신부의 배를 갈라 아기를 보고 즐거워하는 등의 심각한 상태가 되었다. 어디까지가 사실인지는 모르겠지만 정신불안증세가 심했다는 것은 어느 정도 팩트인 것 같다. 하지만 히데쯔구에게 할복을 명하였던 히데요시의 행동을 정당화하기 위해 히데쯔구가 정신불안증세가 있었다고 꾸민 것이 아닌가 라는 생각도 든다. 어디까지나 역사는 승자의 편에서 기술되기 때문이다.

어쨌든 히데쯔구에게 관백의 자리를 물려주었지만 히데요리라는 친자식이 태어나서 두 사람의 관계가 미묘해진 것은 사실이다. 또 히데쯔구는 본인이 할복하기 한달 전에 천황이 병에 걸려 있음에도 천황의 주치의를 자신의 병 치료를 위해 자택으로 불렀던 일이 있었다. 이것은 있을 수 없

는 일로서 이것이 히데쯔구의 할복으로 이어진 것이 아닌가 라는 생각도 든다. 히데요시는 이 일에 격노를 하며 히데쯔구에게 근신을 명했다는 설도 있다. 만일 이 이야기가 사실이라면 히데쯔구의 할복에 큰 영향을 미쳤을 것이다. 그리고 7월에 히데쯔구는 모반의 의심으로 고야산(高野山, こうやさん)에서 침거를 하게 되었다. 모반에 관한 것은 지금도 전문가 사이에서 여러 의견이 나오고 있기에 확실한 내용은 모른다. 어쨌든 히데쯔구는 고야산에서 침거를 하게 되었고 히데쯔구는 자신의 무죄를 증명하기 위해 할복을 하였다. 히데쯔구의 할복에 놀란 히데요시는 모반의 의심을 받게 만든 히데쯔구의 아내와 자식 30여명을 교토의 산조가와라(三条河原, さんじょうがわら)에서 전부 처형시켰다. 현재 그 장소에는 즈이센지(瑞泉寺, ずいせんじ)라는 절이 세워져 있고 경내에는 히데쯔구를 공양하는 탑이 있으며, 그 부근에는 처형당한 아내와 자식들의 탑도 있다.

　히데쯔구 할복사건이 도요토미 정권의 붕괴를 앞당겼다는 것은 틀림없는 사실이다. 히데쯔구가 사망하여 히데요리가 후계자가 되었지만 아직 3살의 어린 아이였기에 관백으로 취임하는 것은 불가능했다. 그래서 히데요리가 관백이 될 수 있는 나이가 될 때까지 히데요시가 돌보지 않으면 안 되었지만 히데요시는 이미 59세여서 언제 죽을지 모르는 상황이었다.

　1593년부터 명나라와 강화교섭을 계속했지만 좀처럼 진척되지 않았고 1596년에 명나라와의 강화교섭이 결국 결렬되었다. 그 이유는, 히데요시는 자신이 이겼다고 생각하여 무리한 요구를 계속 했지만 명나라는 그것을 받아들이지 않았다.

명나라의 황제와 도요토미 히데요시는 강화교섭을 통해 스스로 이긴 전쟁이라고 생각하였다. 그래서 명나라 황제는 나의 부하가 되면 용서해 주겠다고 하였고, 히데요시는 명나라와 일본이 대등한 국가라는 것을 인정하면 용서해 주겠다고 하였다. 강화교섭을 한 고니시 유키나가(小西行長, こにしゆきなが)와 침유경(沈惟敬)은 난처했다. 각자의 주군이 본인들만의 생각을 굽히지 않았기 때문이다. 그래서 이 둘은 나름대로의 묘책을 내어, 각자의 주군에게 상대방의 나라가 항복했다고 보고를 했다. 결국 이 거짓말이 들켜 히데요시는 격노를 하였고 조선으로의 재출병을 명령했다. 이렇게 하여 시작된 전쟁이 경장의 역(慶長の役, けいちょうのえき-정유재란)이다.

## 8. 도요토미 히데요시의 죽음

히데요시는 정유재란이 일어난 다음 해 1598년 3월에 다이묘의 아내 등을 불러 대규모 꽃놀이 행사를 한 뒤 병에 걸렸고 6월에는 심각한 상황에 빠졌다. 그리고 7월이 되자 히데요시는 모든 다이묘들에게 한번 더 히데요리에게 충의를 맹세하는 기청문(신불에게 서약하고, 어기면 벌을 받겠다는 서약문)을 제출하도록 하였다. 이 기청문은 처음이 아니고 실은 히데쯔구가 할복했을

당시에도 이미 제출 받았던 것이다. 그리고 8월이 되자 일본 전국에서 유력한 다이묘 5명을 모아서, 아들인 히데요리를 잘 부탁한다는 유언을 남겼고 이 5명을 고다이로(五大老, ごたいろ)라고 불렀다. 그리고 고부교(五奉行, ごぶぎょう)도 두었는데, 고다이로는 전국의 다이묘 5명이지만 고부교는 이전부터 도요토미 집안을 섬겼던 사람들로 구성하였다. 이렇게 하여 히데요시가 사망한 후에는 고다이로 5명과 고부교 5명이 모여 다수결로 정치를 하게 되었지만 10명의 유력 인사가 모였기에 분쟁이 일어나는 것은 당연했다.

| 〈고다이로〉 | 〈고부교〉 |
|---|---|
| 도쿠가와 이에야스 | 이시다 미쯔나리 |
| 마에다 도시이에 | 아사노 나가마사 |
| 우키타 히데이에 | 마스다 나가모리 |
| 우에스기 카게카쯔 | 마에다 겐이 |
| 모리 데루모토 | 나쯔까 마사이에 |

이처럼 히데요시는 죽기 직전까지 아들인 히데요리를 걱정하였다. 히데요시는 1598년 8월 18일에 향년 62세로 조선출병과 후계자인 어린 히데요리를 남겨둔 채로 사망하였고 덧붙여 히데요시의 죽음은 그 해 겨울까지 비밀로 하였다. 그 이유는 정유재란이 아직 끝나지 않은 상태였기에

혼란을 피하기 위해서 였다. 하지만 실제로는 수도 교토 주변에서는 히데요시의 죽음의 소식은 퍼져 있었다. 그래서 초겨울에 히데요시의 죽음을 공표하였고 12월에 일본군은 조선에서 철수를 하여 정유재란은 끝이 났다.

　　조선과 명나라와의 관계는 악화되었기에 그 관계를 개선하기 위해 다음 천하인이 되는 도쿠가와 이에야스는 상당히 노력을 하였다. 사족을 달면 히데요시가 히데요리를 부탁한다는 말과 유언을 남겼지만 실제로 실권을 잡았던 이에야스는 고다이로와 고부교 제도를 붕괴시켜 버렸고 세키가하라 전투(関ヶ原の戦い、せきがはらのたたかい)를 통해 천하를 쥐게 되었다.

제 3 장

# 천하인이 된 무장
## 도쿠가와 이에야스(德川家康)

**인내와 소통의 '덕장' 도쿠가와 이에야스**

전국 난세에 종지부를 찍고 에도막부를 연 도쿠가와 이에야스. 천하인으로서 명성을 떨친 이에야스였지만 어릴 때는 다른 가문의 인질로서 생활했다. 그 후 다양한 전투와 위기를 거치고, 천하를 나눈 세키가하라 전투를 거쳐 쇼군이 되었다.

# 에도막부 260년을 만든 천하인
## 도쿠가와 이에야스(德川家康)

### 1. 인질로서 보낸 10대

도쿠가와 이에야스의 뿌리와 인질시대부터 알아보자. 이에야스는 전국시대(戰国時代)가 한창 진행 중이었던 1543년에 태어났고 어릴 때 이름은 마쯔다이라 다케치요(松平竹千代, まつだいら たけちよ)였다. 마쯔다이라 가문은 미카와(三河, みかわ·현재의 아이치현의 동부)를 다스리는 작은 호족이었지만 이에야스의 할아버지인 마쯔다이라 키요야스(松平清康, まつだいら きよやす)는 상당히 강한 무장이어서 엄청난 성장을 하였고 미카와를 거의 통일하였다. 키요야스는 이에야스가 태어나기 전인 1935년에 가신들에게 살해당했고, 후계를 히로타다(広忠, ひろただ)가 맡았지만 그 당시 10살이었기에 전혀 힘이 없었다. 그래서 마쯔다이라 가문의 당주를 노렸던 노부사다(信貞, のぶさだ)에 의해 본거지인 오카자키성(岡崎城, おかざきじょう)에서 추방되었다. 그 후 히로타다는 여러 곳으로 도망을 다닌 끝에, 미카와의 동쪽, 도오토우미노쿠니(遠江国, とおうみのくに-현재 시즈오카현 서부)・스루가(駿河, するが-현재의 시즈오카현의 동부 및 중부)를 다스리는 다이묘로 활약했던 이마가와 요시모토(今川義元, いまがわ よしもと)에게 의지하게 되었고, 요시모토 덕분으로 겨우 오카자키성으로 되돌아 갈 수가 있었다. 그 이후 히로타다의 아들로 태어난 인물이 이에야스이다.

　이 당시 히로타다는 엄청 힘든 상황이었다. 미카와는, 서쪽의 오다 노부나가(織田信長, おだ のぶなが)의 아버지인 오다 노부히데(織田信秀, おだ のぶひで)가 다스리는 오와리(尾張, おわり-현재의 아이치현의 서부)와 이마가와 요시모토가 다스리는 스루가 사이에 있었고, 이 두 가문은 항상 전쟁을 하였기에 어느 한쪽의 편을 들어야만 했다. 그런데 히로타다의 부인, 즉 이에야스의 어머니인 오다이노카타(於大の方, おだいのかた)의 친정인 미즈노(水野, みずの) 가문은 오다 가문과 동맹을 맺고 있었지만, 히로타다는 이마가와 가문에게 은혜를 입었던 적이 있었기에 이마가와 가문과의 관계를 나쁘게 하고 싶지 않았다. 그래서 아내와 이혼을 하였고, 아직 3살이었던 다케치요는 어머니와 생이별을 하게 되었다. 다케치요의 불행은 여기서 멈추지 않고, 1547년 6세 때에 인질로서 오와리의 오다 노부히데에게 보내졌는데 그 이유에 대해서 알아보자. 히로타다는 오다 노부히데에게 공격을 받은 적이 있었고, 혼자서는

도저히 노부히데를 감당할 수가 없어서 이마가와 가문에게 도움을 요청했다. 그러자 이마가와 가문은, 히로타다에게 당신의 충심을 보여주는 증거로서 다케치요를 인질로서 보내도록 하였다.

이 이야기는 여러 설이 있다. 타케치요가 인질로 가는 도중에 시중이었던 한 명이 배신을 하여 이마가와 가문이 아닌 오다 가문으로 팔았다는 것인데, 최근의 연구로는 이것은 거짓일 가능성이 크다고 한다. 새로운 설은, 히로타다가 노부히데에게 전쟁에서 패하였고, 항복의 증명으로서 다케치요를 오와리로 보냈다는 것이다. 어느 쪽이 바른 이야기인지 아직 연구가 진행중이기에 판단은 유보하고, 아무튼 다케치요는 오와리에서 인질생활을 하게 되었다. 드라마나 소설 등을 보면 다케치요와 노부나가가 사이 좋게 지내는 장면이 많이 등장하고, 이런 이유로 후에 두 사람이 동맹관계를 맺는 것으로 연결된다. 노부나가가 1534년 출생이어서(다케치요와 9살 차이) 충분히 가능한 이야기이지만 그것과 관련된 정확한 사료는 없다.

다케치요가 8살 때인 1549년에 아버지인 히로타다는 사망을 하였고(병사와 암살이라는 설 등이 있음)오카자키성은 성주가 없어지게 되었다. 다케치요가 아버지 뒤를 이어 성주가 되어야 하지만 오와리에서 인질로 붙잡혀 있기에 그럴 수는 없었다. 그래서 오카자키성은 이마가와 가문에서 성주 대리를 두었고 이마가와 가문이 오카자키성을 실질적으로 다스리게 되었다. 이마가와와 오다의 전쟁 중에 이마가와가 노부나가의 형인 오다 노부히로(織田信広, おだ のぶひろ)를 인질로 잡았다. 그래서 미카와를 다스리는데 장애물이 되는 마쯔다이라 가문을 완전히 굴복시키기 위해 오다 노부히로와 다케치요의 인질교환을 요구하자, 오다 가문은 즉시 수용을 하였고 이 후 다케치요는 오와리에서 슨뿌(駿府, すんぷ-현재의 시즈오카현)로 가게 되었다. 이렇게 하여 다케치요는 이마가와 가문에서 8세부터 19세까지 약 10년간을 보내게 된다.

오카자키성(岡崎城, おかざきじょう)

인질이라는 신분이기에 괴로운 생활을 보냈을 거라고 착각을 할 수도 있지만, 이마가와 가문은 마쯔다이라 가문을 완전히 자신들에게 복속시키고 싶었기에 다케치요를 이마가와 가문의 무장으로 키웠고, 이마가와

가문의 군사(軍師)인 다이겐 셋사이(太原雪斎, たいげんせっさい)에게 교육을 맡겨 다방면에서 최고의 인재로 만들었다. 그 후 다케치요는 1555년 14세에 원복(元服, げんぷく-나라시대 이후, 일본에서 성인이 되었다는 것을 나타내는 의식)을 하고 이마가와 요시모토의 이름에서 「元(모토)」라는 이름을 받아 마쯔다이라 모토노부(松平元信, まつだいら もとのぶ)라고 개명을 하였다. 그 다음해 1556년에는 이마가와 요시모토의 조카(여러 설이 있음)인 세나히메(瀬名姫, せなひめ)와 결혼을 하였고 2년 후, 17세에 첫 출진(初陣, ういじん-우이진)을 하여 멋지게 승리를 거두었다. 그리고 이름을 마쯔다이라 모토야스(松平元康, まつだいら もとやす)로 바꾸었다. 미카와를 거의 통일한 할아버지의 이름이 마쯔다이라 키요야스(松平清康, まつだいら きよやす)였기에, 이 이름에서 한 글자를 받아 마쯔다이라 모토야스라고 개명을 하였다. 이처럼 도쿠가와 이에야스는 10대를 이마가와 가문의 훌륭한 무장으로서 자랐다.

## 2. 오케하자마 전투(桶狭間の戦い)와 기요스 동맹(清洲同盟)

1560년 모토야스가 19세 때에, 이마가와 요시모토가 약 2만 5천명의 대군을 이끌고 오와리를 침공하였다. 오케하자마 전투의 시작이다. 이 무렵의 오다 노부나가는 작은 다이묘였고 군사도 3천에서 5천명 정도였기

에 당연히 이마가와가 전투에서 이길 것으로 예상을 하였다. 이 전투에는 모토야스도 이마가와의 무장으로서 참가하였고, 그의 임무는 오다군이 포위하고 있는 오오다카성(大高城, おおだかじょう) 안으로 군량미를 배달하는 엄청나게 위험한 것이었다.

하지만 이것을 멋지게 성공하였기에 이마가와는 우선 모토야스에게 오오다카성에서 쉬도록 하며 전투에는 참가하지 않도록 하였다. 하지만, 절대 질 리가 없던 전투에서 이마가와군이 패했고 이마가와 요시모토도 전사를 하였다. 그래서 오오다카성에서 머물 수 없었던 모토야스는 마쯔다이라의 보리사(한 집안에서 대대로 장례를 지내고 조상의 위패를 모시어 명복을 빌고 천도와 축원을 하는 개인소유의 절)인 다이즈지(大樹寺, だいじゅじ)로 도망을 갔다. 일설에 의하면 그 때 모토야스는 할복을 하려고 하였지만 이 절의 주지로부터 「온리에도 곤구조도(厭離穢土欣求浄土, おんりえどごんぐじょうど)-고뇌가 많고 깨끗하지 못한 이 세상을 떠나 평화로운 세상을 목표로 하라」라는 가르침을 받고 할복을 하지 않았다고 한다. 이 후 모토야스가 전국시대를 끝내고 좌우명으로 삼은 것이 「태평한 세상을 만드는 것」이라고 전해졌지만

다이즈지(大樹寺, だいじゅじ)

이 이야기는 창작이라는 것이 유력하다. 그러나 모토야스는 「온리에도 곤구조도」 라는 말을 전쟁 때마다 기치로 삼았기에 전혀 없었던 이야기는 아닌 것 같다.

이마가와 요시모토가 전사했기에 큰 혼란에 빠진 이마가와 측은 스루가로 철수를 하였다. 오카자키성에는 이마가와 가문의 성주대리가 있었지만 전쟁에 패했기에 물러났다. 그래서 모토야스가 빈 성이라면 내가 성주가 되어 다스리겠다고 하며 입성을 하였고 모토야스는 운 좋게 본인이 태어난 성의 성주가 될 수가 있었다. 그러나 최근의 연구로는, 이마가와 요시모토의 뒤를 이은 이마가와 우지자네(今川氏真, いまがわ うじざね)가 오다 노부나가에 대한 방어책으로서 모토야스를 오카자키성의 성주로 임명했다고 한다. 그 후, 모토야스는 서쪽 미카와의 통일을 목표로 오다와 전투를 계속하였지만 이마가와 우지자네는 그렇지 않았다.

일반적으로 우지자네가 약해서 오다와 전혀 싸울 마음이 없었다고 하지만 실제는 그렇지 않았다. 아버지인 요시모토가 전사하였기에 신하들이 오다 쪽으로 배신을 하거나 내분이 빈번했다. 그래서 국내를 진정시키는 것에 모든 힘을 쏟아 부었기 때문에 오다와 싸우고 있는 모토야스를 도울 여력이 없었다. 따라서 모토야스는 혼자서 오다 노부나가를 상대하는 것은 힘들다고 생각하여, 차라리 이마가와를 포기하고 오다 노부나가와 동맹을 맺는 것이 좋다고 생각하여 타진을 하였다. 그리고 노부나가 쪽도 미노(美濃, みの-현재의 기후현의 남부)의 사이토(斎藤, さいとう) 가문과의 전투로 분주했기에 미카와에 얽매여 있을 상황이 아니었다. 그래서 노부나가는 모토야스의 동맹 제의를 받아들였고 이 때 모토야스는 20세였다. 이 동맹은 모토야스가 기요스성(清洲城, きよすじょう)에 가서 맺었기에 기요스 동맹(清洲同盟, きよすどうめい)이라고 한다. 1차 자료(그 당시의 기록)에서는 기요스성에서의 회견을 없었다고 하지만 동맹을 맺은 것은 확실하다. 전국시대의 동맹은 형식상이어서 자그마한 일로도 금방 깨지는 경우가 많았다. 하지만 기요스 동맹은 1582년 노부나가가 혼노지의 변(本能寺の変, ほんのうじのへん)으로 죽을 때까지 계속 지켜졌다.

노부나가와 동맹을 맺은 모토야스는 이번에는 동쪽 미카와 통일을 목표로 하지만, 동쪽에서 싸우게 되면 이마가와와 영토를 접하게 되어 이

오케하자마 전투지(桶狭間, おけはざま)

마가와와 싸울 수밖에 없다. 그러나 이렇게 되면 이마가와 가문에 인질로 있는 아내 쯔키야마도노(築山殿, つきやまどの)와 장남인 노부야스(信康, のぶやす), 그리고 장녀 가메히메(亀姫, かめひめ)가 걱정이 된다. 하지만 이마가와와의 전쟁에서 이마가와 쪽의 무장의 자식들을 생포하여 인질 교환에 성공을 하였다.

이 때 활약한 인물이 이시가와 카즈마사(石川数正, いしかわ かずまさ)이고 이 후로도 모토야스의 최측근으로서 활동을 한다. 모토야스는 앞으로 이마가와 가문과 계속 싸울 의지를 보였고, 이제는 이마가와 가문의 사람이 아니라는 것을 증명하기 위해 이마가와 요시모토로부터 받은 아름인 「元(모토)」를 버리고 마쯔다이라 이에야스(松平家康, まつだいらいえやす)로 개명하였다.

### 3. 미카와 잇코잇키(一向一揆)와 미카와 평정

미카와의 평정에 들어간 이에야스는 1563년에 미카와 통일 목전에 미카와 잇코잇키에게 타격을 받는다. 이것은 도쿠가와 이에야스의 3대 위기중 하나이다. 잇코잇키는 「무로마치 시대 중기부터 정토진종 혼간지 교단의 신도들이 집단으로 일으킨, 권력에 저항하는 무장봉기 세력」으로 미카와의 잇코슈(一向宗, 정토진종 혼간지 교단의 신도)가 이에야스에게 칼을 들이댔다. 노부나가조차 잇코잇키를 물리치는데 10년 가까운 세월이 걸렸으니 이에야스의 입장으로서는 일생 최대의 위기를 젊은 나이에 직면한 것이다. 그럼 미카와에서 왜 잇코잇키가 일어났는지에 대해서 알아보자.

당시의 종교세력은 엄청난 힘을 가졌고, 미카와의 잇코슈의 절 일부는 「본인들의 허락 없이 영주라도 절의 부지 안에 들어와서는 안 된다」라는 권리를 주장하였으며, 실제로 이에야스의 아버지 때는 이것을 인정하였다. 그러나 미카와를 통일하고 싶은 이에야스는 이러한 권리를 없애고 싶었기에 두 세력은 격돌할 수밖에 없는 지경에 이르렀다. 그리고 이에야스가 오다와 동맹을 맺고 있지만 내부에는 친 이마가와파가 존재하였고, 외부에는 반 이에야스파가 있었기에 이들이 일제히 봉기를 하여 미카와 잇코잇키(三河一向一揆)가 발생하였다. 이 싸움은 괴롭고 슬픈 싸움이었다. 왜냐하면 이에야스의 부하 중에도 정토진종을 믿는 사람이 많이 있었기 때문이다. 그들은 주군인 이에야스에 붙는 사람과, 잇코슈에 붙는 사람으로 나뉘어, 어제까지 동지였던 사람들이 서로 죽고 죽였다.

이에야스에 대한 충성심에서 잇코슈에서 이탈하는 사람이 속출하였고 결국 최종적으로는 약 반년만에 화평을 맺게 되었다. 그 후의 처분으로 이에야스는 교단에 대해서는 엄격한 조지를 내렸지만 여기서 이탈한 가신에게는 관대하게 대했다. 보통이라면 할복이라는 벌을 내려야 하지만 이번에는 어쩔 수 없는 상황이었다고 하며 용서를 하며 재등용하였다. 이 일로 이에야스는 가신들에게 믿을 수 없을 정도의 존경을 받았고 후에 위험이 닥칠 때마다 많은 도움을 받는 계기가 되었다.

　　미카와 잇코잇키의 엄청난 사태를 극복한 이에야스는 1566년 25세의 나이에 마침내 미카와를 통일하는데 성공하였다. 같은 해에 이에야스는 조정으로부터 미카와노카미(三河守, みかわのかみ)라는 직을 받았고, 이것은 조정으로부터 공식적으로 미카와의 통지자로서 인정을 받은 것을 의미한다. 이것을 계기로 마쯔다이라 이에야스는 도쿠가와 이에야스로 개명을 하였고, 성을 바꾼 이유는 상세한 사료는 없지만 닛타(新田, にった) 가문의 지류가 이에야스(家康, いえやす)의 선조라고 자칭하여 선조가 살고 있던 도쿠가와(得川, とくがわ)의 지명에서 가문에 복을 가져다준다는 생각으로 득(得, とく)이라는 한자를 덕(德, とく)으로 바꾸었다고 한다. 이 두 한자의 일본어 음독은 같다.

　　미카와를 통일한 이에야스는 그 기세로 1568년 27세 때에 카이노쿠니(甲斐国, かいのくに-현재의 야마나시현)의 타케다 신겐(武田信玄, たけだ しんげん)과 동맹을 맺고 이마가와 영토로 침공을 하기 시작했다. 이렇게 하여 이마가와 가문은 도쿠가와와 타케다 양쪽으로 공격을 받아 전국 다이묘로서의 이마가와 가문은 멸망하게 되었다. 하지만 순조롭게 나아가던 이에야스에게 문제가 발생하였다. 타케다와의 동맹에서, 이에야스는 도오토우미, 타케다가 스루가를 다스리기로 하였지만 타케다가 도오토우미까지 침공을 하였다. 이렇게 하여 도쿠가와와 타케다는 국경을 둘러싸고 적대관계가 되었고 후에 타케다 가문이 망할 때까지 그 적대관계는 계속되었다.

## 4. 아네가와 전투(姉川の戦い, 1570년)

아네가와 전투의 주역은 이에야스가 아니고 노부나가였다. 1560년에 오케하자마 전투에서 승리한 노부나가는 그 후 계속 미노의 사이토 가문과 싸웠고 1567년에 미노를 평정할 수 있었다. 그 다음해 1568년에 아시카가 요시아키(足利義昭, あしかが よしあき)를 모시고 교토로 가게 되었다. 그 과정을 간략하게 설명하자면, 13대의 쇼군 아시카가 요시테루(足利義輝, あしかが よしてる)가 1565년에 일어난 에이로쿠의 변(永禄の変, えいろくのへん)으로 부하인 미요시(三好, みよし)에게 살해당했다.

그 후 다음 쇼군의 후보로 정해진 사람은 살해당한 요시테루의 사촌인 요시히데(義秀, よしひで)와 남동생인 요시아키였다. 요시테루를 죽인 미요시 일족은 사촌인 요시히데를 옹오했기에 요시히데가 14대 쇼군이 되었다. 그러나 미노를 평정하고 어느 정도 자신의 문제를 정리한 노부나가는 요시아키를 옹호하며 교토로 갔다.

그래서 쇼군직을 둘러싸고 미요시 일족과 노부나가가 싸우게 되었고 노부나가가 멋지게 승리를 하여 요시아키가 15대 쇼군이 되었다. 노부나가 덕분에 쇼군이 된 요시아키는 노부나가를 아버지처럼 모셨다. 이렇게 하여 권력을 쥐게 된 노부나가는 천하통일을 위한 준비를 하게 되었다.

그 후, 노부나가는 1570년에 에치젠노쿠니(越前国, えちぜんのくに-현재의 후쿠이현의 동부)의 아사쿠라 요시카게(朝倉義景, あさくら よしかげ)라는 강력한 무장이 말을 잘 듣지 않는다는 이유로 토벌을 하러 갔다. 처음에는 상당한 우세로 상황이 전개되었지만 믿고 있던 무장, 아자이 나가마사(浅井長政, あざい ながまさ)가 노부나가를 배신하여 전세는 역전이 되었다.

아자이 나가마사는 노부나가의 여동생의 남편으로서 노부나가와 동맹을 맺고 있었지만 아자이 가문과 아사쿠라 가문은 오래전부터 관계가 깊었기에 아자이는 어쩔 수 없이 노부나가와의 동맹을 깨고 아사쿠라 편으로 돌아선 것이었다(다양한 설이 있음). 노부나가는 가네가사키(金ヶ崎, かながさき)라는 곳에서, 북쪽으로는 아사쿠라, 남쪽으로는 아자이라고 하는 적에 둘러싸여 협공을 받는 엄청 위험한 상황에 빠졌다.

아네가와 고전장(姉川古戦場, あねがわこせんじょう)

이 때, 이른바 「가네가사키의 철수(金ヶ崎の退き口, かねがさきののきくち)」라고 하는 철수전이 펼쳐졌고, 이 당시 활약한 무장이 키노시타 도키치로(木下藤吉郎, きのした とうきちろう-후의 도요토미 히데요시)와 아케치 미쯔히데(明智光秀, あけち みつひで)였다. 이 전투는 오다 노부나가·도쿠가와 이에야스 연합군과 아자이 나가마사·아사쿠라 요시카게 연합군의 싸움이었다. 처음에는 노부나가가 아자이

의 군세에 밀렸지만 이에야스군이 아사쿠라군의 측면공격을 개시하자 아사쿠라군은 괴멸하였고, 그 기세로 아자이군을 밀어붙이자 아자이 군대도 붕괴했다. 아네가와 전투는 에도시대에 기록된 것이어서 도쿠가와 이에야스의 공적을 부풀렸을 가능성이 크지만 어쨌든 노부나가와 이에야스 연합군은 이 전쟁에서 승리를 했다.

이 전쟁에서 승리한 노부나가는 요코야마성을 손에 넣었고 이 성은 키노시타 히데요시에게 주었다. 키노시타 히데요시는 요코야마성으로 입성하였고 노부나가의 본거지인 기후와 교토를 연결하는 길을 확보하였다. 그러나 길은 확보했지만 아자이와 아사쿠라의 위협은 존재했다. 그들과의 전쟁은 이후로도 약 3년 간에 걸쳐 계속되었다.

### 5. 미카타가하라 전투(三方ヶ原の戦い)

이 전투는 이에야스 vs 타케다 신겐의 싸움으로 이에야스의 3대 위기 중, 두번째에 해당된다. 이 전투의 원인에 대해서 알아보자. 타케다 신겐이 오다 노부나가에게 불만을 가지기 시작했다. 왜냐하면 노부나가는 이에야스와 동맹을 맺고 있었지만 실은 타케다 신겐과도 동맹을 맺고 있었고 신겐과 이에야스는 도오토우미와 스루가의 국경을 둘러싸고 계속 적대시

해왔기 때문이다. 그래서 신겐은 노부나가와 이에야스가 동맹을 깨기를 바랐지만 노부나가는 줄곧 중립적인 입장을 견지하였다. 이러한 노부나가를 못마땅하게 여긴 신겐이 불만을 가진 것도 이해하지 못하는 것은 아니다.

노부나가는 1571년에 히에이산 화공(比叡山焼き討ち, ひえいざんやきうち)으로 엔랴쿠지(延暦寺, えんりゃくじ)를 불태웠고, 신겐은 불교를 깊게 믿고 있었던 무장이었기에 노부나가를 더더욱 저주하게 된다. 이런 상황 속에서 1572년 아시카가 요시아키가 타케다 신겐 등에게 오다 노부나가 토벌명령을 내렸다. 요시아키는 노부나가 덕분으로 쇼군이 될 수 있었기에 처음에는 엄청 좋아했지만, 본인을 허수아비 취급하는 노부나가를 제거하고 싶었던 것이다. 이렇게 하여 노부나가 토벌명령에 의해 완성된 것이 「제1차 노부나가 포위망」이다.

노부나가는 상당히 괴로운 상황에 빠졌고, 이런 속에서 마침내 타케다 신겐이 움직였다. 타케다 신겐이 이에야스의 영토인 미카와, 도오토우미로 침공을 개시했다. 이것이 이른바 타케다의 세이조작전(西上作戰, せいじょうさくせん)이다. 이 작전은 예전에는 타케다 신겐이 교토로 가서 천하를 쥐려고 했던 것이라고 하였지만 최근의 연구로는, 단순히 미카와 · 도오토우미의 침공과 노부나가가 다스리고 있는 미노 주변의 영토침공이었다고 한다.

이 전투는 「노부나가 포위망」 때문에 노부나가가 이에야스에게 원군을 제대로 보내지 못한 것도 있어서 절대적으로 불리한 상황에서 시작되었다. 이에야스는 하마마쯔성(浜松城, はままつじょう)에서 만 명의 군사를 데리고

농성전을 준비했지만 2만 5천의 타케다군은 그러한 이에야스를 못 본 척 지나갔다. 그래서 가슴을 쓸어내린 이에야스의 가신들과는 반대로 이에야스는 본인을 무시하는 처사라고 생각하여 성에서 나와 타케다군을 배후에서 공격하기 위해 추격했다. 그러나 이것은 타케다 신겐의 작전이었고, 추격을 한 이에야스 군대는 미리 준비를 하고 기다리고 있던 타케다와 전투를 벌였다. 이 전투가 1572년에 일어난 미카타가하라 전투이며 이에야스가 31세 때이다.

전국시대 최강의 무장으로 불린 타케다와 이에야스의 전투였지만 이에야스가 그 전투에서도 전사를 해도 이상하지 않을 만큼의 최악의 상황이었다. 불과 2시간만에 완전히 패배를 한 이에야스 군대였지만 주군인 이에야스만은 살려야 했다. 이 때 나쯔메 요시노부(夏目吉信, なつめ よしのぶ)라는 무장이 이에야스의 복장을 하고 적군을 교란시켰다. 결국 이에야스 대신에 그는 죽었지만 이에야스는 무사히 탈출을 할 수 있었다. 나쯔메 요시노부는 잇

미카타가하라 고전장(三方ヶ原, みかたがはら)

코잇키 때에 잇코슈였지만 이에야스에게 용서를 받았던 사람이다. 그래서

그 보답으로 자신의 목숨을 바쳐서 이에야스를 구했던 것이다. 참고로 나쯔메 요시노부는 나쯔메 소세키(夏目漱石, なつめ そうせき-일본의 유명한 소설가)의 선조이다.

　나쯔메 요시노부뿐만 아니라 많은 부하가 희생을 하여 이에야스는 겨우 목숨을 부지하며 하마마쯔성으로 도망갈 수가 있었다. 그 후 이에야스군은 하마마쯔성에서 「공성계(空城計, くうじょうけい) 라는 전술을 펼쳤고 공성계라는 것은 「위험한 상황에서 보통은 성의 문을 닫고 방어에 최선을 다해야 하지만 일부러 성문을 개방하여 큰북을 울리면서 아직 싸울 기세와 여력이 있다」는 작전이다. 이런 모습을 본 타케다군은 「뭔가 함정이 있을 것이다」고 생각하여 하마마쯔성 공격을 포기했다고 한다.

　이 이야기는 후세에 만든 이야기일 가능성이 크지만, 여하튼 이에야스는 살아남았고 타케다군은 계속하여 동쪽 미카와로 침공해 갔다. 타케다 신겐은 이 전투에 아픈 몸을 이끌고 참전했고 병이 악화되어 어쩔 수 없이 철수하게 되었으며, 게다가 귀환길에 병사해 버렸다. 그러나 이 사실을 타케다군은 숨겼기에 이에야스군은 알아차리지 못했다. 어쨌든 타케다 신겐의 죽음은 이에야스에게 있어서는 엄청난 행운이었고 타케다군의 위협이 사라지게 되었다. 또 신겐의 죽음은 이에야스 이외에도 큰 영향을 미쳤다.

　이 무렵 15대 쇼군 아시카가 요시아키는 노부나가와 완전히 결별하였다. 그래서 신겐이 서쪽에 와 있을 때, 노부나가를 공격해라고 신겐에게 부탁하려고 하였지만 신겐이 죽어버려 노부나가 포위망이 상당히 약해졌다. 결국 1573년에 노부나가가 아시카가 요시아키를 교토에서 추방해 버렸다. 이 후, 요시아키는 교토에 돌아올 수도 없었기에 무로마치 막부는 멸망해버렸다.

## 6. 나가시노·시타라가하라(長篠·設楽原の戦い) 전투

신겐은 죽었지만 신겐의 뒤를 이은 타케다 가쯔요리(武田勝頼, たけだ かつより)와 이에야스는 계속 공방을 반복했다. 그런 상황 속에서 1575년 약 만 5천명의 타케다군이 미카와의 나가시노성(長篠城, ながしのじょう)을 포위했고 나가시노성을 지키는 병사의 수는 약 500명이었다. 나가시노성은 주변이 강으로 둘러싸여 있어서 북측밖에 공격할 수 없는 난공불락의 성이었다. 그래서 상당한 전력차는 있었지만 겨우 성을 지킬 수 있는 형편이었다. 여기서 유명한 전설이 생겨났는데 그 내용을 알아보자.

타케다군에 의해서 군량미도 사라져 큰 위기에 빠진 나가시노성은 어떻게든 원군을 요청할 수밖에 없었다. 그러나 나가시노성은 만 5천명의 타케다군이 포위하고 있었기에 외부로 빠져나가기가 어려웠다. 이 때 도리이 스네에몬(鳥居強右衛門, とりい すねえもん)이라는 보병이 나타나 겨우 탈출에 성공하여 서둘러 노부나가에게 원군을 요청하러 갔다. 한편 이때 노부나가는 예상보다 빨리 서쪽에서의 전투가 끝나서 이에야스를 돕기 위해 오카자키 성으로 이동하고 있었다. 도리이 스네에몬은 나가시노성이 위험하니 도와달라고 부탁하자 노부나가는 승낙을 하였다. 그래서 이 소식을 빨리 성 안에 있는 동료에게 전하기 위해 나가시노성으로 되돌아왔지만 도중에 타케다군에게 붙잡혔고 성 근처의 나무 기둥에 매달려, 성 쪽으로 향해 「노부나가는 도우러 오지 않으니 빨리 항복을 해라」는 거짓 정보를 강요당했지만 스네에몬은 「노부나가는 이미 근처까지 왔다, 조금만 더 기다려 달라」고 말하자, 성 안의 군사들은 전의가 불타올랐다. 그러나 타케다 군의 말을 듣지 않았던 스네에몬은 본보기로 그 자리에서 책형을 당했다고 한다. 어쨌든 도리이 스네에몬 덕분에 성 안에 있던 군사들이 힘을 내어 결국 성은 함락되지 않았다. 후에 오다군이 합세하여 3만 8천의 오다·도쿠가와 연합군이 시타라가하라(設楽原, したらがはら)에 포진하게 되었다.

도리이 스네에몬(鳥居強右衛門, とりいすねえもん)

이 소식을 들은 타케다 중신들은 철수를 하자고 하였지만 타케다 카

쯔요리는 결전을 결심하였다. 오다 노부나가의 원군과 도쿠가와 이에야스는 렌고가와(連吾川, れんごがわ)에 진을 쳤고 가쯔요리도 본진을 렌고가와로 이동하여 양 측은 강을 사이에 두고 당장이라도 전투를 할 기세로 바라보고 있었다. 서로 간에 총과 활이 난무하는 속에, 오다·도쿠가와 연합군은 별동대를 편성하여 나가시노성을 포위하고 있는 타케다군의 성루를 습격했다. 그리고 성 내에 있는 군사들도 합세하자 타케다군은 서둘러 도망갔다. 도망을 가려고 해도 배후에 세워 두었던 성루가 점령을 당했기에 오다·도쿠가와 연합군이 있는 앞쪽으로 나아갈 수밖에 없었다. 점점 군세가 기울어진 타케다군은 겨우 목숨이 붙은 채로 철군을 하였고, 가쯔요리는 많은 가신을 잃어버렸다. 이렇게 하여 나가시노·시타라가하라 전투는 오다·도쿠가와 연합군의 대승으로 끝났다. 이 전투는 노부나가가 준비한 조총 3천 정과 3단공격으로 유명하지만 후세에 꾸며낸 이야기일 가능성이 높다.

    자료에 의하면 총은 천 정이었고 3단공격이라고 하는 것은, 조총부대를 3조로 나누어 번갈아 가며 적진에게 총을 쏘는 것이다. 예전의 총은 장전하고 발사하는데 시간이 걸리기에 이러한 방법으로 적군을 향해서 끊임없이 총을 쏘는 것이 3단공격이다. 이 이야기도 에도시대의 역사소설에서 나오는 이야기이기에 사실인지 아닌지는 상당히 의문스럽지만 총 덕분에 타케다 기마부대를 물리친 것은 역사적인 사실이다. 그리고 노부나가가 원군을 보내기는 했지만 이에야스의 본 부대원들이 목숨을 걸고 싸웠기에 어디까지나 이 전투의 승리는 이에야스의 힘이라고 할 수 있다. 전투에서 패한 타케다 카쯔요리는 엄청난 충격을 받았지만 그 후 본거지로 돌아가 재정비하여 도쿠가와와 계속 전투를 벌여 나갔다.

### 7. 노부야스(信康, のぶやす) 할복사건

1579년, 이에야스의 장남 노부야스가 할복을 당하는 사건이 발생하였다. 이 때 이에야스는 38세였다. 노부야스뿐만 아니라 이에야스의 아내, 즉 노부야스의 어머니인 쯔키야마도노도 이에야스의 명을 받은 가신에 의해서 살해당했다. 왜 이런 사건이 일어났는지 알아보기 전에 우선 노부야스에 대해서 살펴보자. 노부야스는 1559년에 이에야스와 이마가와 요시노부의 조카로 알려진 쯔키야마도노 사이에 태어난 장남이다.

그 후 1567년에 노부야스는 노부나가의 딸인 도쿠히메(德姬, とくひめ)와 결혼했다. 그래서 노부야스의 이름은 노부나가의 「노부」와 이에야스의 「야스」를 조합해 만들었고, 이것은 노부야스가 두 가문을 연결하는 상징적인 인물이라는 의미가 된다. 그 후 이에야스는 타케다와의 싸움에 대비하여 도오토우미의 하마마쯔성을 본거지로 삼았고, 미카와의 오카자키성을 아들인 노부야스에게 물려주었다. 이런 이유로 이에야스는 하마마쯔성에서 살고 아내와 장남은 오카자키성에서 떨어져 생활하게 되었다. 이런 상

황에서 노부야스의 할복사건이 발생하였다.

　　이에야스의 가신이 집필한 「미카와 이야기(三河物語, みかわものがたり)」를 바탕으로 사건을 재구성해보자. 노부나가의 딸인 도쿠히메는 쯔키야마도노와 남편인 노부야스와 사이가 안 좋았다고 한다. 대하드라마나 소설에서는 쯔키야마도노는 이마가와 쪽의 사람이기에 노부나가를 원망하는 듯이 나온다. 그 이유는 노부나가가 오케하자마 전투에서 이마가와 요시모토를 죽였고, 그 영향으로 이마가와 가문이 멸망했기 때문이다. 따라서 며느리이지만 본인 친정을 멸망시킨 주역인 노부나가의 딸이기에 그 마음은 조금은 이해할 수 있다. 그리고 노부야스는 상당히 난폭자라는 에피소드가 여기저기 사료에서 볼 수 있기에 도쿠히메는 시어머니와 남편 둘 다 불편한 관계였던 것이다. 그래서 참을 수 없었던 도쿠히메는 아버지인 노부나가에게 불만이 담긴 편지를 많이 보냈다. 편지 내용 중에는 시어머니인 쯔키야마도노와 남편 노부야스가 타케다 카쯔요리와 내통하고 있다는 것도 있었다. 이 편지를 본 노부나가는 이에야스에게 노부야스의 할복을 명령하였고, 이에야스는 노부나가와 관계가 나빠지면 안 되었기에 노부야스를 할복시키고 아내는 부하에게 명령해서 죽였다.

　　그러나 이 내용에는 상당한 의문점이 남는다. 대표적인 것을 살펴보면, 도쿠히메와 노부야스가 사이가 안 좋았다는 것만으로 할복을 명령했다는 것은 이해가 되지 않고, 쯔키야마도노가 이에야스에게 들키지 않게 뒤에서 타케다 가문과 내통을 할 수 있을 정도의 힘이 있었다고는 생각되

지 않는다는 연구내용도 있다. 「미카와 이야기」에서는 노부나가가 이에야스에게 아들의 할복을 명령했다고 나와 있지만 노부나가 측의 자료인 「당대기(当代記, とうだいき)」라는 상당히 신빙성이 높은 자료를 보면, 노부나가는 이에야스에게 죽여라는 말은 전혀 하지 않았고, 이에야스가 단지 본인의 생각으로 행동을 하였다는 식으로 적혀 있다. 「미카와 이야기」는 이에야스의 부하가 이에야스를 받들기 위해서 쓴 글이다. 따라서 이에야스가 가족을 죽인 것을 정당화하기 위해서 노부나가를 악하게 묘사하지 않았는가 라는 생각이 든다.

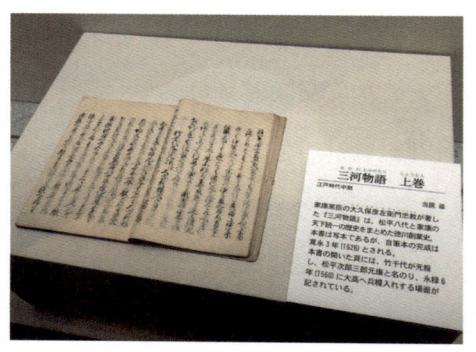

미카와 이야기(三河物語, みかわものがたり)

그 외에 어떤 설이 있는지도 알아보자. 이 무렵 이에야스와 노부야스는 따로따로 살고 있었기에 가신들도 이에야스파와 노부야스파로 나뉘어 있었다. 그 근거로서 이에야스의 부하가 쓴 상당히 신빙성이 높은 「이에타다 일기(家忠日記, いえただにっき)」를 보면, 미카와의 가신들은 노부야스가 있는 오카자키성에 찾아가서 안부를 전하거나 정사를 논할 필요가 없다는 이에야스의 명령이 있었다고 한다. 이 말이 사실이라면 이에야스가 아들인 노

부야스에게 사람들이 모이는 것을 경계했다는 것을 알 수 있다. 즉, 파벌이 나뉘어 있는 것을 못마땅하게 생각한 이에야스가 노부나가의 명령이 아니고, 스스로 적극적으로 노부야스를 제거한 것이 아닌가 라는 생각이 든다. 전국시대에는 부모자식 사이라도 권력을 둘러싼 암살이나 하극상이 다반사였기에 무리한 이야기도 아니다.

### 8. 타케다(武田, たけだ) 가문의 멸망

1575년에 타케다 카쯔요리는 나가시노·시타라가하라 전투에서 오다·도쿠가와 연합군에게 패한 후 재정비를 하여 계속 도쿠가와와 전투를 펼쳐 나갔다. 그런 상황 속에서 큰 전기가 찾아왔는데, 우에스기 켄신(上杉謙信, うえすぎ けんしん)이 급사를 하여 우에스기 가문에서 후계자 싸움이 일어났다(오다테의 난). 여기에 카쯔요리가 개입하였고, 관동지방의 패자인 호조(北条, ほうじょう) 가문도 이 싸움에 참여하였다. 타케다 카쯔요리는 원래 호조와 동맹을 맺고 있었지만 깨져버렸다. 게다가 호조는 동맹의 결렬에 더해 타케다를 공격하기 위해, 타케다와 싸우고 있는 도쿠가와 이에야스와 동맹을 맺었다. 이렇게 되어 타케다는 도쿠가와와 호조에게 협공을 당할 위기에 빠졌다. 드디어 1580년부터 81년에 걸친 다카텐진성 전투(高天神城の戦い, たかてん

じんじょうのたたかい)가 시작되었다.

다카텐진성은 도오토우미의 가장자리에 있는 성으로 타케다와 싸우는데 있어서 매우 중요한 성이었지만 현재는 타케다가 다스리고 있었다. 이것을 빼앗기 위해서 이에야스는 성을 포위하고 군량미 공급을 막는 공격을 했다. 그 결과 성 안에 있는 사람들은 매우 위급한 상황에 이르렀지만 타케다군은 원군을 보내지 않았다. 타케다는 다카텐진성이 위기에 빠졌다는 것을 알고 있었지만 관동의 호조와 싸우고 있었기에 본인의 처지가 더 위급했다. 거기에 카쯔요리는 노부나가와 화평을 맺으려고 생각했기에 다카텐진성를 버리기로 결심하였다.

그것을 알았던 노부나가는 이에야스에게 편지를 보내, 「다카텐진성이 항복을 하더라도 받아주지 마라」고 하였다. 노부나가는, 타케다가 다스리고 있는 다카텐진성이 위기에 빠졌음에도 도와주지 않았다는 식으로 타케다의 이미지를 나쁘게 할 의도였다. 결국 다카텐진성은 함락되었고 타케다 카쯔요리의 신뢰감은 바닥으로 떨어졌다. 그 후, 1582년에 오다·도쿠가와 연합군은 타케다 영토로 본격적으로 침공을 개시

다카텐진조(高天神城, たかてんじんじょう)

하였고 이것을 코슈정벌(甲州征伐, こうしゅうせいばつ)이라고 한다. 카쯔요리에 대한 신뢰감이 거의 사라진 타케다군은 연합군 쪽으로 이탈하는 사람이 속출하였고 결국 3월에 카쯔요리는 할복을 하였다. 이렇게 하여 전국 다이묘였던 타케다 가문은 멸망을 맞이하였다. 타케다 가문과 도쿠가와 가문은 10년 이상이나 싸워왔지만 결국 도쿠가와 가문의 승리로 끝이 났다. 지금까지 타케다와 싸워왔던 공적을 인정받은 이에야스는 41세에 오다 노부나가로부터 스루가의 영토를 하사 받아, 미카와, 도오토우미, 스루가 3개국을 다스리는 대 다이묘로 성장을 했다.

### 9. 혼노지의 변(本能寺の変)과 신군이가고에(神君伊賀越え)

혼노지의 변이 일어나 오다 노부나가가 살해당했고 타케다 가문이 멸망한지 불과 2개월 뒤였다. 이 당시 이에야스는 노부나가로부터 스루가 영지를 받은 것에 감사를 하기 위해 아즈찌성을 방문했고 노부나가의 접대를 받으며 약 1주일 정도 연회가 열렸다. 이 연회가 끝나고 노부나가가 「오사카 주변을 구경하면 어떻겠는가」 라는 제안을 하여 5월 22일부터 교토와 오사카 주변의 관광을 시작했다. 5월 29일 이른 아침에 교토에서 나와 사카이(堺, さかい)로 출발했고, 그 날 오후에 노부나가는 교토에 와서 혼노지

에 머물렀다. 그럼 노부나가가 왜 혼노지에 머물렀는지에 대해서 알아보자.

당시 하시바 히데요시가 추고쿠지방(中国地方, ちゅうごくちほう)에서 한창 모리(毛利, もうり)의 공격에 애를 먹고 있어서 노부나가에게 원군을 요청했다 (완전한 승리를 거두기 전에 그 공을 노부나가에게 돌리기 위해 노부나가를 추고쿠지방으로 초청했다는 설도 있다). 그래서 노부나가는 본인이 직접 히데요시를 지원하기 위해 추코쿠 지방으로 가는 도중에 머물렀던 곳이 혼노지이다. 6월 2일 이른 아침에 노부나가의 가신 아케치 미쯔히데(明智光秀, あけち みつひで)가 모반을 일으켰고 노부나가는 자결을 하였으며 그의 아들 노부타다(信忠, のぶただ)의 목숨도 위태로워

혼노지(本能寺, ほんのうじ)

졌다. 노부나가를 친 미쯔히데는 일시적으로 정권을 탈취하지만 추고쿠지방(中国地方, ちゅうごくちほう)에서 돌아온 하시바 히데요시(羽柴秀吉, はしば ひでよし)에게 패배를 하여 도망을 쳤다. 그러나 오치무샤가리(落武者狩り, おちむしゃがり-싸움에 지고 도망치는 무사를 쫓는 사냥꾼)에 붙잡혀 생애를 마감한다. 요동친 오다정권 속에서 하시바 히데요시가 두각을 나타내며 천하통일로 나아갔다.

이 무렵의 이에야스의 움직임에 대해서 알아보자. 이에야스는 사카

이에서 교토로 돌아가는 도중에 혼노지의 변이 일어났다는 것을 알았다. 이에야스는 노부나가의 최대의 동맹국이기에 본인의 목숨도 위험할 거라고 짐작을 했다. 이에야스는 여행차 교토를 방문한 것이기에 전혀 싸울 준비가 안 되어 있었고 수행원도 20여명밖에 되지 않았다. 일설에 의하면 이에야스는 포기를 하여 할복을 하려고 생각하였지만 부하인 혼다 타다카쯔(本多忠勝, ほんだ ただかつ)가 제지했다고 한다. 이에야스는 본인의 영토인 미카와로 도망가려고 하지만 기나이(畿内, きない-왕성과 천황 등이 있는 수도권 주변의 특별구역)의 대부분의 길은 아케치 미쯔히데의 군대가 지키고 있었다. 여기서 이에야스 일행은 이가노쿠니(伊賀国, いがのくに-현재의 미에현 서부・우에노 분지 일대)의 산길을 지나는 루트를 통해서 미카와로 가려고 결의를 하였다. 이것을 신군이가고에(神君伊賀越え, しんくんいがごえ-이즈미의 경계지점에서 미카와의 오카자끼성으로 급히 귀환한 일)라고 한다. 이 신군이가고에가 도쿠가와 이에야스의 3대 위기 중 마지막 하나이다.

신군이가고에가 왜 위험했는가 하면, 제대로 된 길이 아닌 험준한 산길이었고, 혹시 미쯔히데를 비롯한 반(反) 노부나가 세력에게 들킬 가능성도 있었으며 무엇보다 무서운 것은 오치무샤가리였다. 히데요시에게 패한 아케치 미쯔히데도 오치무샤가리에 의해서 목숨을 잃었다. 그런 수많은 위험과 위협을 무릅쓰고 신군이가고에를 행했던 것이다. 그러나 신군이가고에와 관련된 1차 사료는 전혀 남아 있지 않고 지금 전해지고 있는 것은 거의 창작물을 바탕으로 한 것이다. 그리고 신군이가고에의 루트에 대해서는 다

양한 설이 있고, 최근의 연구로는 이에야스가 편안하게 본거지인 미카와로 돌아갔다고 한다. 일설에 의하면, 이에야스의 부하 중 최강의 무장인 혼다 타다카쯔가 오치무샤가리를 물리치면서 나아갔고, 차야시로지로(茶屋四郞次郞, ちゃやしろうじろう)라는 도쿠가와 가문의 상인이 이에야스가 지나가는 길목마다 돈을 마구 뿌려 안전하게 길을 통과했다고 한다. 또 핫토리 한조(服部半藏, はっとり はんぞう)라는 이세(伊勢, いせ-현재 미에현의 동부) 출신의 닌자 덕분에 무사히 통과했다고 하는 다양한 전설이 남아 있다. 어쨌든 이에야스는 부하들 덕분에 6월 5일 새벽에 무사히 미카와에 도착했다. 이에야스는 미카와에서 체제를 정비하고 아케치 미쯔히데를 공격하기 위해 교토로 가려고 하였지만 이미 하시바 히데요시가 미쯔히데를 쳤다는 보고를 받았다.

그 후의 오다 가문의 운영을 어떻게 할 것인가에 대해서 기요스성에서 회의가 열렸다. 이에야스는 노부나가의 동맹자이지 노부나가의 가신이 아니었기에 이 회의에 참석하지 않았다. 기요스 회의에서 존재감을 발휘한 사람은 미쯔히데를 친 히데요시였다. 누구보다도 먼저 노부나가의 적을 물리쳤기에 히데요시의 입김이 크다는 것은 알 수 있다. 이 무렵 이에야스는 관동에서 큰 사건이 일어났기에 그 대응에 힘쓰고 있었다. 타케다 가문의 시나노, 카이, 고즈케(上野, こうずけ-현재의 군마현)는 오다 가문의 영토가 되었지만 얼마 후 노부나가가 사망을 하였기에, 구 타케다 가문의 신하들의 무장봉기가 빈번하게 발생하였고, 누가 이 지역을 다스릴지 명확하지 않은 상태가 되었다. 그래서 이 공백지역을 둘러싸고 우에스기・호조, 도쿠가와 이에야스에 의한 쟁탈전, 이른바 덴쇼진고의 난(天正壬午の乱, てんしょうじんごのらん)이 발발했다. 최종적으로 이 전투에서 이에야스와 호조는 화평을 맺었으며, 시나노, 카이는 이에야스가, 고즈케는 호조가 가지게 되었다. 이에야스는 이것으로 5개의 나라를 다스리는 대 다이묘가 되었다.


## 10. 고마끼・나가쿠테 전투(小牧・長久手の戦い)

이 전투는 이에야스VS히데요시의 대결이다. 이 전투 전인 1583년에 오다 가신의 탑의 자리를 둘러싸고 하시바 히데요시와 시바타 카쯔이에(柴田勝家, しばた かついえ)가 맞붙은 시즈가타케 전투(賤ヶ岳の戦い, しずがたけのたたかい -1583년)가 있었다. 히데요시는 노부나가의 차남인 오다 노부카쯔(織田信雄, おだ のぶかつ)와 손을 잡았고 카쯔이에는 노부나가의 3남인 오다 노부타카(織田信孝, おだ のぶたか)와 손을 잡았다. 이 싸움에서 히데요시가 승리를 거두었고 오다 가문 내에서의 히데요시의 입김은 더욱 거세졌다. 하지만 이후 히데요시와 노부카쯔는 대립을 하였으며, 이것은 노부나가와 아시카가 요시아키가 대립한 것과 완전히 같은 것으로 히데요시는 노부카쯔를 형식상으로 내세우고 본인이 정세를 좌지우지하려고 하였다.

노부카쯔는 본인의 힘이 부족하였기에 이에야스에게 도움을 요청하

였고, 히데요시의 전횡을 못마땅하게 생각했던 이에야스는 이것을 받아들였다. 이런 상황 속에서 노부카쯔가 히데요시에게 붙은 중신을 숙청하는 사건이 발생했다. 화가 난 히데요시는 노부카쯔를 토벌하기 위해 거병을 하였다. 1584년, 이에야스가 43세 때에 히데요시VS노부카쯔·이에야스의 전투가 발발하였고 고마끼·나가쿠테 전투의 시작이다. 이에야스는 코마키성(小牧山城, こまきじょう)에 진을 쳤고, 그 바로 북쪽에 히데요시가 진을 쳤다. 둘 다 상당히 가까운 위치에 진을 치며 경계를 하였지만 정면 충돌은 한번도 없었다. 이런 상황을 견디지 못한 히데요시는 별동대를 편성하여 단숨에 미카와의 오카자키성으로 가서 함락하려고 하였지만 이에야스에게 들켜버려 패해버렸다. 국지전이 계속되는 속에서 전국 각지에서 히데요시파와 반 히데요시파의 전투가 벌여졌다. 긴 대치에 싫증이 난 히데요시는 몰래 오다 노부카쯔와 화평을 맺었다. 싸울 대의명문을 잃은 이에야스였지만 히데요시의 별동대를 격파하는 등의 전과가 있었기에 결코 패한 싸움은 아니었다. 오히려 이긴 싸움이라고 할 수는 있지만 반 히데요시파는 이에야스라는 최대의 세력을 잃게 되었다. 이에야스가 히데요시

고마키성(小牧城, こまきじょう)

와 싸울 명분이 없었기에 반 히데요시파는 히데요시에게 복종하게 되었다.

점점 더 큰 힘을 가지게 된 히데요시는 이에야스에게 본인에게 복종한다는 증거로서 인질을 보내도록 요구를 했는데, 이에야스는 중신들과 회의를 한 결과 히데요시의 요구에 따를 필요는 없다는 결론을 내렸다. 강경파의 의견이 득세하는 속에서 이시가와 카즈마사(石川数正, いしかわ かずまさ) 등 히데요시를 거스르지 않는 편이 좋다는 의견을 내는 신하도 있었다. 그는 슨뿌에서 쯔키야마도노와 장남인 노부야스가 인질로서 붙잡혔을 때 그들을 구하기 위해 활약한 이에야스의 최측근의 가신이다. 이 무렵부터 의견이 맞지 않았던 이시가와는 도망쳐서 히데요시 쪽에 붙었고 정말로 충격적인 사건이었다. 이에야스의 오른팔 격인 사람이 히데요시 쪽으로 배신했기에 도쿠가와 가문의 비밀이나 전투방법 등이 전부 유출되어 버린 것이다. 히데요시는 이 사건을 계기로 더욱 더 이에야스에게 복종을 하도록 압력을 가했다. 만일 전쟁을 하면 쓸데없는 피만 흘리고 100% 이긴다는 보장도 없었기에 이번에는 회유책으로 돌아섰다. 우선 히데요시는 회유책의 1탄으로서 이복 여동생인 아사히(朝日, あさひ)를 이혼까지 시켜서 이에야스의 정실로 시집을 보냈고, 그의 남편은 아내를 잃은 외로움에 스스로 자결을 했다. 그리고 제2탄은 이에야스를 참의로 승진시키는 등 다양한 위로책을 건네기도 하였으며, 제3탄은 본인의 어머니인 오오만도코로(大政所, おおまんどころ)를 인질로 보내기까지 하였기에 이에야스는 어쩔 수 없이 1586년 45세 때에 교토로 가서 히데요시의 신하가 되기로 했다.

## 11. 오다와라 정벌(小田原征伐)과 관동전봉(영지 전환)

1590년 이에야스가 49세 때 오다와라 정벌이 발생했다. 이것은 도요토미 정권에 따르지 않는 관동의 호조 가문을 정벌한 전투인데 왜 이 전투가 일어났는지 간단히 알아보자. 누마따·아가쯔마(沼田·吾妻, ぬまた·あがつま -현재의 군마현 누마따시 주변)라는 영토는 원래 사나다(真田, さなだ) 가문의 땅이었지만 이에야스와 호조가 빼앗은 후에 다시 호조가 지배하게 되었다. 그러자 사나다는 원래 우리 땅이니 돌려 달라고 했지만, 호조는 약정에 의해 내가 가지게 되었으니 돌려줄 수가 없다고 하였다. 두 사람이 다투는 사이에 히데요시가, 3분의 2는 호조, 3분의 1은 사나다가 가지도록 중재를 하여 성공을 했지만, 후에 호조의 가신들이 히데요시의 말을 듣지 않고 사나다의 성을 빼앗아버렸다. 여기에 격노한 히데요시는 호조에게 전투를 벌인 변명을 요구했지만 호조는 그것을 무시했다. 그래서 히데요시는 선전포고를 하고 호조의 본거지인 오다와라성을 공격하기로 하였다. 이렇게 시작된 전쟁이 오다와라 정벌이다.

오다와라 정벌 때 이에야스는 선봉을 맡았다. 텐쇼진고의 난(天正壬午の乱, てんしょうじんごのらん) 때에 이에야스와 호조는 동맹을 맺었지만 히데요시에게 복종한다는 의미로 먼저 나서게 되었다. 그리고 호조와 이에야스는 영토를 접하고 있었기에 이에야스로서도 이 정벌이 성공하면 본인의 영토가 안정되는 효과가 있었다. 결론적으로 이 전쟁에서 호조 가문은 멸망하

였고, 히데요시는 이에야스에게 호조를 대신해서 관동지방을 다스리도록 전봉(영지 전환)을 명령했다. 이에야스는 자신이 다스리고 있는 5개국에서 관동 8개 나라를 다스리는 엄청난 대 다이묘가 되었다.

오다와라성(小田原城, おだわらじょう)

이 전봉이 이에야스에게 있어서 이익인지 손실인지에 대해서 알아보자. 영지는 120만석에서 250만석으로 두 배가 되었지만 전혀 기반이 없는 곳으로 영지를 이전하였기에 이익인지 손실인지를 가름하기는 쉽지 않다. 다만 이익과 손실을 생각하지 않고 관동지역은 이에야스가 다스리는 것이 적합했기에 영지를 이전시켰다는 연구결과도 있다. 그리고 히데요시는 호조를 대신해서 관동을 안정시키고, 오우(奧羽, おうう-현재의 동북지방)의 혼란을 진정시킬 만한 인물이 이에야스밖에 없다고 생각했다. 5개국을 다스린 경험도 있고, 호조와 동맹을 맺어 관동지방을 어느 정도 파

127

악하고 있는 이에야스였기에 히데요시의 명령도 당연하다는 생각이 든다. 그리고 이 무렵 동북지방은 완전히 히데요시에게 충성을 하는 지역이 아니었기에, 힘을 가진 이에야스가 관동지방에서 그들을 충분히 견제하거나 제압할 수 있을 거라는 믿음도 가졌을 것이다. 이렇게 하여 관동으로 이전했고 이후 에도를 중심으로 관동은 번성해 나갔다. 이 오다와라 정벌로 도요토미 히데요시는 동북 지역도 완전히 지배하에 두었으며 마침내 천하통일을 달성하였다.

# 제4장
# 전국시대의 일화와 에피소드

### 오시성
오시성은 성 공격의 천재인 히데요시조차 함락하지 못한 유일한 성으로 기록에 남았다

### 오치무샤가리
오치무샤가리를 만나면 대부분은 몸에 지니고 있는 것을 전부 강탈당하고 목숨마저 빼앗겼다
.

## 히데요시도 함락하지 못한 유일한 城(성)
### 오시성(忍城, おしじょう)

　　전국시대는 많은 성이 축성되었다. 성을 만든 이유는 자국의 번영과 전쟁에 대비하기 위한 것이다. 유럽이나 중국과 다르게, 전국시대의 전쟁은 마을이나 도시의 공격보다는 성을 함락하는데 있었다. 그러한 성을 기막힌 전술로 함락하여 성 공격의 명인이라고 불리는 전국 다이묘가 있었고, 그가 바로 일본 천하를 통일한 도요토미 히데요시(豊臣秀吉, とよとみ ひでよし)이다. 그가 잘 했던 전술은 수공(급수로를 끊거나, 강물로 침수시켜서 적의 성을 공격하는 방법)이었다. 성 공격의 명인이라는 히데요시도 함락하지 못한 성이 오시성(忍城, おしじょう)이다.

　　오시성은 무사시노쿠니(武蔵国, むさしのくに-현재의 도쿄, 사이타마 현 및 가나가와 현 북동부)에 있었던 성이었지만 유감스럽게도 1871년 폐번치현(봉건제 폐지, 중앙집권 체제)으로 인해 폐성이 되었다. 그러나 성의 흔적이 조금 남아 있었기에

「오시성 3층 성루(忍城御三階櫓)」가 1988년에 재건되었다. 성의 특징은 축성된 장소의 지형과 관련이 있다.

오시성은 도네가와(利根川, とねがわ-도네강)와 아라가와(荒川, あらかわ-아라강) 사이에 축성되었기에, 주변에 습지대가 많다. 그래서 여기에 흐르는 강이 적의 침략을 자연스럽게 막아주는 요새 같은 성으로 완성되었다. 그리고 장소 이외의 구조적인 특징도 있는데, 오시성은 습지대에 있는 섬을 다리로 연결하여 왕래할 수 있도록 하였다. 그래서 수비하기는 쉬우나 공격하기는 어려운 성이라는 이미지가 강했다. 그렇기에 전국시대에는 관동지방의 7대 명성 중의 하나로 꼽힐 만큼 멋진 성이었다.

오시성(忍城, おしじょう)

오시성은 1478년 무사시노쿠니의 호족, 나리타(成田, なりた)에 의해 축성되었다. 히데요시가 천하통일을 이루기 전까지는 나리타 가문이 대대로 오시성의 성주였고. 오다와라 정벌, 즉 도요토미군과 호조군이 싸울 때의 성주는 나리타 우지나가(成田氏長, なりた うじなが)였다. 우지나가는 1563년 아버지인 나리타 나가야스(成田長泰, なりた ながやす)에게 가독(집안의 대를 이어 나갈 맏아들의 신분)을 물려받았으며, 그 이유는 에치고(越後, えちご현재의 니가타현)의 전국다이묘 우에스기 켄신이 침공하여, 아버지가 성주의 직을 물러나야만 했기 때문이다. 그 후 우에스기 가문이 쇠퇴하여 우지나가는 호조 가문의 가신이 되었다. 한 때, 오다 가문의 가신인 다키가와 카즈마스(滝川一益, たきがわ かずます)가 관동을 침공했을 때는 카즈마스의 아래에 있었다. 그러나 1582년에 카즈마스가 간나가와(神流川, かんながわ) 전투에서 호조 가문에 패하자 재차 호조 가문의 가신이 되었다.

천하통일 직전에 있었던 도요토미 히데요시는 당초는 호조와 싸우지 않을 생각으로, 호조에게 교토에 알현하러 오라고 했지만, 호조는 이를 거부하고 오다와라성(小田原城, おだわらじょう)에서 농성할 것을 결심했다. 그래서 1590년 히데요시는 호조를 공격하여 천하통일을 이루었다. 이 전투를 「오다와라 정벌」이라 부른다. 이 때 성주였던 우지나가는 오다와라성에서 원군 요청이 있었기에 주력부대와 함께 오다와라성로 갔다. 그래서 우지나가는 삼촌인 나리타 야스스에(成田泰季, なりた やすすえ)에게 성주 대리를 부탁하였다. 오다와라 정벌에서 도요토미군은 호조 가문의 지성(본성 주위에 있는 성)을 하나씩 공략하였고 오시성도 당연히 공격하였다. 히데요시는 가신인 이시다 미쯔나리(石田三成, いしだ みつなり)를 총대장으로 임명하고 오오타니 요시쯔구(大谷吉継, おおたに よしつぐ)와 나쯔까 마사이에(長束正家, なつか まさいえ)도 참전하게 하였다. 야스스에는 도요토미군과 싸우기 위해 군량미를 확보하고 병사들을 성의 요소요소에 배치하여 준비를 하였지만 안타깝게도 전투가 발발하기 전에 병사하였다. 그래서 그의 아들인 나리타 나가치까(成田長親, なりた ながちか)가 총대장을 맡았으나 나가치까는 용맹하지도 전투에서의 실적도 없는 평범한 사람이었다.

　　미쯔나리는 나리타군보다도 압도적인 병력을 가지고 있었기에 정공법으로 오시성을 함락하기로 하였다. 그러나 오시성은 천연의 요새이기도 하여 공격하기가 쉽지 않았으며 몇 번을 공격해도 성이 함락되지 않았다. 그 때, 히데요시는 오시성의 입지를 보고 미쯔나리에게 「수공」을 지시하였다. 수공은 성 주변에 제방을 구축하여, 물을 흘려보내 수몰시키는 전략이다. 히데요시가 제일 잘하는 성 공략법으로서 예전 추고쿠 지방(中國地方, ちゅうごくちほう·일본의 서쪽지역에 있는 5개의 현)을 공격할 때에도 난공불락이라는 빗추 타카마쯔성(備中高松城, びっちゅうたかまつじょう)을 수몰시킨 실적이 있다. 히데요시의 지시를 받은 미쯔나리는 즉시 오시성의 주변에 약 28킬로미터나 되는 제방을 쌓았다. 지금도 그 흔적이 남아있어서, 이 지역 사람들은 「이시다 제방」으로 부르고 있다. 제방을 완성한 후, 미쯔나리는 도네강을 막아 물을 흘려보냈지만, 성은 수몰이 되지 않았다.

그 이유는 오시성의 해발이 높았기 때문이다. 그래서 미쯔나리는 수량을 늘리기 위해 아라강까지 제방을 쌓아 물을 흘려보냈다. 성이 수몰되기 시작하였지만 혼마루(本丸, ほんまる-본성)는 잠기지 않았다. 본성은 마치 물에 떠 있는 것처럼 보였기에 오시성은 「우키지로(浮き城, うきじろ-떠 있는 성)」라고도 불리게 되었다. 그 후, 큰 비가 내린 영향도 있어서 제방은 무너졌다. 일설로는 오시성의 첩자에 의한 방해공작으로 인해 제방이 무너졌다고 한다. 이로 인해 히데요리군의 피해가 커져, 미쯔나리는 수공을 포기하였다.

미쯔나리가 좀처럼 성을 함락하지 못하자 히데요시는 원군을 보냈다. 가신인 아사노 나가마사(浅野長政, あさの ながまさ), 우에스기 카게카쯔(上杉景勝, うえすぎ かげかつ), 마에다 도시이에(前田利家, まえだ としいえ)에게 미쯔나리를 돕도록 명령했다. 미쯔나리는 원군과 함께 압도적인 병력으로 총공격을 하였지만 성은 함락되지 않았다. 오시성이 함락되지 않은 이유는, 성에 있던 무장들이 오시성의 지형을 멋지게 활용하였고 필사적으로 저항했기 때문이다. 그 중에서도 눈에 띄는 활약을 한 사람이 우지나가의 장녀인 카이히메(甲斐姫, かいひめ)였다. 그녀는 어릴 때부터 무술을 연마하여 그 실력이 왠만한 남자와 견주어도 지지 않을 정도였다고 한다.

적이 성문 앞에 다가왔을 때, 그녀는 200명의 기병과 함께 성문을 열고 돌진하여 적을 물리쳤다고 한다. 갑옷과 투구를 하고 언월도로 적군과 대적하는 모습을 본 나리타군은 사기가 충만하여 더욱 힘을 내어 적군과 싸웠다. 오시성 전투에서는 그 외에도 나리타 가문의 가신 마사끼 단보

노카미(正木丹波守, まさき たんばのかみ)와 사카마끼 유키에(酒巻靱負, さかまき ゆきえ) 등도 지형을 이용해서 용감무쌍하게 싸웠다.

미쯔나리가 오시성에서 고전을 하고 있는 동안에 호조군은 도요토미군에게 항복을 하였다. 본성인 오다와라성이 항복을 하였기에 우지나가는 오시성에서 농성하고 있던 나가치까를 설득하여 성문을 열게 하였다. 결국 오시성은 마지막까지 함락되지 않았던 것이다. 오시성은 성 공격의 천재인 히데요시조차 함락하지 못한 유일한 성으로 기록에 남게 되었다.

# 패배한 무사 사냥
### 오치무샤가리(落ち武者狩り, おちむしゃがり)

　　전쟁에는 승자가 있으면 당연히 패자도 있다. 패자가 되어 그대로 목숨이 없어지는 사람은 그나마 운이 좋다고 할까, 할복이라는 명예로운 죽음을 선택할 수 있는 것은 높은 지위를 가진 사람들이다. 그러나, 죽음을 두려워하여 오치무샤(落ち武者, おちむしゃ-패배한 무사)가 되어 도망치는 자도 있었다. 도망칠 수 있었던 무사는 승자의 눈을 교묘하게 피해서 살 수는 있었지만 사는 것이 그렇게 편안하지는 않았다. 왜냐하면 상상을 초월하는 비참한 운명이 그들을 기다리고 있기 때문이다. 그들의 운명에 대해서 알아보자.

　　오치무샤는 「전쟁에 패하여 도망다니는 무사」를 말하며 오츄도(落人, おちゅうと)라고 부르기도 한다. 그 이외에도 모시는 주군이 패한 무가(武家)나 그 가문의 가신들, 그리고 자신들을 보호해 줄 사람이 없어진 쿠게(公家, くげ

-조정에 출사한 사람) 등도 오치무샤로 간주되었다. 전쟁에서 패하여 전쟁터에서 겨우 목숨을 구한 오치무샤의 대부분은 신분이 낮은 병사였다. 왜냐하면 이름이 알려진 병사는 적군에 붙잡혀도 할복을 할 수 있는 명예로운 죽음을 선택할 수 있기 때문이다.

그러나 신분이 낮은 병사의 경우는 그것이 허락되지 않았고 참수나 다메시기리(試し斬り, ためしぎり-칼이 잘 드나 시험하기 위해서 짐승이나 사람을 베어 봄)의 대상이 되었다. 그래서 필사적으로 도망을 치지만 장래는 안심할 수가 없었다. 왜냐하면「오치무샤가리」라고 하는 무시무시한 지옥이 기다리고 있기 때문이다. 오치무샤가리는, 겨우 숨이 붙어 있는 오치무샤를 그 지역의 농민이나 승려들이 목숨을 사냥하였다. 이것은 일본의 예전부터 내려온 관례로 무로마치(室町, むろまち)시대에는 막부의 지시에 의해 승병들이 오치무샤가리를 한 적도 있다. 그 근저에는, 패자는 법외 인간이라고 하는 관습과 마을의 문제를 스스로의 힘으로 해결하는 「자력구제(自力救濟)」라는 사고가 있었으며, 특히 전국시대에는 관행으로서 묵인되었다.

왜 오치무샤가리가 행해졌는가 하면 그것에는 명확한 목적이 있었고 그 하나가 금품의 강탈이다. 패주하는 병사들은 돈이 될 만한 것을 가지고 있지 않을 거라고 생각되지만 칼 등의 무기는 서민의 입장에서는 고가의 물건이다. 험한 전국시대에서 자신들이 살아가기 위해서도 돈이 될 만한 것은 뭐든지 강탈의 대상이 되었다. 특히 전국시대에는 소빙하기(小氷河期)가 계속되어 만성적인 흉년으로 농민의 생활이 극도로 힘들었기에 더더욱 오치무샤가리가 횡행했다. 또, 이름이 있는 무장의 목을 승리한 쪽으로 가지고 가면 많은 포상금도 받을 수 있었다.

오치무샤의 도망루트나 등장은, 여러 정보망에 의해 마을에 사전에 알려져 농민들은 큰 돈을 받기 위해 더한층 분기탱천했다. 또 하나는 마을의 자위이다. 전쟁이 끝나면 마을이 황폐해지는 것은 당연했고 특히 패배한 쪽의 영지는 더욱 심했다. 승리한 쪽의 영지에서도 오치무샤가 습격을 하여 여성이나 아이를 인질로 삼아 도망을 위해 금품이나 말을 요구하는 경우도 빈번했다. 그 요구를(脅迫을) 들어주면 승리한 쪽으로부터의 처벌이 어마어마했다. 그래서 마을을 지키기 위해서는 오치무샤가리를 행할 필요가 있었다.

그러나 일반 농민이, 오치무샤라고는 해도 무사를 습격할 만큼의 무력을 가지고 있었는지 의문이 들 수 있다. 전국시대에는 농민도 본인의 성(姓)을 가지고 칼을 찰 수가 있는 「오토나뱌꾸쇼(乙名百姓, おとなびゃくしょう-중세에 촌락의 주를 이루었던 백성)」가 있었고 전쟁에도 참가했다. 그 이외에는 코뱌꾸쇼(小百姓, こびゃくしょう-소규모의 소작을 하는 농민)라고 하여 농사에 전념했다.

이처럼 농민이라고 해도 칼을 가지고 있는 사람도 있었고 실제로 전쟁에 참전도 했기에 그 사람들 중에는 사무라이에 버금가는 실력을 가진 검호도 있었다. 따라서 비록 코뱌꾸쇼라고 해도 깔볼 수는 없었다. 농민의 무서움은, 무로마치 시대의 농민 무장봉기나 에도시대의 농민폭동에서도 알 수 있듯이, 괭이를 무기로 삼아 수많은 농민이 들고 일어나서 전투태세로 들어가면 아무리 뛰어난 무사라도 감당이 불가능하였다. 하루하루 연명하는 것이 고작인 그들에게 목숨 따위는 아깝지 않았기 때문이다. 게다가 금품을 가진 오치무샤의 입장에서는 더더욱 두려운 존재였다.

무로마치 시대에 일어난 오치무샤가리의 기록에서는 오치무샤가 나타나면 마을의 종이 울리고, 그것을 신호로 마을 사람 300명이 모여, 참가자의 이름을 명부에 기록하고 오치무샤가 나올 법한 길 등을 서로 분담하여 망을 보았다고 하였으므로, 마을 전체가 조직적인 오치무샤가리를 한 것을 알 수 있다. 이 시대의 마을은 자체적인 조직을 만들어 무장을 했기에 오치무샤가 여기서 도망치는 것은 힘들었다. 이처럼 농민이라도 결코 약한 존재는 아니었다. 게다가 그들은 무사처럼 통제된 집단이 아니었기에 규칙이나 무사도(武士道) 등도 없다. 그러한 것들을 무시하고 무조건 사냥을 하기에 오치무샤의 입장에서는 무지막지한 공포의 대상이었다.

그리고 농민들 중에는 전쟁으로 농토가 황폐해졌기에 무사에게 원한을 품은 자도 적지 않았다. 돈이 목적이라면 그렇게까지 처참하게 죽이지는 않겠지만 원한과 원망의 대상이 되면 이야기는 달라진다. 전쟁터에서 보았던 장면보다 더 처참한 장면도 많았다. 그런 면에서 보면 도요토미 히데요시가 일반 농민들에게 행한 가타나가리(刀狩り, かたながり-무사 이외의 사람 즉, 농민 등으로부터 무기를 몰수한 일)도 어느 정도 이해가 된다.

그럼 여기서 실제로 있었던 오치무샤가리의 유명한 사례를 알아보자. 오다 노부나가(織田信長, おだ のぶなが)를 죽인 아케치 미쯔히데(明智光秀, あけち

みつひで)가 오치무샤가리의 대상이 되었다. 혼노지의 변(本能寺の変, ほんのうじのへん)에서 오다 노부나가를 친 후, 미쯔히데는 야마자키 전투(山崎の戦い, やまざきのたたかい)에서 히데요시에게 패해 그 자리에서 죽임을 당했다고 알려져 있지만, 실제로는 패주하여 마지막에는 오치무샤가리에게 당했다는 설이 유력하다.

오오타 규이찌(太田牛一, おおた ぎゅういち)가 저술한 신장공기(信長公記, しんちょうこうき)에는 패주 중에 갑자기 어떤 백성이 창으로 미쯔히데의 허리뼈를 찔렀다고 적혀 있으며 깊은 상처를 입은 미쯔히데는 마지막임을 깨닫고 자결을 했다고 한다. 그 목은 가신에 의해 치온인(知恩院, ちおんいん-지은원)에 배달되었다는 설과 대나무 밭의 도랑에 숨겼다는 설 등 여러 설이 있다. 어쨌든 겨우 목숨만 부지하고 도망쳤던 미쯔히데가 운 나쁘게 오치무샤가리의 타깃이 되었을 가능성은 엄청 높다. 실은 혼노지의 변은 오치무샤가리가 많이 발생한 것으로 유명하며 그만큼 큰 사건이었다.

타케다 신겐(武田信玄, たけだ しんげん)을 모신 아나아먀 노부타다(穴山信君, あなやま のぶただ)도 혼노지의 변 후, 무장봉기 세력에게 습격을 당해 목숨을 잃었다. 신겐의 밑에서

아케치 미쯔히데(明智光秀, あけち みつひで)

군사(軍事)와 외교로 활약한 노부타다는 머리도 좋고 전술도 뛰어났다. 게다가 수많은 전공도 기록으로 남아 있기에 매우 뛰어난 무장이었지만, 노부타다의 이탈과 신겐의 죽음은 타케다 가문을 몰락으로 이끌었다. 이것은 신겐이라는 카리스마가 넘치며 보스 기질이 있는 인물의 손실은 말할 것도 없고 노부타다의 이탈도 한몫을 했다. 타케다 가문은 이제 가망이 없다고 판단한 노부타다는 적군인 오다 노부나가・도쿠가와 이에야스와 내통을 하였다. 그리고 타케다 가문이 멸망한 후, 정식으로 오다 가문의 가신이 되었지만 혼노지의 변이 노부타다의 운명을 바꾸어 놓았다.

당시 노부타다는 사카이(堺, さかい) 지방을 유람하고 교토로 향하고 있는, 도중에 미쯔히데의 모반과 노부나가의 죽음의 소식을 들었다. 당연히 미쯔히데가 자신도 죽일 거라고 확신하여 서둘러 도망치려고 하였지만 도중에 무장봉기 세력에게 습격당했다. "루이스 프로이스(포르투갈 출신의 예수회 소속 선교사이다. 1563년 일본에 도착한 이후 30여 년간 일본에서 거주)"가 쓴 일본사에서는 그 때의 모습을 「집요한 오치무샤가리의 습격을 당해 목숨을 잃었다」고 말하고 있다. 사료에 따라 노부타다에 대한 죽음의 내용이 조금씩 다르지만 노부나가가 혼노지의 변에서 죽은 후, 오치무샤가리로 목숨을 잃었을 가능성은 상당히 높다.

노부타다와 같은 시기에 오치무샤가리의 타깃이 된 인물이 있다. 놀랍게도 에도막부를 연 도쿠가와 이에야스이다. 노부타다와 마찬가지로 사카이에 머물고 있었던 이에야스는 혼노지의 변을 알았을 때에 할복을 결

심했다. 그러나 가신들의 설득에 의해 본거지 미카와(三河, みかわ-현재의 아이치현의 동부)로 귀환하기로 했다. 이 때 이에야스를 궁지에서 구해준 사람이 핫토리 한조(服部半蔵, はっとり はんぞう)라는 이세(伊勢, いせ-현재 미에현의 동부) 출신의 닌자인데, 이들의 도움을 받아 겨우 이에야스는 귀환에 성공했다. 이 때의 에피소드는 신군이가고에(神君伊賀越え, しんくんいがごえ-이즈미의 경계지점에서 미카와의 오카자끼성으로 급히 귀환한 일)로 유명하다. 오치무샤가리를 피한 이에야스는 결국 에도막부를 열게 된다.

가마쿠라(鎌倉, かまくら) 막부를 연 미나모토 노 요리토모(源頼朝, みなもと の よりとも)도 오치무샤의 위기를 탈출한 아주 운이 좋은 사람으로도 알려져 있다. 헤이지의 난(平治の乱, へいじのらん)에서 패배하여 아버지 미나모토 노 요시토모(源義朝, みなもと の よしとも)와 패주 중에 일행을 놓친 요리토모는 오우미(近江, おうみ-현재의 시가현 남부)에서 붙잡혔다. 이 때는 다이라 노 키요모리(平清盛, たいら の きよもり)의 계모 이케 노 젠니(池禅尼, いけ の ぜんに)의 탄원에 의해 살아났다. 그리고 이즈(伊豆, いず)로 유배를 가지만 여기서도 위험한 상태에 빠졌다. 헤이(平, へい) 가문에 대해 불온한 움직임이 있으면 바로 목숨이 날아가도 이상하지 않을 시대였다.

요리토모는 이러한 역경을 이겨내고 마침내 일본 역사상 최초의 무가사회인 가마쿠라 막부를 탄생시켰다. 한편 요리토모에 의해 멸망된 헤이 가문은 단노우라 전투(壇ノ浦の戦い, だんのうらのたたかい)를 비롯한 일련의 겐페이 전쟁(源平合戦, げんぺいかっせん)에서 패주한 헤이 가문 측의 오치무샤 중에는 큐슈나 시코쿠, 산인 지방으로 도망가 아무도 몰래 연명했다고 전해지고 있다. 그들의 그 후의 생활은 대부분이 무사로서의 생활은 그만두고 농업이나 어업으로 생활을 하며 가문을 이어 나갔다고 한다. 그러나 그 중에는 헤이 가문의 부흥을 다짐하며 살아간 자도 있었으며 그것은 현재에도 효고현(兵庫県, ひょうごけん)에서 101개의 활을 쏘는 전통행사 모모테의 의식(桃手の儀式, ももてのぎしき-헤이 가문의 오치무샤를 기리는 행사)처럼 다양한 형태로 남아 있다.

세키가하라 전투(関ヶ原の戦い, せきがはらのたたかい)에서 서군의 부대장으로 참전한 전국시대 무장 우키타 히데이에(宇喜多秀家, うきた ひでいえ)도 생존한 오치

미나모토 노 요시토모(源義朝, みなもと の よしとも)

무샤라고 할 수 있다. 히데이에는 도요토미 정권을 보좌하는 오대로(五大老, ごたいろ)의 한 명으로서 활약을 하였고, 전쟁 전에는 57만 4천 석을 가진 대다이묘였다. 세키가하라에서의 패전 후, 시가(滋賀, しが)의 이부끼야마(伊吹山, いぶきやま)로 도망갔지만 운 나쁘게도 오치무샤가리인 야노 고에몬(矢野五右衛門, やの ごえもん)에게 발각되었다. 그러나 고에몬은 히데이에를 불쌍하게 생각하여 자택에서 40일 이상이나 돌보았다.

여기서 마에다 가문 등 많은 사람들의 지원을 받은 히데이에는 시마즈(島津, しまづ) 가문의 도움을 받아 사쯔마(薩摩, さつま-현재의 가고시마 현)에 갔지만 길지 않았다. 시마즈 가문은 도쿠가와 가문과 화해를 했기에 히데이에는 최종적으로 이에야스에게 양도되었다. 그러나 시마즈 가문과 마에다 가문의 탄원 덕분에 목숨만은 부지할 수 있어서 하찌조지마(八丈島, はちじょうじま)로 유배를 갔고 거기서 생을 마감했다.

오치무샤가리를 무사히 피했던 이에야스, 오치무샤가리에게 발각되었지만 마지막까지 무사로서 연명할 수 있었던 요리토모와 히데이에. 그들은 정말로 운이 좋았다. 오치무샤가리를 만나면 대부분은 몸에 지니고 있는 것을 전부 강탈당하고 목숨마저 빼앗긴다. 가령 도망쳤다고 하더라도 헤이 가문의 오치무샤처럼 신분을 숨기고 몰래 살아야만 했으니 정말로「勝てば官軍負けれぱ賊軍(이기면 충신, 지면 역적」이었다.

## 제 5 장
# 전국시대를 이끈 무장들
伊達政宗(だてまさむね)・蒲生氏郷(がもううじさと) 등

강한 자가 약한 자를 쓰러뜨리고 살아남은 하극상의 세상은 누구라도 한 나라의 다이묘는 물론 천하를 쥘 기회가 있었다. 그 결과 출생과는 상관없이 선천적으로 타고난 재능과 실력만으로 엄청난 활약을 한 무장들이 많았다. 그 중, 전투뿐 아니라 영지경영, 문화예술인으로서 활약한 무장들을 알아보자.

## 도쿠가와 이에야스의 침공을 두 번이나 막은 지장
### 사나다 마사유키(眞田昌幸, さなだ まさゆき)

　　사나다 마사유키(眞田昌幸, さなだ まさゆき)는 1547년 사나다 유키쯔나(眞田幸綱, さなだ ゆきつな)의 3남으로 태어났다. 그리고 유키쯔나는 1553년 마사유키가 7살 때에 타케다 신겐(武田信玄, たけだ しんげん) 아래로 출사하여, 소유하는 영지를 늘리게 되었다. 이 무렵 유키쯔나는 신겐을 모신지 얼마 되지 않았지만 신겐을 격퇴한 적도 있는 무라카미 요시키요(村上義清, むらかみ よしきよ)의 거성 도이시성(砥石城, といしじょう)을 공략하는 등의 활약을 보였다. 마사유키의 출사는 신겐에 대한 충의를 보이기 위한 인질의 의미도 포함되어 있었고, 어린 나이인 7살에 인질로 가는 것은 전국시대에는 드물지 않았다. 마사유키는 인질이었음에도 신겐의 오쿠킨주슈(奧近習衆, おくきんじゅうしゅう-타케다 신겐의 최측근으로 신겐을 보필하면서 잡무를 담당하는 역할)로 발탁되었다. 사람의 재능을 간파하는 능력이 탁월한 신겐마저 그의 능력과 재능을 인정했던 것이다. 타케다 신겐이 카이노쿠니(甲斐国, かいのくに-현재의 야마나시현)의 영주임에도, 시나노(信濃, しなの-현재 나가노현)출신인 마사유키가 최측근만이 맡을 수 있는 관직을 받은 것은 이례적인 것이었다.

신겐은 가신 중에서 몇 명을 선발하여 「미미키키(耳利き, みみきき)」라는 역할을 주었고, 마사유키도 그 중의 한 명이었다. 「미미키키」는 「가신을 관찰하고 그 사람이 어떠한 사람인지를 신겐에게 보고하는 역할을 맡은 사람」을 말한다. 신겐은 「미미키키」들의 인물평가를 매우 중히 여겼다. 신겐은 「미미키키」들에게 이렇게 말을 했다. 「공훈담의 이야기를 하지 않는가, 거짓말을 아무렇지도 않게 하는 녀석인가, 동료와 잘 어울리는 녀석인가, 상사에게는 잘 하지만 부하에게는 잘 난 척하는 놈이 아닌가, 술버릇이 나쁜 놈인가, 무구의 손질은 잘 하고 있는 놈인가, 무구 관리는 잘 해도 단련은 하지 않는 놈인가, 이러한 것을 염두에 두고 그 사람의 장점과 단점을 전부 보고 해」라고. 이 명령에 따라 다른 지역의 로닌(浪人, ろうにん-낭인, 섬기는 주인이 없어진 사무라이)이 타케다 가문으로 사관으로 들어올 때는 「미미키키」들이 우선 면접을 보고 나서 신겐에게 보고를 하는 것이 관례가 되었다. 말하

사나다 마사유키(真田昌幸, さなだ まさゆき)

자면 「미미키키」 는 현대판의 인사과의 업무를 하고 있었다. 마사유키는 이 「미미키키」 중에는 최연소였고 14,5세 정도였다. 이런 어린 나이에도 신겐으로부터 인정을 받았기에 「신동」 이라고 해도 과언이 아니었다.

마사유키의 첫 출진의 무대는 그 유명한 제4차 가와나까지마 전투(川中島の戰い, かわなかじまのたたかい)였다. 이 전투에서 마사유키는 최측근으로서 본진을 지키며, 적이 밀려들어도 전혀 미동조차 하지 않고 신겐을 지켰다. 이 첫 출진 이후, 신겐의 옆에서 거의 모든 전투를 함께한 마사유키는 신겐의 전략을 바로 옆에서 배웠다. 타고난 재능에 더해 신겐이라는 최고의 스승에게 배울 기회를 가진 마사유키는 나중에 발휘될 무서울 정도의 전략이나 통솔력, 전투력을 이 무렵에 섭렵하였다. 신겐과 함께 대격전에서 살아남은 마사유키는 이 후 이례적인 출세가도를 달렸다. 상세한 시기는 불투명하지만, 신겐의 어머니의 친정인 오오이(大井, おおい)의 일족 무토(藤敬, むとう) 집안의 양자가 되어, 「무토 마사유키」 라는 이름으로 개명했고 동시에 보병의 대장으로도 임명되었다. 원래 인질이었던 것을 감안하면 이례 중의 이례이다. 신겐은 마사유키를 타케다 가문을 짊어질 한 명의 무장으로서 크게 기대를 하고 있었으나 신겐의 기대를 받고 순조롭게 성장해 가던 마사유키의 미래에 암운의 그림자가 드리워졌다. 바로 타케다 신겐의 죽음이었고 타케다 가문의 절대절명의 순간이었다. 게다가 마사유키의 운명도.

신겐의 죽음 후, 첩의 아들 타케다 카쯔요리(武田勝頼, たけだ かつより)가 가독을 계승했고 타케다 가문은 새로운 체제를 이행했다. 이후 사나다 가문에도 불행이 찾아왔으며 바로 마사유키의 아버지 「유키쯔나」가 사망을 했다. 사나다 가문은 장남인 「노부쯔나」가 후계자가 되었고, 마사유키는 계속하여 「무토 마사유키」로서 타케다 가문을 지탱했다. 여기서 신겐이 사망했다는 것은 타케다 가문과 사나다 가문의 일전이 다가왔다는 것을 의미한다. 바로 나가시노 전투(長篠の戰い, ながしののたたかい)의 시작이다.

이 전투는 타케다 가문이 멸망의 길로 접어드는 계기가 되었고 타케다 카쯔요리의 지도력과 통솔력이 크게 무너진 전투였다. 물론 이 전투가 끝난 뒤 바로 타케다 가문이 멸망한 것은 아니고 이 후로도 수 많은 전투를 벌였다. 나가시노 전투에서 결론적으로 말하자면 타케다군은 많은 병사를 잃었다. 사나다 가문도 당주인 「노부쯔나」, 그의 동생 「마사데루」를 잃었고 거기에 많은 가신들도 사망을 하였기에 사나다 가문은 큰 타격을 입었다. 이 전투에서 많은 가신을 잃은 카쯔요리는 가신단의 재편성에 착수했다. 당주를 잃은 사나가 가문은 부토 가문에서 마사유키를 불러 새로운 당주로 삼았다. 이렇게 하여 마사유키는 사나다 가문을 계승하였고, 「사나다 마사유키」로 되돌아오게 되었다.

사나다 가문의 상속 후, 마사유키는 고후(甲府, こうふ)를 떠나 코즈케노쿠니(上野国, こうずけのくに-현재의 군마현)로 부임하게 되었는데 시라이성(白井城, しらいじょう)의 성주 대리로 취임한 우에스기 켄신을 막기 위해서였다. 그런 한편으로 도쿠가와의 공세에 밀리는 추세였던 도오토우미노쿠니(遠江国, とおとうみのくに-현재 시즈오카현 서부)에도 군사품의 보급을 하며 도쿠가와군에 대한 견제를 행하는 등, 타케다 가문의 핵심으로서 중요한 역할을 맡았다. 즉, 아들인 카쯔요리도 아버지와 마찬가지로 마사유키에게 큰 기대를 하고 있었다. 이렇게 바쁜 나날을 보내고 있던 사나다 가문에게 크게 비약할 찬스가 찾아왔다. 이번에는 우에스기 켄신이 사망을 한 것이다. 켄신의 후계를 둘러싸고 양자인 카게카쯔와 카게토라의 분쟁이 격렬해져 우에스기 가문은 분열되었다. 바로 오타테의 난(御館の乱, おたてのらん)이다.

켄신의 죽음과 오타테의 난을 감지한 타케다 가문은 호조(北条, ほうじょう) 가문과 함께 카게토라를 지원하기 위해 에치고(越後, えちご-현재의 니가타현) 침공계획을 세웠다. 우에스기 카게토라는 원래 호조 가문 출신으로, 정략적인 이유에 의해 인질로서 우에스기 가문으로 간 것이기에 호조 가문이

이와비쯔성 흔적지(真田昌幸, さなだ まさゆき)

이 전쟁에 참가한 것이다. 그러나 타케다・호조 연합군의 공동작전은 별로 효과가 없었고, 오히려 두 연합군은 관계가 악화되어 버렸다. 타케다는 포기하고 에치고에서 손을 뗐으며 결국 카게토라는 자결을 하게 되었다.

타케다 카쯔요리는 반대로 카게카쯔와 힘을 합치는 것을 선택하여, 드디어 호조 가문과 전투를 하게 된다. 호조 가문은 도쿠가와 이에야스와 동맹을 맺고 카쯔요리를 스루가(駿河, するが-현재의 시즈오카현의 동부 및 중부)와 도오토우미(遠江, とおとうみ-현재 시즈오카현 서부)에서 협공하는 작전을 세웠다. 스루가와 도오토우미에서는 타케다군세는 열세였지만, 카게카쯔와 손을 잡고 협공을 하였으며 코즈케에서는 마사유키를 축으로 호조 가문에게 공세를 취했다. 마사유키는 카쯔요리로부터 코즈케의 요충지인 누마타성(沼田城, ぬまたじょう) 공략을 명 받았다.

마사유키는 누마타 주변의 토착 무사들을 잇달아 자기편으로 끌어들이며 성을 공격하자 누마타성은 궁지에 빠졌다. 그리고 마사유키는 아버지 유키쯔나와 친분이 있었던 적군 요도 신자에몬(用土新左衛門, ようど しんざえもん)을 자기편으로 끌어들여 내분을 일으키게 하였다. 하지만 마사유키는 이 작전을 세 명밖에 알지 못하도록 하는 철저함을 유지했다.

타케다군이 누마타성을 공격하고, 동시에 요도 신자에몬이 내분을 일으키자 누마타성은 완전히 함락되었다. 요충지였던 누마타성을 공략한 것으로 코즈케의 호조 전선은 타케다 가문이 우위에 서게 되었다. 카쯔요리는 이것을 발판으로 코즈케에 출진하여 호조 쪽의 거점을 잇달아 공략

해 갔다. 이 공세 후, 마사유키는 누마타성을 중심으로 이와비쯔성(岩櫃城, い わびつじょう) 등을 포함한 코즈케 일대의 관할을 카쯔요리로부터 받게 되었 다. 이 때 타케다 가문으로부터 받은 권한은 후에 마사유키가 다이묘로서 자립해 가는 기반이 되었다.

코즈케를 타케다 가문에게 빼앗긴 일로 호조 우지마사는 기가 죽게 되었다. 왜냐하면 타케다 가문이 대 호조 전선에서 우위에 섰던 것은, 관동 의 모든 다이묘들과도 연대를 했던 것이 요인이었기 때문이다. 시모쯔께(下 野, しもつけ-현재의 도치기현의 일부)의 우쯔노미야(宇都宮, うつのみや-현재의 도치기현의 일부) 와 히타치(常陸, ひたち-현재의 이바라기현의 남서부를 제외한 지역)의 사타케 요시시게(佐竹 義重, さたけ よししげ), 아이즈의 아시나 모리타카(蘆名盛隆, あしな もりたか)와의 교섭 에도 마사유키는 관여를 해서, 대 호조 포위망의 형성에 공헌을 했다. 그러 나 호조도 가만히 있지는 않았다. 타케다 쪽의 유력 토착 무사 세력인 운노 (海野, うんの) 일족과 내통을 하였지만, 마사유키는 사전에 이 사실을 알고 운 노 일족을 몰살시켰다.

이 사건으로 마사유키의 코즈케에서의 기반은 더 한층 단단해졌다. 그러나 이러한 마사유키의 활약과는 반대로 타케다 가문에는 멸망의 징조 가 조용히 찾아오고 있었다. 오다 가문에 대한 방어의 핵심이었던 기소 요 시마사(木曾義昌, きそ よしまさ)가 타케다 가문에서 오다・도쿠가와로 넘어가는 등 배신자가 속출하여 타케다 가문은 어떻게 할 수도 없는 지경에 이르렀 다. 그리고 미완성이었던 신뿌성(新府城, しんぷじょう)에서 타케다 가문의 마지막 군회의가 개최되었다.

　　마사유키는 지형도 험준하고 우에스기 가문으로부터 지원도 받기 쉬운 이유에서 이와비쯔성(岩櫃城, いわびつじょう)에 남은 전력을 모아서 결전에 임해야 한다고 주장을 했지만 그의 주장은 허무하게 받아들여지지 않았고, 카쯔요리는 대대로 내려오는 가신인 오야마다 노부시게(小山田信茂, おやまだ のぶしげ)를 의지하며 신뿌성으로 갔다. 그러나 오야마다 노부시게도 오다·도쿠가와 쪽으로 배신을 하자, 카쯔요리는 다노(田野, たの)에서 다키가와 카즈마스(滝川一益, たきがわ かずます) 군대와 싸우다가 전사하였다.

　　본인의 의견이 받아들여지지 않았던 마사유키는, 오다군의 침공과 카쯔요리의 사망으로 매우 불안정한 상황이었던 시나노(信濃, しなの-현재 나가노현)에서 겨우 목숨을 부지하며 코즈케로 귀환하였다. 그러나 코즈케는, 남쪽에서 오다·도쿠가와 연합군이, 동쪽에서는 호조, 북쪽은 타케다 가문이 멸망하기 전까지는 우호세력이었던 우에스기 가문이 언제 침공할지도 모르는 혹독한 상황이었다.

　　마사유키는 우선 자신이 농성할 이와비쯔성의 수비를 견고히 하면서 호조의 공세에 대비를 했다. 동시에 나가오 노리카게(長尾憲景, ながお のりかげ)라는 무장을 통해서 호조와 접촉을 하여, 호조를 따르기로 하는 계획을 세웠지만 실패했다. 노부나가가 코즈케에 군대를 보내자, 코즈케의 토착 무사들은 잇달아 오다군에게 항복을 하였고 마사유키와 호조의 중개역할을 했던 나가오 노리카게도 오다에게 종군을 했다.

그러나 마사유키는 지금까지의 계획을 완전히 수정하였고, 놀랍게도 노부나가에게 붙기로 결정했다. 노부나가에게 코즈케를 위임받은 다키가와 카즈마스에게 누마타성과 이와비쯔성 등을 건넸고, 노부나가에게는 말을 선물로 보내 신하의 예를 다했다. 노부나가도 기뻐하며 이것을 받아들여 마사유키는 노부나가 가문의 신하가 되었다. 정말 상황에 따른 처세 하나는 탁월했다. 이런 상황에서는 도리나 약속을 지키는 것보다 자신의 가문이 살아남는 것이 중요하다고 생각했다.

마사유키가 오다 가신이 된 지 3개월 후, 예상 외의 큰 사건이 발생하였다. 바로 혼노지의 변(本能寺の変, ほんのうじのへん)이다. 이 사건으로 노부나가와 그의 장남 노부타다가 사망, 오다 정권은 크게 요동쳤고 그 영향은 당연히 마사유키가 있는 코즈케에도 미쳤다. 노부나가의 죽음을 알고 있었던 호조 가문의 당주, 호조 우지나오(北条氏直, ほうじょう うじなお)는 지금이 기회라고 생각하여 대군을 이끌고 코즈케를 공격하였다. 코즈케를 지키던 다키가와 카즈마스는 호조군에게 패해, 이세(伊勢, いせ·현재 미에현의 동부)로 도망갔다.

마찬가지로 타케다 영토를 지키고 있던 무장들도 우왕좌왕하여 결국 타케다 가문의 영토는 공백지대가 되었다. 이 지역을 둘러싸고 우에스기·호조, 그리고 사카이(堺, さかい)에서 이세를 경유해 돌아온 도쿠가와 이에야스에 의한 쟁탈전, 이른바 덴쇼진고의 난(天正壬午の乱, てんしょうじんごのらん)이 발발했다. 마사유키는 이러한 카오스 상태에서 재빠르게 대응을 하였고,

코즈케에서 도망치는 다키가와 카즈마스를 도우면서 세력확대를 위한 포석도 준비했다. 우선은 가와나까지마(川中島, かわなかじま)로 침공해 온 우에스기 카게카쯔에게 종군을 했고 빈 성이 된 이와비쯔성의 확보에 성공을 했다. 그러나 우에스기에게 종속하면서, 시나노에 침공해 온 호조 우지하루에게도 몰래 접촉을 했다. 그리고 호조가 시나노 공격을 본격적으로 하자 이번에는 호조에게 완전히 종속을 하였다.

변신의 기재이다. 이 무렵 시나노의 토착 사무라이들은 호조에게 많이 넘어갔고, 이대로 우에스기에게 붙어있으면 마사유키는 호조로부터 집중공격을 받을 위험이 있었다. 마사유키가 호조에 붙은 영향으로 시나노의 사무라이들은 더욱 더 호조 쪽으로 갈아탔다. 상황이 호조에게 유리한 방향으로 흘러가자, 호조 우지하루는 카이쯔성(海津城, かいづじょう)에서 농성을 하는 우에스기 카게카쯔를 공격하기 위해 대군을 이끌고 출진을 했다. 마사유키는 카이쯔성의 성주 대리 카스가 노부타쯔(春日信達, かすが のぶたつ)를 회유하는데 성공을 하였고, 이 소식을 들은 호조 우지하루는 승리를 확신하였다. 그러나 이 사실을 안 우에스기 카게카쯔는 카스가 노부타쯔를 처형해 버렸다.

우에스기군은 7천, 호조군은 2만이라는 병력이었기에 호조군이 유리했지만, 마사유키는 혹시나 모를 군량미의 부족과 군사들의 사기 저하를 우려하여, 빠르게 호조 우지하루에게 진언을 했다. 그러나 우지하루는 마사유키의 의견을 묵살하고, 오히려 우에스기 공격을 포기하고 도쿠가와 이

에야스를 공격할 거라고 하였다. 그러자 마사유키는 카이(甲斐, かい-현재의 야마나시현)에서는 이미 이에야스가 타케다의 남은 가신들의 회유가 끝났기에 「지금 출진해도 이미 때가 늦었다」라고 말을 했지만 묵살되었다.

실은 우지하루는 본인이 신젠의 손자이기에 자신이 가면 타케다의 가신들이 자신에게 복종할 것이라고 생각을 했다. 그런 낙관적인 우지하루는 마사유키에게 우에스기군의 진격을 막기 위해 후위를 맡겼고 마사유키는 멋지게 우에스기군의 추격을 물리쳤다. 우지하루는 마사유키를 그대로 잔류시키고 본인은 남은 군사 전원을 데리고 카이로 향했다.

이 무렵 도쿠가와 이에야스는 신뿌성(新府城, しんぷじょう)을 거점으로 카이로 침공해 온 호조 우지하루와 대치하고 있었다. 호조군은 오다와라에서 더 많은 원군을 보내 이에야스를 포위하는 작전을 펼쳤다. 그러나 이러한 위기 속에서 이에야스를 구한 인물이 있었는데 바로 마사유키였다. 이에야스는 몰래 마사유키에게 사자를 보내 교섭을 했고, 마사유키는 이 교섭에서 이에야스에게 많은 포상을 요구하며 호조에서 이에야스로 갈아타버렸다. 마사유키는 호조에게 절연을 통보하고 공격을 개시했다.

마사유키의 배신으로 호조군은 크게 동요를 했다. 호조의 작전을 거의 알고 있었던 마사유키는 호조군의 배급로를 차단하자, 호조군은 엄청난 위기에 복면했다. 처음에는 호조 쪽의 전황이 우위였지만 서서히 역전되었다. 그러나 이에야스군이 아무리 분발을 하여도 대군이었던 호조를 완벽하게 격파할 수는 없었다. 고착상태가 지속되자 호조와 도쿠가와는 화평을 맺었다. 이렇게 하여 「덴쇼진고의 난」은 끝났지만 교섭의 조건에 대해 마사유키는 승복할 수 없었다. 코즈케에서 마사유키가 혼자 힘으로 함락한 누마타성을 호조에게 양보해라는 것이었다. 이 일은 후에 마사유키가 도쿠가와・호조와 대립하는 계기가 되었다.

「덴쇼진고의 난」이 끝난 후, 마사유키는 이에야스 밑에서 시나노를 평정해 갔다. 이에야스도 지원을 위해 카이에 출전했기에 우에스기는 경계를 더욱 강화하였다. 마사유키는 북 시나노의 우에스기와 도쿠가와군과의 경계지점에 해당되는 고쿠조산성(虛空蔵山城, こくぞうさんじょう)을 공격했다. 우에스기군은 다수의 사상자를 냈지만 겨우 마사유키를 격퇴했다. 그러나 마사유키를 격퇴한 우에스기군에게 충격적인 소식이 들어왔다. 마사유키가 훗고쿠가도(北国街道, ほっこく かいどう)의 요충지, 아마가후찌(尼ヶ淵, あまがふち)에 축성을 시작했다는 것이다. 이렇게 되면 손쉽게 우에스기군을 침공할 수 있다. 그러자 이런 상황을 타개하기 위해 우에스기 카쯔카게는 즉시 마사유키를 격퇴하도록 명령을 했다. 도쿠가와 입장에서도 이 성의 완성은 중요한 것이어서 최대한 지원을 했고 사실 도쿠가와가 축성을 했다고 해도 과언이 아니다.

성의 완성을 지켜만 보고 있을 수 없었던 우에스기 카게카쯔는 계속 군을 보내 공격을 가하자 도쿠가와군과 마사유키는 위기에 직면한다. 그러나 도쿠가와 쪽의 무장, 오가사와라 사다요리(小笠原貞慶, おがさわら さだより)가 이 틈을 타 아오야나기성(青柳城, あおやぎじょう)을 공격하자, 우에스기군은 어쩔 수 없이 이 성을 지키기 위해 태세를 전환하였다. 이렇게 해서 겨우 완성시켰는데, 이 성이 나중에 도쿠가와군을 두 번이나 물리친 최고의 명성 중의 하나인 우에다성(上田城, うえだじょう)이다. 즉, 도쿠가와가 거의 완성시킨 이 성이 도쿠가와의 급소를 찌르는 성이 된다.

우에다성(上田城, うえだじょう)

그리고 이 무렵에는 서쪽에서 세력을 확대하는 도요토미 히데요시와 도쿠가와 이에야스 사이에 대립이 깊어져, 고마끼・나가쿠테 전투(小牧・長久手の戰い, こまき・ながくてのたたかい)로 발전해 갔다. 마사유키는 도쿠가와의 편이 되어, 히데요시와 깊은 관계를 유지하는 우에스기에 대한 억제를 계속해

나갔다. 「고마끼・나가쿠테 전투」 후에도 히데요시와 도쿠가와의 대립은 계속되었고, 바로 전쟁이 터져도 이상하지 않을 정도였다. 그런 상황이었기에 이에야스는 호조와의 관계를 보다 강화할 필요를 느꼈다. 그래서 마사유키에게 누마타 영토를 호조에게 주도록 명령을 했고, 호조도 누마타 영토를 이에야스로부터 받기 위해 마사유키에게 앞으로도 더욱 더 이에야스를 잘 모셔라는 압력을 가했다.

이에야스도 마사유키를 설득하려고 했지만 마사유키는 듣지 않았다. 부화가 치밀은 이에야스는 드디어 실력행사에 들어갔다. 히데요시와 언제 전쟁을 할지 모르는 상태에서 마사유키와 섣불리 전쟁을 할 수 없었던 이에야스는 중신 중 한 명인 도리이 모토타다(鳥居元忠, とりい もとただ)를 통해서 시나노의 무사 무로가 마사타케(室賀正武, むろが まさたけ)에게 마사유키의 암살을 명령했다. 그러나 이 암살계획을 마사유키가 이미 알고 있었으며, 무로가 마사타케의 가신단은 마사유키에 의해서 여러 명이 포섭되어 있었기 때문이다.

그런 사실을 몰랐던 무로가 마사타케는 마사유키를 안심시키기 위해 적은 인원수로 우에다성을 방문하였지만 반대로 살해당하며 이 사건으로 마사유키는 도쿠가와와의 단교를 선언했다. 암살계획이 실패로 끝나자 이에야스는 드디어 군을 움직였다. 고후에 진을 친 이에야스는 마사유키에게 사자를 보내 누마타 땅을 호조에게 주라고 재차 명령을 했다. 그러자 마사유키는 「누마타는 너에게 받은 것이 아냐! 내가 혼자서 싸워서 얻은 땅

이야. 너야 말로 같은 편이 되어 주면 영토를 준다고 하지 않았느냐? 그럼에도 호조에게 누마타를 주라고? 헛소리 하지마! 너 따위는 나의 주군이 아냐!」라는 대답을 보냈다. 하지만 마사유키도 좋은 상황이 아니었다. 호조도 바로 옆에서 자기를 노리고 있고, 도쿠가와도 쳐들어올 준비를 하고 있었다. 그래서 마사유키는 놀랍게도 예전에 종속을 했지만 배신한 적이 있는 우에스기 카게카쯔에게 도움을 요청했는데 거절당했다. 하지만 마사유키는 몇 번이나 끈질기게 요청을 하였다. 원래 아무리 적이라도 원군을 요청하면 도움을 주는 것이 우에스기 가문이었기에 그를 돕기로 하였고 그 조건으로 인질을 요구했으며, 마사유키는 아들 사나다 유키무라(真田幸村, さなだ ゆきむら)를 보냈다.

　　　드디어 이에야스는 출진을 명령했지만 본인은 히데요시의 동향을 감시하기 위해 전쟁터에는 나가지 않았다. 마사유키가 이에야스에게 트라우마를 안긴 제1차 우에다성 전투(上田城の戦い, うえだじょうのたたかい)의 시작이었다. 이에야스는 도리이 모토타다, 오쿠보 타다요(大久保忠世, おおくぼ ただよ)를 중심으로 약 7천명의 군사를 사나다 영토로 보냈으며 사나다군은 불과 2천명으로 이들을 맞섰다. 병력의 차이는 엄청 났지만 마사유키는 신겐의 지략을 이어받은 무장답게 적군을 압도했다. 마사유키는 도쿠가와군을 우에다성까지 끌어들였고, 그 측면을 별동대를 조직한 장남 노부유키(信幸, のぶゆき)가 급습하여 퇴로를 차단하는 작전을 구사하였다. 마사유키는 도쿠가와군을 성 쪽으로 끌어들이기 위해 적군이 강을 건너는 순간 공격을 개시하

였다. 그리고 마지못해 패하는 척하면서 성 쪽으로 도망갔고, 기세를 탄 적군이 내성까지 들어오자, 별동대가 공격을 하여 적군은 오도가도 못하는 지경에 이르렀다.

겨우 포위망을 탈출한 군사들은 강을 건너 도망가려고 하였지만, 미리 강물을 막아 두었던 마사유키가 제방을 터뜨리자 익사하는 군사가 속출하였다. 수많은 사상자를 내고 도쿠가와군은 철수를 하였다. 도쿠가와군이 마사유키에게 당했다는 소문은 전국에 퍼져 마사유키는 단숨에 도쿠가와를 물리친 유명한 무장으로 등극하게 되었다. 도쿠가와군은 고모로성(小諸城, こもろじょう)에 머물며 호시탐탐 재차 공격할 기회를 엿보았지만 마사유키는 전혀 그럴 틈을 주지 않았다. 반대로 우에다성에는 우에스기의 원군이 속속히 도착을 하였고, 마사유키는 우에스기군에게 성의 보수를 시키며 더 강력한 철옹성으로 만들었다.

즉, 마사유키는 성의 축성부터 보수공사까지 전부 다른 다이묘에게 맡겼던 지략가였다. 정말로 처세술이 대단한 사람임에는 틀림이 없다. 도쿠가와군을 물리친 마사유키는 자신의 지위를 보다 강화하고, 도쿠가와 이에야스를 더욱 견제하기 위해 이번에는 도요토미 히데요시에게 접근했다. 정말 살아남기 위해서는 무엇이든지 하는 남자이다. 히데요시도 이에야스와 교전 상태였기에 마사유키와의 연대를 대환영했다. 이 연대로 인해 이에야스는 궁지에 몰렸다.

왜냐하면 시나노에 있던 도쿠가와 쪽의 무장들이 이 연대 소식을 듣고 대거 히데요시 쪽으로 몰려갔고, 이에야스의 기밀정보도 동시에 흘러 들어갔다. 히데요시 쪽이 우세를 보위는 상황에서 이에야스도 임전태세를 갖췄지만, 히데요시 영토인 관서(関西)지방과 중부지방을 중심으로 대지진이 발생하여 히데요시는 이에야스와 전쟁을 포기했다. 히데요시는 이에야스와 화평을 맺고 이번 전쟁에서 물러났다. 그러자 이에야스는 호조와의 맹약을 바탕으로 마사유키 공략에 나섰다.

비슷한 시기에 마사유키는 코즈케에서 호조군에게 누마타성을 포위당하는 등, 맹공을 받고 있었다. 이에야스를 막기 위해 마사유키는 코즈케로 출진하지 않았지만 가신들의 분투로 겨우 호조군을 격퇴했다. 코즈케에

하마마쯔성(浜松城, はままつじょう)

서의 승리가 확정되었을 무렵, 우에스기 카게카쯔가 상경하여 히데요시에게 복종을 맹세했다. 히데요시는 마사유키에게도 상경을 명령했지만 이에야스·호조의 동향이 신경 쓰였기 때문에 따르지 않았다. 이런 상황 속에서 이에야스는 마사유키를 치기 위해 하마마쯔성(浜松城, はままつじょう)에서 출진을 했다. 마사유키도 시나노의 이에야스를 침공하려고 계획했지만 히데요시에게 제지당했다.

왜냐하면 앞에서 말한 것처럼 히데요시와 이에야스는 화평을 맺었기에 이에야스가 공격당하면 히데요시 본인도 참전을 해야 했기 때문이다. 반대로 이에야스가 마사유키를 공격하는 것에 대해서는 찬동을 해야만 했다. 만일 마사유키가 히데요시의 상경 명령을 따랐으면 상황은 바뀌었을지도 모른다. 상경을 하지 않을 거라면 인질을 보내라는 히데요시의 제안도 거절한 마사유키였다. 히데요시는 명령을 듣지 않는 마사유키에게 화가 났고, 그를 두둔하는 우에스기 카게카쯔에게 「저 녀석은 겉과 속이 다른 놈이다. 이에야스에게 명령해서 처리할 것이니 너는 일체 관여하지 말라」고 말했다.

이 무렵 히데요시는 온갖 수단을 써서 이에야스를 상경시키려고 고생을 했지만 「마사유키를 치기 위해서 출진했다면 상경이 늦더라도 괜찮아」 라고 이에야스에게 전할 만큼 격노를 하고 있었다. 마사유키는 우에스기 카게카쯔에게 중재를 의뢰하여 내용을 설명하려고 했다. 여기까지 보면 마사유키의 절대절명의 순간이지만, 실은 히데요시도 진심으로 마사유키를 공격할 마음은 없었다. 이런 식으로 구슬려 상경하도록 하기 위한 계책이었다. 이렇게 하면 마사유키와 이에야스의 전쟁도 끝낼 수 있고, 이에야스도 히데요시에게 마음이 갈 수밖에 없었다.

　잠시 시간이 지나고 나서, 히데요시는 사나다 정벌에 관한 편지를 각 방면에 보냈음에도, 이에야스에게, 마사유키와의 문제를 중재할 테니 출진을 연기하라고 요구했다. 그리고 우에스키 카게카쯔에게도 이번에는 마사유키에 대한 처분을 하지 말라고 명령했다. 이러한 히데요시의 배려와, 히데요시의 어머니인 오오만도코로(大政所, おおまんどころ)를 인질로 보내기까지 하였기에 이에야스는 교토로 가서 히데요시의 신하가 되기로 했다. 그리고 히데요시는 우에스키 카게카쯔에게 편지를 보내 마사유키의 사면을 정식으로 통달하고, 마사유키를 상경시키도록 지시했다. 마사유키도 이번에는 순순히 응하며 히데요시를 알현했다.

　히데요시는 마사유키에게 이에야스의 요리끼(与力, よりき-지휘자나 하급 무사의 우두머리에게 속하던 병사) 다이묘, 즉 보조 다이묘가 되도록 명령했다. 히데요시의 가신이 된 마사유키는 내키지 않았지만 이에야스에게 출사하여 정식으로 영지를 하사 받고 다이묘가 되었다. 이에야스를 복종하게 만든 히데요시는 큐슈도 평정을 하였고, 이제 남은 것은 호조와 오슈(奥州, おうしゅう-현재의 일본 동북부, 후쿠시마·미야기·이와테·아오모리·아키다현의 일부)이다. 호조는 일단은 히데요시에게 종속을 표명했지만 덴쇼진고의 난에서의 영토문제가 재차 불거져 정세는 급전개를 맞이했다.

168

호조는 누마타 영토 전 지역을 원했지만, 히데요시는 3분2는 인정하지만 나머지는 마사유키의 것이라고 판정했다. 더 나아가 마사유키에게는 누마타 영토를 대신할 봉토를 이에야스에게 보상할 것을 명령했다. 마사유키 입장에서는 이득이 되는 결정이었고 호조는 마지못해 받아들였다. 이후 사나다 가문의 거점 중의 하나인, 나구루미성(名胡桃城, なぐるみじょう)을 호조가 침공을 했다. 이 소식은 히데요시에게 전달되어, 호조에게 여러 가지 화가 나 있던 히데요시는 드디어 오다와라 정벌을 결정하였다.

전국 다이묘에게 동원령이 내렸고 마사유키도 두 아들을 데리고 출진을 했으며, 사나다 유키무라의 첫 출진이었다. 오다와라 정벌에 관한 이야기는 도요토미 히데요시가 천하를 통일한 마지막 전투였기에 여러 파트에서 상세히 설명이 되어 있으니 참고하기 바란다.

오다와라 정벌로 호조 우지마사는 할복, 아들인 우지하루는 고야산(高野山, こうやさん)으로 추방되어 호조 가문은 멸망했다. 히데요시는 이후, 마사유키 부자와 함께 오슈로 출병하여 승리를 거두었고, 구노헤 마사자네(九戸政実, くのへ まさざね)의 난의 진압을 거쳐 히데요시는 마침내 천하통일의 꿈을 이루었다. 구노헤 마사자네의 난에서 마사유키 부자도 큰 공을 세웠기에 히데요시는 사나다 가문을 중요한 가신의 하나로 생각하게 되었다.

통일 후, 히데요시에 의한 영지의 재편이 행해졌고, 이에야스의 관동 전봉(転封, 다이묘의 영지를 옮기는 것)처럼 많은 다이묘의 영지이동이 시작되었다. 그런 속에서 사나다 가문은 전봉이 되지 않고 우에다성을 비롯한 영지를 인정받았으며 이례적인 일이었다. 이것은 마사유키의 능력을 높게 평가하여, 관동의 이에야스의 감시와 포위의 일각을 겨냥하기 위한 것으로 생각된다. 히데요시의 천하통일 후, 마사유키는 겨우 전란에서 해방되었다. 도요토미 정권 하에서 후시미성의 건축에 관여하였고, 조선으로의 출병도 면제 받았지만 도요토미 히데요시의 죽음을 계기로 마사유키는 재차 전쟁터에 나가게 되었다.

도쿠가와 이에야스의 전횡이 시작되자 마에다 도시이에(前田利家, まえだ としいえ)와 이시다 미쯔나리(石田三成, いしだ みつなり)는 이것에 반발하였지만 도요토미 정권은 흔들렸다. 그리고 대 다이묘 마에다 도시이에가 사망하자, 이에야스를 제지할 강력한 세력은 사라졌다. 이에야스는 마에다 도시이에가 사망하자 그의 가문을 굴복시키고, 다음에는 아이즈의 우에스기 카게카쯔를 표적으로 삼았다. 이에야스의 아이즈 정벌이 시작되자, 이시다 미쯔나리는 오사카에서 이에야스를 타도하기 위해 거병을 했다. 마사유키와 사나다 가문의 운명을 일변시킨 세키가하라 전투의 시작이다.

아이즈 정벌에 나서는 이에야스에게 합류하기 위해 진군하고 있던 마사유키 부자는 시모쯔께(下野, しもつけ)의 이누부시(犬伏, いぬぶし)에 도착했다. 이 날 밤에 미쯔나리로부터 사자가 도착하여 편지를 읽은 마사유키는 두 아들을 불러, 그 자리에서 본인은 서군에 합류할 것을 결정하였고, 차남 유키무라도 찬성을 하였다. 그러나 장남 노부유키는 난색을 표하며「딱히 이에야스에게 받은 것은 없지만 이에야스의 동원령에 따라 여기까지 왔는데 이제야 와서 배신할 수는 없다고 생각합니다」라고 하자 마사유키는 「너가 그렇게 말하는 것도 당연하다. 그러나 무사는 그런 마음가짐만으로는 살아갈 수 없다. 사나다 가문은 이에야스에게도 히데요시에게도 갚아야 할 은혜는 없다. 이번 일은 가문을 번창시킬 찬스다」라고 말하며 노부유키를 설득했지만 힘들다고 판단하여, 「집안을 나누어서 참전하는 것이 결국은 가문의 존속으로 연결된다. 이것도 좋은 방법이다」고 하며 결국 마사유키 부자는 동군과 서군으로 나뉘게 되었다. 이것이 「이누부시의 이별」이다. 노부유키가 동군에 붙은 것은 그의 아내가 이에야스의 충신 혼다 타다카쯔(本多忠勝, ほんだ ただかつ·동군)의 딸이었기 때문이라는 설도 있다.

　　마사유키와 유키무라가 우에다성으로 돌아오던 도중, 노부유키의 거성 누마타성에 들러, 기회를 보고 성을 탈취하려고 했지만 성을 지키고 있던 노부유키 부인에게 들켜 반격을 당했다. 마사유키는 우에다성에 도착한 후, 도쿠가와군과의 전투준비를 하면서 이시다 미쯔나리와 몰래 연락을 취했으며, 그 중에는 「나에게 아무 말도 하지 않고 이런 큰 일을 벌이는 것은 좀 그래!」라고 미쯔나리를 꾸짖은 일도 있었다. 만일 경험이 풍부했던 마사유키에게 상담을 했다면 세키가하라 전투에서 서군이 이겼을 지도 모른다.

　　미쯔나리는 이러한 마사유키의 질책에 충분히 수긍을 하였고 사과도 하였다. 미쯔나리는 마사유키와 유키무라의 가족의 보호를 약속하고 같은 편이 되어 달라고 부탁을 하지만 마사유키는 확실하게 대답을 하지 않았다. 그 이유는 이번 일을 계기로 자신을 더욱 높게 평가받기 위해서였다.

미쯔나리는 이번 전투에서 승리를 하면 시나노 일국을 준다고 약속을 했다. 거기에 카이(甲斐, かい·현재의 야마나시현)뿐만 아니라 마사유키가 본인의 힘으로 획득한 영지는 주겠다고 보증했다. 마사유키는 크게 기뻐하며 서군에 합류하겠다고 약속했다.

마사유키는 이에야스가 직접 우에다성을 공격할 것은 생각조차 하지 않았고 만일 공격해 온다면 다른 부대가 올 거라고 예상했다. 마사유키의 예상대로 이에야스의 본진이 아닌 이에야스의 3남인 히데타다를 대장으로 하는 3만 8천명의 대군이 공격해 왔는데, 마사유키 군은 불과 5천이었다. 대장인 히데타다는 이번 전투가 첫 출진이었지만 히데타다의 휘하에는 사카키바라 야스마사(榊原康政, さかきばら やすまさ), 오쿠보 타다치카(大久保忠隣, おおくぼ ただちか), 사카이 이에쯔구(酒井家次, さかい いえつぐ) 등, 도쿠가와가 뽐내는 역전의 용사들이 있었다.

그리고 부대의 편제도 이에야스가 수비 중심이었던 것과는 반대로, 히데타다의 별동대는 공격 중심이었다. 오히려 도쿠가와군의 주력은 히데타다의 별동대가 아닌가 라는 생각이 들 정도였다. 드디어 사나다 마사유키의 마지막 전쟁 제2차 우에다성 전투(上田城の戦い, うえだじょうのたたかい)의 시작이다. 마사유키는 도쿠가와 진중에 있는 장남 노부유키에게 사자를 보내, 「머리를 깎고 참전하겠으니 용서해 주세요」 라고 했다. 서군과의 결전 전에 군의 소모를 피하고 싶었던 히데타다는 기뻐하며 우에다성을 건네면 용서하겠다고 전했다. 히데타다는 노부유키와 혼다 타다마사를 사자로 보내 시나노의 고쿠분지(国分寺, こくぶんじ)에서 회견을 가졌다.

그러나 이 회견에서 마사유키는 태도를 바꾸었다. 아마 마사유키는 히데타다에게 항복에 응하는 조건으로 받아들이기 어려운 상당한 것을 내걸었던 것 같다. 왜 마사유키는 히데타다에게 이런 무리한 조건을 내걸었을까? 그건 전투준비를 갖추기 위한 시간 벌기와 첫 출진인 히데타다에게 도발을 하여 평정심을 잃게 하려고 하였던 것이다. 열 받은 히데타다는 전군에게 공격명령을 내렸으며, 노부유키에게는 동생이 지키는 도이시성(砥石城, といしじょう) 공략을 명령했고, 이것을 이미 예상했던 동생 유키무라는 성을 버리고 퇴각을 했다.

도이시성터(砥石城, といしじょう)

형제 간의 싸움을 피하기 위해서였지만 마사유키도 승낙한 퇴각이었다. 도이시성을 제압한 도쿠가와군은 우에다성 부근까지 접근하자 사나다군은 도쿠가와군에게 일제히 총으로 공격을 했다. 여기에 맞서 도쿠가와군이 되받아 치자 마사유키군은 성 안으로 도망을 갔다. 도쿠가와군은 도망가는 적을 쫓아 성 가까이 접근을 했다. 그러나 이것은 마사유키가 미리 짜 놓은 함정이었다. 성 가까이 접근한 도쿠가와군에게 마사유키는 미리 준비해 둔 조총부대와 화살부대로 도쿠가와군을 벌집으로 만들어 놓았다. 첫번째의 소소한 전투에서 이긴 마사유키는 병력의 차이를 조금이라도 극복하기 위해 영내에 있는 군인들에게「적의 목을 가져오면 봉급 백석을 주겠다」고 말하자 마사유키군의 사기는 하늘을 찌를 듯했다.

그리고 마사유키는 우에다성 근처의 산과 숲에 복병을 배치하였고, 강 상류의 물을 막아 두었다. 모든 준비를 마친 마사유키는 도쿠가와군을 유인하기 위해 유키무라와 함께 소수의 군사를 이끌고 일부러 도쿠가와군 앞에 모습을 드러냈다. 그 모습을 본 도쿠가와군은 함정인 줄 모르고 일제히 두 사람을 잡기 위해 강을 건너 쫓았다. 사나다군은 새 발의 피만큼 조금씩 공격을 하고 철수를 반복하자, 도쿠가와군은 안달하였고, 드디어 전군이 강을 건너 공격을 감행하기로 하였다. 전군이 강을 건넌 것을 확인한 사나다군은 강의 제방을 무너뜨려 그들의 퇴로를 막았다. 그리고 산과 숲에 숨어있던 복병들이 일제히 공격을 했다.

전방에서는 총과 화살, 측면에서는 복병들의 공격에 의해 도쿠가와

군은 대혼란에 빠졌다. 마사유키는 마지막 일격으로 산에서 준비해 두었던 복병을 히데타다의 본진으로 공격하게 했다. 본진이 복병에게 공격당하자 지휘계통을 온전히 상실한 도쿠가와군은 아비규환이 되어 철수를 시작했다. 그러나 마사유키가 불려 놓은 강물에 빠져 수많은 병사들이 익사하였다. 히데타다로서는 처참한 첫 출진이었다. 그리고 우에다성 전투가 시작된 날에 히데타다는 별동대를 이용해서 미노(美濃, みの-현재의 기후현의 남부)의 루트를 확보하려고 하였지만, 이것도 마사유키에 의해 제지를 당해, 도쿠가와군은 각지에서 마사유키에게 유린 당했다. 히데타다는 우에다성 공략에 얽매였지만 혼다 마사노부 등이 설득을 하여, 공략을 단념하고 센고쿠 히데히사(仙石秀久, せんごく ひでひさ)를 남기고 세키가하라 전투에 임하러 철수를 했다.

마사유키는 히데타다가 이끄는 도쿠가와 주력부대를 우에다성으로 못박아 두면 세키가하라 전투에서 동군이 이길 수 없을 거라는 생각을 가지고 있었고 마사유키의 작전은 대성공이었다. 이에야스 입장에서는 4만 가까이 되는 군이 세키가하라 전투에 합류하지 못하면 전투에서 승리할 확신이 없었을 것이다. 약 4만명의 군이 이에야스에 합류하지 않으면 동군으로 갈지 서군으로 갈지 판단하지 못한 다이묘들이 서군으로 붙을 가능성도 있었다. 그러나 마사유키의 전망은 어긋났다. 서군에서 배신자가 속출하여 세키가하라 전투는 반나절만에 동군의 승리로 끝났다.

서군의 패배로 고립무원이 된 마사유키는 아들 노부유키의 설득으로 항복하기로 하였고 우에다성은 도쿠가와에게 넘겨주었다. 그 후 이에야스는 우에다성을 흔적도 남기지 않도록 파괴를 명령했다. 이에야스 자신은 참전하지 않았지만 자신에게 두 번이나 패배를 안긴 우에다성이 꼴도 보기 싫었을 것이다. 그 후, 마사유키의 영지는 전부 몰수당했고, 마사유키와 유키무라는 이에야스에게 머리를 조아려 사죄를 했다. 죽음 직전에 갔지만 동군에 있었던 노부유키의 구명활동으로 겨우 목숨만은 부지했다. 그 후 마사유키와 유키무라는 고야산으로의 추방 처분을 받았다.

고야산으로 추방된 마사유키 부자는 아사노 유키나가(浅野幸長, あさのよしなが)의 감시를 받으면서 고야산의 산기슭에 있는 구도야마(九度山, くどやま)라는 마을에 집을 만들어 생활했다. 구도야마 주변 약 550미터 간격이라는 조건은 있었지만 주로 사냥과 낚시를 하면서 비교적 자유로운 생활을 보냈다. 영지는 전부 몰수당했기에 수입은 전혀 없었다. 그래서 가족이나 가신들은 제대로 먹을 수도 없는 생활을 했고, 마사유키는 빚을 지면서 겨우 연명했으며 가끔 노부유키가 보내주는 생활비로 목숨을 부지했다.

사실인지 아닌지는 불명확하지만 사나다히모(真田紐, さなだひも-넓적하고 두껍게 엮은 무명 끈; 또, 그와 같은 것) 와 관련된 일화는 이 무렵의 이야기이다. 궁핍한 생활을 보내던 마사유키였지만, 노부유키와 아사노 나가마사를 통해 이에야스에게 아버지를 사면해 주도록 열심히 뛰었다고 한다. 마사유키의 사면 탄원은 이에야스의 측근, 혼다 마사노부가 이에야스에게 말할 정도로 진행되었다. 그러나 이에야스는, 지략과 병법이 뛰어났고, 이에야스 본인을

여러 번 고생을 시킨 마사유키를 사면할 생각은 추호도 없었다.

사면의 전망이 불투명해진 마사유키는 점점 쇠약해졌고, 죽음을 깨달은 마사유키는 유키무라를 불러, 「조만간 도쿠가와와 도요토미의 결전이 일어날 것이다. 그 때는 히데요리(도요토미 히데요시의 아들)의 편이 되어 이에야스를 멸망시킬 예정이었는데 이루지 못해 유감이다」라고 말하며 자신이 생각했던 비책을 전수했다고 한다. 이 비책에 대해서는 사나다 유키무라 편에서 다루도록 하겠다. 마사유키는 향년 65세로 사망했다.

## 우에스기 가문의 참모
### 나오에 카네쯔구(直江兼続, なおえ かねつぐ)

「나오에 카네쯔구」와 관련된 사료는 상당히 부족하다. NHK 대하드라마 「천지인(天地人)」 덕분에 상당히 인기를 끈 무장인데, 이 드라마에서 지용겸비(知勇兼備)라는 이미지가 있지만, 실제로는 문관타입의 무장이었다.

그는 1560년 히구찌 카네도요(樋口兼豊, ひぐち かねとよ)의 장남으로서 에치고(越後, えちご·현재의 니가타현)에서 태어났다. 「히구찌」 집안의 선조는 헤이안(平安, へいあん)시대 말기의 겐페이 전쟁(源平合戰, げんぺいかっせん)에서 활약한 무장, 기소 요시나까(木曾義仲, きそ よしなか)의 사천용으로 불렸던 한 명인, 히구찌 카네미쯔(樋口兼光, ひぐち かねみつ)이고, 히구찌 카네미쯔가 사망하고 난 후의 그 가문과 관련된 사료가 전혀 없기에 정말인지 아닌지는 불확실하다. 카네쯔구의 아버지 카네도요는 당시에 연료를 조달하는 일을 하고 있었기에 그렇게 높은 위치에 있는 사무라이는 아니었다. 아버지가 신분이 높은 무사가 아니었으므로 그와 관련된 사료도 적고, 그의 아들인 카네쯔구의 유

소년기에 대해서도 별로 알 수가 없다.

하지만 전해지는 이야기로는, 카네쯔구는 어릴 때부터 똑똑하고 미소년이었으며, 그것을 우에스기 켄신(上杉謙信, うえすぎ けんしん)의 누나인 센토인(仙洞院, せんとういん)이 마음에 들어 하여, 센토인의 아들이자 후에 우에스기 가문의 당주가 되는 우에스기 카게카쯔(上杉景勝, うえすぎ かげかつ)의 긴주(近習, きんじゅ-주군 옆에서 보좌하는 사람)로서 고용하였다고 한다.

카네쯔구가 19세 때에 우에스기 가문에 큰 사건이 일어났다. 이 당시 우에스기 가문의 당주는 「에치고의 용」으로 불렸던 우에스기 켄신으로, 그는 데도리가와 전투(手取川の戦い, てどりがわのたたかい)에서 오다 노부나가(織田信長, おだ のぶなが)를 물리치고 귀국했지만 갑자기 화장실에서 쓰러져 사망하게 되었다. 뇌졸중이란 설이 있지만, 요 근래의 연구로는 서제에서 복막염을 앓다가 죽었다고 한다. 켄신은 자식이 없어서, 누나의 아들인 카게카쯔, 인질로 온 호조 우지야스(北条氏康, ほうじょう うじやす)의 아들 카게토라(景虎, かげとら)를 양자로 삼았다.

그러나 켄신이 갑작스럽게 사망하였기에 후계자를 지명하지 못했다(뇌졸중으로 사망했으면 후계자를 지명하지 못했다는 것이 정설이고, 복막염이라면 후계자를 지명했다는 것이 정설이다). 그래서 두 아들 사이에서 서로 후계자가 되려고 전쟁이 시작되었고 이것이 오타테의 난(御館の乱, おたてのらん)이다. 켄신이 의식불명일 때 카네쯔구가 「주군! 후계자는 카게카쯔가 되는 것이 틀림이 없죠?…그렇습니까? 그럼, 그렇게 진행하겠습니다」라는 연극을 하며 가독을 잇게 했다는

속설도 있다. 왜 속설이냐면, 나오에 카네쯔구가 본격적으로 사료에 등장하는 것은 「오타테의 난」 이후이기 때문이다.

오타테의 난 발생지(御館の乱, おたてのらん)

게다가 아무리 똑똑하다고 하더라도 카게카쯔의 시종이며 19살의 어린 아이가 주군이자 당주의 임종 때에 옆에 있었다는 것은 말이 안 되기 때문이다. 드라마를 보면 이런 역할을 맡은 사람은 우에스기 가문의 집사이자 나오에 노부쯔나(直江信綱, なおえ のぶつな)의 아내인 오센(お船, おせん)이며 이것은 후세에 만들어진 창작이다.

켄신의 죽음 후, 카게카쯔는 바로 행동을 개시하였고, 유언을 바탕

으로 카스가야마성(春日山城, かすがやまじょう)의 본성을 점거했다. 성 안에서 카게카쯔파와 카게토라파의 공방이 벌어져 카게토라파의 무장 카키자끼 하루이에(柿崎晴家, かきざき はるいえ)가 사망했다. 공방의 결과, 카스가야마성에서 쫓겨난 카게토라는 전 관동관령 우에스기 노리마사(上杉憲政, うえすぎ のりまさ)에게 합류했다. 여기서 카게카즈는 아버지 켄신 대부터 오랫동안 적대시했던 타케다(武田, たけだ) 가문과 강화조약을 맺었다.

한편 카게토라는 친형인 호조 우지마사(北条氏政, ほうじょう うじまさ)에게 원군을 요청하였고, 그 요청에 따라 원군은 고즈께(上野, こうずけ)에서 에치고로 침입할 계획을 세웠지만 큰 눈이 내려 어쩔 수 없이 철군을 하였다. 그때까지 눈치를 보고 있던 가신들은 카게카쯔 지지로 돌아서기 시작하였다. 카게카쯔파는 카게토라파의 유력 무장인 키타조 카게히로(北条景広, きたじょう かげひろ)를 물리치고, 드디어 카게토라의 거점인 오타테(御館, おたて)로 총공격을 하였다. 화평을 하려고 했던 전 관동관령 우에스기 노리마사를 물리치고 겨우 오타테에서 탈출한 카게토라는 할복을 하였다.

가케카쯔는 저항을 계속하는 잔당들도 전부 정리하여 드디어 국내를 평정했다. 그러나 약 2년에 걸친 내전으로 우에스기 가문은 많은 가신들과 무장들, 지역 사무라이들이 사망을 하여 상처가 깊었다. 그래서 가신단을 재편하였고, 여기서 카네쯔구가 우에스기 가문에 등장한다. 카게카쯔는 자신의 시종이었던 카네쯔구에게 「소유하고 있는 배의 관세를 면제한다」고 통달했다. 당시의 물류는 동해(일본해)에서의 해운이 중요한 루트였다.

우에스기 가문의 영토였던 에치고는 동해를 면하고 있어서 니가타나 나오에쯔(直江津, なおえつ) 등 다수의 항을 가지고 있었다. 우에스기 가문은 켄신 때부터 항구를 이용해서 교토를 중심으로 교역사업을 전개하여 막대한 이익을 올리고 있었다. 카네쯔구는 섬유의 원재료를 수출하였기에 관세를 면제 받는다는 것은 큰 이익으로 연결되는 것이었다. 그리고 카네쯔구는 카게카쯔의 토리쯔기(取次, とりつぎ·비서)로 임명되었다.

이 당시, 당주에게 편지를 보낼 때는 당사자끼리 직접 하는 것이 아니고, 반드시 비서를 통해서 해야만 했다. 따라서 비서가 잘못 내용을 전달하거나 하면 큰 외교문제로 발전되는 경우가 많았기에 토리쯔기라는 직책은 실무능력이 뛰어난 무장이 아니면 맡을 수가 없었다. 얼마나 카네쯔구가 뛰어나며 우수한 인재였다는 것을 알 수 있고, 카게카쯔가 그만큼 그를 신뢰했다는 것을 엿볼 수 있다.

새로운 가신단을 꾸려서 나아가는 와중에 우에스기 가문에 사건이 일어났다. 오타테의 난에 대한 논공행상의 분쟁으로 중신인 야마자키 슈센(山崎秀仙, やまざき しゅうせん)과 나오에 노부쯔나(直江信綱, なおえ のぶつな)가 살해 당했다. 야마자키 슈센은 카네쯔구와 마찬가지로 비서였고, 나오에 노부쯔나는 집사였기에 카게카쯔는 중요한 정무담당자 두 사람을 동시에 잃어버렸다. 그러나 이 사건은 카네쯔구에게 있어서 새로운 전기가 되었다. 나오에 가문에는 후계자가 될 아들이 없었기에, 노부쯔나의 딸 「오센」을 연결하여 가문을 잇게 하려고 하였다. 그 데릴사위가 이번 사건으로 사망을 하였으

므로 집사인 나오에 가문이 단절될 위기에 처해 있었다.

그래서 카게카쯔는 카네쯔구를 미망인인 오센과 결혼을 시켰고, 카네쯔구는 나오에 가문의 데릴사위로서 가독을 계승,「히쿠찌 카네쯔구」에서「나오에 카네쯔구」가 되어 집사 역할도 맡게 되었다. 이 때 그의 나이 22세였다. 그러나 이 당시 우에스기 가문은 좀 힘든 상황이었다. 서쪽에서는 오다 노부나가 소속의 시바타 카쯔이에(柴田勝家, しばた かついえ) 등이 노토(能登, のと)・엣추(越中, えっちゅう-현재의 도야마현)로의 공격을 개시하였고, 가문의 내부에는 시바타 시게이에(新発田重家, しばた しげいえ)가 오다 노부나가 쪽과 내통을 하여, 카게카쯔가 정벌에 나섰지만 애를 먹었다. 그리고 동맹을 맺은 타케다 가문이 오다 가문에 의해 멸망을 하여, 시나노(信濃, しなの-현재 나가노현) 쪽에서도 오다 가문의 압박을 받게 되었다.

그래서 카게카쯔는 군사를 3등분하여 각 방면으로 향하게 했다. 그러나 이 때 혼노지의 변(本能寺の変, ほんのうじのへん)에 의해 노부나가가 사망하는 사건이 발생하였지만 정확한 정보가 우에스기 쪽에 전달되지 않았다. 하지만 혼노지의 변을 일으킨 아케치 미쯔히데(明智光秀, あけち みつひで)로부터 직접 카네쯔구에게 편지가 전달되었다. 그 내용은「같은 편이 되어 달라, 그러면 우에스기 가문에게는 최대의 포상을 하겠다」였다. 그러나 우에스기 가문은 특별한 반응을 보이지 않았다. 그리고 우에스기 영토로 향했던 오다의 군대가 철수를 하였기에 카게카쯔는 목표를 북쪽의 시나노로 정하고, 카이쯔성(海津城, かいづじょう)을 탈환했다. 카게카쯔는 여기에 더해 공백지대

가 된 타케다 영지를 흡수할 목적으로 움직였지만 그 영토를 노린 것은 그만이 아니었다.

카이쯔성(海津城, かいづじょう)

혼노지의 변 이후, 미카와노쿠니(三河国, みかわのくに-현재의 아이치현 동부)로 돌아온 도쿠가와 이에야스, 관동의 호조 우지마사・우지나오 부자, 그리고 카게카쯔에 의한 타케다 영지를 둘러싼 텐쇼진고의 난(天正壬午の乱, てんしょうじんごのらん)이 발발하였다. 이 전쟁은 사나다 마사유키(真田昌幸, さなだ まさゆき) 때에 일어났고, 마사유키가 어부지리로 땅을 차지하였으며 우에스기 가문은 북쪽 시나노의 일부를 손에 넣는데 성공했다. 혼노지의 변 후, 아케치

미쯔히데를 토벌하며, 시바타 카쯔이에와 싸우기 시작한 도요토미 히데요시와 접촉을 하였다.

　　여러 가지 교섭을 한 결과, 엣추를 히데요시에게 주고, 적대중인 삿사 나리마사(佐々成政, さっさ なりまさ)와의 사이에 완충지로 삼기로 합의하였다. 우선 외부문제를 해결한 카게카쯔는 아직 저항을 계속하고 있던 시바타 시게이에의 토벌에 나섰다. 여기서 카네쯔구가 활약을 하는데, 시바타 시게이에를 지원하는 아시나(蘆名, あしな)를 회유, 그리고 그를 돕는 지역 사무라이들에게도 보상을 약속하며 배신을 하게 하였다.

　　그럼에도 불구하고 시바타 시게이에는 끈질기게 저항을 계속하였다. 이 진압 과정에서, 활약을 한 조조 마사시게(上条政繁, じょうじょう まさしげ)라는 무장이 카네쯔구를 자신의 부하로 삼고 싶다고 카게카쯔에게 말했다. 우에스기 가문의 모든 일을 담당하고 있는 카네쯔구에게 왜 이런 제안을 했냐고 하면, 나오에 가문의 데릴사위라고는 해도, 원래는 보잘것없는 가문의 자식이었기에 잘 나가는 카네쯔구에게 질투를 하였고, 또 다른 이유로는 이 시기에 사료에 나타나는 카네쯔구의 활약은 거의 비서와 외교문제와 관련된 것이었다. 무관으로서 활약을 하고 있는 조조 마사시게의 입장에서는 카네쯔구가 중용되는 것이 마음에 들지 않았던 것이다.

　　이 요구에 대해서 카게카쯔는 「카네쯔구는 모든 안건을 잘 처리하고 있다. 너의 부하로 삼다니, 말도 안 되는 소리!」라고 하며 오히려 조조 마사시게를 파면해버렸다. 그 후, 카네쯔구는 카게카쯔를 따라 교토로 가서, 오

사카성에서 관백(関白, かんぱく-천황을 보좌하는 역)으로 취임한 도요토미 히데요시를 알현했다. 회견의 내용에 대해서는 알려지지 않았으나, 대체적으로 호조와의 문제나 시바타 시게이에 관한 문제가 아닐까 라고 생각된다.

이 후, 카게카쯔와 카네쯔구는 재차 시바타 시게이에의 토벌에 나섰다. 그러나 격렬한 저항 때문에 시바타 시게이에의 본거지인 시바타성을 함락하는데 실패를 했다. 여기서 히데요시가 사자를 보내 두 사람 간의 화평에 나섰다. 그러나 이 무렵 도쿠가와 이에야스가 히데요시에게 복종을 하자, 근심거리가 없어진 히데요시는 일변하며 시바타 시게이에의 정벌을 허락했다. 카게카쯔와 카네쯔구는 군량미가 보급되는 길을 차단하면서 시바타 시게이에와 재차 맞붙어 승리를 거두었고, 시바타는 사망을 했다.

이것으로 7년에 걸친 시바타 시게이에의 반란은 진압되었고 우에스기 가문은 평온을 되찾았으며 이 후, 두 사람은 교토로 가서 관위를 받았다. 귀국 후, 카게카쯔는 모가미 요시아끼(最上義光, もがみ よしあき)와 다이호지 요시카쯔(大宝寺義勝, だいほうじ よしかつ)와의 쇼나이(庄内, しょうない)에서의 영토문제 소송에 대응하며, 다이호지 요시카쯔의 편의를 봐주었다. 이 소송은 우에스기 가문이 노골적으로 편을 든 다이호지 측이 승소를 하였고, 모가미 요시아끼는 이번 일로 우에스기 가문에 원한을 품게 되었다.

이 영토문제가 해결되자, 카게카쯔는 사도(佐渡, さど)정벌에 나섰다. 며칠만에 사도를 평정하고, 카네쯔구는 사후 처리에 들어가서, 난폭랑자(乱暴狼藉, 질서를 헤치는 언동) 금지, 대나무와 나무의 벌채 금지, 절이나 신사의 영토

는 당주의 것이라는 등 맡겨진 일을 척척 해 나갔다.

　　이 무렵에 사나다 마사유키(真田昌幸, さなだ まさゆき)와 영토문제로 다투고 있던 호조의 정벌을 히데요시가 결정하여 오다와라 정벌(小田原征伐, おだわらせいばつ)이 시작되었다. 카네쯔구도 카게카쯔와 같이 출진하여, 마에다 도시이에(前田利家, まえだ としいえ)와 함께 미노와성(箕輪城, みのわじょう)과 하찌오지성(八王子城, はちおうじじょう)을 함락했다. 그 외의 오다와라 정벌은 도요토미 히데요시가 천하통일을 한 전투이기에 여러 페이지에서 상세히 설명해 두었으니 참고하기 바란다.

　　이 당시의 카네쯔구와 관련된 일화가 남아 있는데 히데요시가 카네쯔구를 불러「오다와라성은 참으로 견고하군. 바로 함락될 것 같지가 않아. 내년에 한번 더 원정을 해야겠어」라고 하자「확실히 많은 군사로 농성을 하고 있으니 손쉽게 낙성이 되지는 않을 겁니다. 그러나 호조 우지마사는 그렇게 똑똑한 인물이 아니고 가신 중에도 대단한 무장은 없습니다. 대군이라고는 해도 저희와 비할 바가 아니며, 히데요시 주군의 책략에도 못 따라옵니다. 이 상태로 천천히 공격하면 금방 함락될 겁니다」라고 대답을 했다.

　　이 말을 들은 히데요시는 기분이 좋아져서 카네쯔구에게 포상을 했다고 한다. 하지만, 이 당시 우에스기군은 오시성(忍城, おしじょう)을 공격하고 있었기에 이 에피소드는 창작일 가능성이 크다. 오다와라 정벌 후, 무장봉기를 일으킨 죄를 물어 다이호지 요시카쯔의 영토 쇼나이는 몰수당했다.

카게카쯔는 히데요시로부터 무장들에 대한 처벌을 명 받아, 각 영지에 중신들을 배치하였고 최종적으로 쇼나이는 카네쯔구가 통치를 위임받았다. 이 때 우에스기 가문의 영토는 합계 90만석을 넘었고 덕분에 카네쯔구도 엄청난 힘을 가지게 되었다. 그리고 이 후, 구노헤 마사자네(九戶政実, くのへ まさざね)의 난의 진압을 거쳐 히데요시는 마침내 천하통일의 꿈을 이루었다.

대륙진출의 야심을 가졌던 히데요시는 조선으로 출병할 것을 정하며, 전국의 다이묘에게 동원령을 내렸다. 카네쯔구도 카게카쯔를 따라 비젠코쿠(備前国, びぜんこく-현재의 오카야마현 남동부) 나고야성 (名護屋城, なごやじょう)으로 출진했다. 출진하는 길에서 도쿠가와 이에야스와 카네쯔구에 관한 이런 일화가 남아 있다. 히로시마에 도착한 이에야스가 숙소의 2층에서 카게카쯔의 가신이 지나가고 있는 것을 발견했다. 그 가신은 예전에 이에야스를 모셨던 사람이고 이에야스와의 문답이다.

  이에야스 「너 말이야, 카게카쯔에게 너의 의견을 말 할 수 있어?」
  가신 「아뇨, 할 수 있을 리가 없지 않습니까?」
  이에야스 「그래? 그럼 카네쯔구라면 어떨까?」
  가신 「아, 카네쯔구 님이라면 가능하죠」
  이에야스 「실은 카게카쯔와 마에다 도시이에가 히로시마에서 나올 때에 언쟁이 있었던 것 같은데, 큰 일이 생기지 않도록 카네쯔구가 카게카쯔에게 말을 잘 해주도록 해 주지 않을래?」

그 말을 들은 카네쯔구는 즉시 카게카쯔를 설득하여 문제를 해결했다고 한다. 카네쯔구는 정보를 준 감사의 인사를 하러 이에야스에게 가서

    카네쯔구 「주군인 카게카쯔 님도 부를까요?」

    이에야스 「그럴 필요는 없어. 지금 히로시마에는 나를 포함해서 대장급이 3명 있지? 그 중 도시이에가 제일 먼저 출진을 하면, 카게카쯔가 화를 내며 도시이에에게 시비를 걸 거라는 소문을 들었어. 그래서 그런 시시한 싸움은 그만두기를 바라는 마음에서…」

결과적으로 카네쯔구와 이에야스의 멋진 콤비로 분쟁을 피했다.

나고야성에 도착한 두 사람이었지만 오다와라 정벌, 오슈(奧州, おうしゅう-일본 동북부, 후쿠시마·미야기·이와테·아오모리·아키다현의 일부)의 처벌을 행한 후의 조선 출병이니 상당히 피로한 상태였다. 그러한 것을 고려하여 우에스기군은 예비군으로 편성되었지만 언제 출진 명령이 내릴지 모르는 상태로 약 1년을 대기하였기에 상당히 스트레스가 쌓였다. 그 후, 겨우 도항명령이 내려져 조선으로 갔지만 전투에는 참가하지 않았고, 카게카쯔는 성의 건설, 카네쯔구는 물자의 운반 등 병참업무에 종사를 하였다.

이 때도 카네쯔구다운 에피소드가 남아 있다. 나고야성에서 대기하던 중, 카네쯔구는 한적(漢籍-한문으로 쓰여진 중국관련 책) 3백권의 필사를 명 받았다. 그리고 도항 후, 모든 무장들이 전리품으로서 재화와 보물을 들고 돌아가려고 하자 카네쯔구만은 「종판사기」나 「종판한서」 등의 귀중한 서적이

전화로 잃어버리는 것을 아까워하며, 몰래 모았다고 한다. 실제로 그러한 책을 들고 돌아오지는 않았고, 난카겐꼬(南化玄興, なんかげんこう)라는 스님으로부터 카네쯔구에게 전해졌다고 한다. 현재 「종판사기」는 국보로 지정되어 있고 우에스기군은 3개월 정도 머물고 조선에서 돌아왔다.

그러나 우에스기를 비롯한 조금 빨리 귀국한 동국지방의 다이묘들은 히데요시로부터 건축사업을 명 받았다. 우에스기군은 후시미성(伏見城, ふしみじょう)의 해자(수로)를 할당 받아 카네쯔구가 그 지휘를 맡았다. 그리고 에치고와 사도의 금광 조사, 우에스기 영토 내에서의 논밭의 측량과 수확량의 예측, 교토의 후시 미에 있는 카게카쯔의 저택 공사, 후시미성의 보수공사 감독, 카스가야마성의 보수공사에도 관여했다. 이 무렵에 카네쯔구는 우에스기 가문의 모든 정무에 관여를 하였기에 카네쯔구가 없으면 우에스기 가문은 아무 일도 할 수 없는 상태였다. 봉토(무사에게 지급되던 영토)도 5만4천석으로 상승하여, 우에스기 가신 중에는 단연 최고였다.

나오에 카네쯔구의 갑옷

이 무렵 중앙에는 오대로(五大老, ごたいろ-말기의 도요토미 정권의 정무에 임한 5명의 다이묘)와 오봉행(五奉行, ごぶぎょう-말기의 도요토미 정권의 실무에 임한 5명의 정치가) 제도가 시작되었고 다른 대로(大老-쇼군을 보좌하는 최고위직)가 히데요시의 친인척인 사람이 임명된 것에 반해 카네쯔구의 주군인 카게카쯔는 유일하게 핏줄이 섞이지 않은 대로였다. 여기서 우에스기 가문에 있어서 큰 전기가 찾아왔다. 이 무렵 아이즈(会津, あいづ-현재의 후쿠시마현)를 중심으로 92만석을 영유하고 있는 대 다이묘인 가모 우지사토(蒲生氏郷, がもう うじさと)가 사망을 하였다.

그의 사망 후, 가모 가문에는 내분이 발생하였고, 히데요시는 가모 우지사토의 장남 가모 히데유키(蒲生秀行, がもう ひでゆき)에게 책임을 물어 우쯔노미야(宇都宮, うつのみや-현재의 도치기현) 19만석으로 큰 감봉을 명령했다. 그리고 빈 아이즈번에 우에스기 가문이 들어가도록 명령을 했다. 약 90만석에서 120만석으로 대폭적인 증가였지만 카게카쯔 입장에서는, 다스리는 영지가 증가했기에 기쁜 일이라고 생각할 수는 있으나 선조 대대로 2백년이나 있었던 에치고에서 아이즈로 옮기는 것에 대해서는 완전히 납득하기는 어려웠을 것이다. 그리고 아이즈번은 자주 영주가 바뀌었기에 통치가 어려운 점도 있었다. 히데요시는 그만큼 우에스기 가문에 대한 믿음을 가지고 있었다. 카게카쯔는 마지못해 수령을 하고 아이즈로 갔으며 덩달아 카네쯔구도 6만석을 받았는데 일설로는 요네자와(米沢, よねざわ)의 3십만석을 받았다는 말도 있다. 아무튼 카네쯔구는 겉으로 보기에는 6만석이지만 실제로

는 훨씬 많은 녹봉을 받았을 거로 예상된다. 카게카쯔와 카네쯔구는 아이즈에서 열심히 영토경영을 하는 중에, 도요토미 히데요시가 사망하는 사건이 발생했다.

　　우에스기 가문이 아이즈로 옮기고 난 7개월 후의 일이었다. 여기서 도요토미 정권은 히데요시의 유언대로 오대로와 오봉행에 의한 합의제로 운영되지만 여러 수완을 발휘한 도쿠가와 이에요시의 영향력이 가장 컸다. 많은 장애물도 있었지만 그 중 가장 큰 라이벌이었던 마에다 도시이에가 사망해 버렸다. 오봉행 중 한 명인 이시다 미쯔나리는, 조선으로의 출병 때, 밉살스러운 행동을 하여, 전선에 싸우고 있었던 무장들로부터 원한을 샀다. 그 후 후쿠시마 마사노리(福島正則, ふくしま まさのり), 쿠로다 나가마사(黒田長政, くろだ ながまさ) 등 7명의 무장에 의한 습격사건으로 발전했다.

　　이것으로 미쯔나리는 도요토미 정권에서 퇴출되었다. 그리고 이에야스는 도시이에가 사망한 후, 마에다 가문이 자신을 암살하려고 했던 사건에 관여되어 있다고 하는 혐의로 마에다 정벌을 계획하지만 마에다 가문은 도시이에의 아내 호슌인(芳春院, ほうしゅんいん)을 인질로 내며 이에야스에게 복종하였다. 이 당시 우에스기 가문은 아이즈에서 영토경영과 군비에 몰두하고 있었다. 본거지였던 아이즈 구로가와성(黒川城, くろかわじょう)은 좁았기에 새로운 성의 건설을 진행했다. 그리고 커진 영토에 대한 인원의 보충을 위해 로닌(浪人, ろうにん-면직되거나 주군을 잃은 무사)들의 고용도 진행해 갔다. 그 중에는 전설적인 가부끼모노(傾奇者, かぶきもの-색다르고 화려한 차림을 하여 남의 눈을 끄는 언동을 일삼던 사람) 마에다 케이지(前田慶次, まえだ けいじ)도 있었다. 동시에 우에스기 영내의 각 지역에서 도로의 정비도 시작했다.

실은 아이즈는 여러 곳에서 침략을 받기 쉬운 지형이어서 수비를 하는데 상당히 불리한 측면이 있었기에 이러한 공사와 정비를 하였다. 하지만 이런 일련의 움직임에 이에야스는 불안감을 느꼈다. 그래서 이러한 정비를 하는 진의에 대해 8개 조항이 적혀 있는 문서를 카네쯔구에게 건넸다. 그 8개조항을 간단히 설명하자면, 「반란의 의지가 없다면 기청문 '신불(神佛)에게 서약하고, 어기면 벌을 받겠다는 서약문' 을 제출해라. 마에다 가문은 혐의를 벗기 위해서 인질을 냈다. 그리고 즉시 교토로 와서 해명을 해라는 등. 이번 일은 우에스기 가문의 존망과 관련된 것이니 잘 생각해서 대답해라」 는 것이었다. 다분히 협박을 하는 듯한 문서였다. 그리고 성의 축성에 대해서는 사전에 이에야스의 아들 히데타다(秀忠, ひでただ)를 통해서 이에야

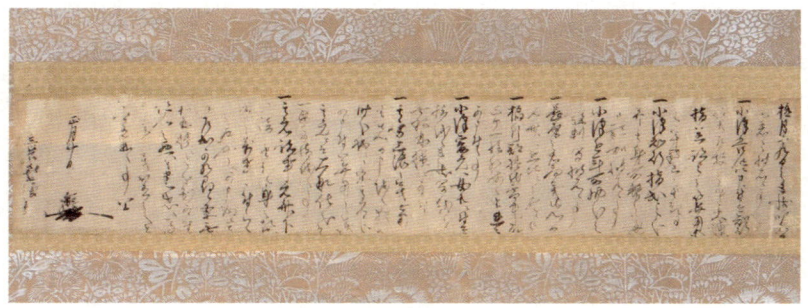

나오에의 서장(海津城, かいづじょう)

스에게 양해도 구했음에도 이러한 문서를 보낸 것이다.

우에스기 가문의 내부에서는 예전의 마에다 가문의 건도 있으니, 혹시 이에야스가 시비를 걸면 그 나름대로 대응을 한다는 이야기가 나왔다. 이것에 대한 카네쯔구의 대답은 세키가하라 전투의 방아쇠가 된 「나오에의 서장(直江状)」이었다. 이것은 6개조나 되는 상당히 긴 문서인데 요점을 간추려서 설명하자면,

「뭔가 여러 가지 소문이 흐르고 있는 것 같지만, 이에야스 님이 그것을 의심하는 것은 어쩔 수 없다고 생각합니다. 저희 주군 카게카쯔의 상경에 대해서 이래저래 말씀을 하시는 것 같은데, 재작년에 영지를 바꾼 이후, 만사를 제쳐 두고 상경을 하면 영지 관리는 어떻게 합니까? 저희 영지는 雪國(설국)이어서 10월부터 3월에 걸쳐서는 움직일 수가 없습니다. 상경할 수 없는 사정이 있었던 것입니다. 모반을 일으킬 마음이 없다면 서약서를 제출하라고 하셨는데, 작년에 제출한 서약서를 휴지로 만들었죠? 그런데도 또 제출하라고 합니까? 무기를 모으고 있다고 하셨는데, 그것은 무사로서는 당연한 일입니다. 킨키(近畿, きんき-혼슈의 중서부의 5개 현과 2개의 부) 지방의 무사가 차 도구를 모으는 것과 다르지 않습니다. 촌구석 무사의 취미입니다. 길이나 다리를 정비하는 것도 같은 것입니다. 모반을 일으킬 마음이 있다면 그 주변에 해자(수로)를 파서 길을 막는 방비를 하겠죠.

저희 영주 카게카쯔는 모반을 일으킬 마음은 추호도 없습니다. 이에야스 님을 꼬드기는 자의 말만 믿고 저희가 모반을 계획하고 있다고 말씀하신다면 참을 수가 없습니다. 우선 이에야스 님을 꼬드긴 자를 심문해야죠. 그것을 하지 않는다니 뭔가 계획을 짜고 있는 것은 오히려 이에야스 님 쪽이라고 생각됩니다. 여하튼 그 밀고자의 심문이 끝날 때까지 저희 영주 카쯔카게는 상경할 마음은 없습니다.

이런 상황에서 상경을 하면, 모반을 도모할 마음이 있었기에 변명을 하러 왔다고 세상에 알려질 지도 모릅니다. 오히려 저희로서는 상경을 못하도록 누군가 꾸미고 있다는 느낌입니다. 다시 한번 말씀드리자면, 저희는 모반을 일으킬 마음이 추호도 없습니다. 도저히 믿을 수가 없다고 하신다면 저희도 어쩔 수가 없습니다. 저희는 이미 본심을 다 털어놓았습니다」였고 완전 돌직구였다.

　자신들에게는 책임이 없는 것을 주장하면서 이에야스에게 책임을 전가하고 있는 것이다. 보통의 외교문서는 완곡한 표현을 사용하지만 이 「나오에의 서장」은 너무나 직설적이어서 가짜가 아닌가 라는 이야기도 있다. 현재 진본은 남아 있지 않고 필사본만 여러 개 있다. 그 필사본을 조사한 결과, 각각 내용이 조금씩 달라서, 후에 손을 댄 것으로 추정된다. 「나오에의 서장」의 진위는 어쨌든 간에 이에야스는 상경하지 않은 카게카쯔에게 화가 나서 아이즈 정벌을 결정했다.

오사카에서 출진한 이에야스가 이끄는 약 6만명의 대군은 에도에 도착하여, 잠시 군의 재편성을 하고 아이즈로 향했다. 그리고 북쪽 방면에서 호리 히데하루(堀秀治, ほり ひではる)와 마에다 도시이에(前田利家, まえだ としいえ), 동북쪽에서는 다테 마사무네(伊達政宗, だて まさむね)와 모가미 요시아끼(最上義光, もがみ よしあき), 히타치(常陸國, ひたち-현재의 이바라기현의 남서부를 제외한 지역)에서 사타케 요시노부(佐竹義宣, さたけ よしのぶ) 등, 사방팔방에서 진격해 왔고 총 10만을 넘는 대군이었다.

카네쯔구는 영내 각 지역의 방어체제를 강화하고, 카네쯔구도 5만의 군사를 이끌고 와카마쯔성(若松城, わかまつじょう)에서 출진했지만 여기서 이에야스에게 경천동지할 정보가 들어왔다. 교토 부근에서 이시다 미쯔나리가 거병을 하였고, 미쯔나리에게 찬동하는 군세는 10만을 넘는다는 것이었다. 그리고 이 때 이에야스에 대한 탄핵장, 「도쿠가와 이에야스가 잘못한 13개 조항(內府ちかひの条々)」이 각지에 뿌려졌는데, 이 조항 때문에 이에야스가 아이즈를 정벌하는 정당성이 사라지고, 도요토미 정권에 대한 역적 취급을 받았다. 졸지에 처지가 역전된 것이다.

아이즈 정벌에 나섰던 다테 마사무네, 모가미 요시아끼는 즉시 상황을 파악하려고 돌아다녔다. 이런 상황이었기에 이에야스는 아이즈 정벌을 중지하고 급히 에도로 철수를 했다. 여기서 카게카쯔와 카네쯔구는 새로운 계획을 세웠고, 이대로 이에야스를 추격하여 관동에서 격퇴한다는 것이었다. 우에스기군이 관동으로 쳐들어오면 이에야스는 미쯔나리에 대한 대응을 할 수 없게 된다.

그러나 이 작전은 위험부담도 컸다. 바로 다테 마사무네와 모가미 요시아끼의 존재이다. 관동으로 쳐들어갔을 때, 이들이 아이즈로 공격해 오면 속수무책이었던 것이다. 게다가 이에야스군도 철수를 하면서, 만일을 위해 각 지역에 성채를 만들어 두었다. 그러하였기에 두 사람의 마지막 선택은 이에야스의 공격을 포기하는 것이었다. 역시 다테 마사무네와 모가미 요시아끼의 존재감이 컸다. 그래서 이 두 사람을 설득하든가 항복을 시키든가 하여 함께 관동을 공격하는 편이 이득이라고 생각을 했고 교토 부근에서 미쯔나리가 대군을 모았다고 해도, 하루 아침에 결착이 나지 않을 거라는 생각도 했다.

그래서 우선 군사의 규모가 작은 모가미 요시아끼에게 접근을 하였고, 그는 동의를 한다는 냄새를 풍기면서 선뜻 그 의사를 명확히 하지 않았다. 화가 치밀어 오른 카게카쯔는 카네쯔구에게 2만의 병사를 주어 모가미 영토로 공격을 하게 했다. 공격은 순조롭게 진행되어 모기미의 중요거점인 하세도성(長谷堂城, はせどうじょう)을 포위했다. 성을 지키는 사람은 모가미의 가신 시무라 아키야스(志村光安, しむら あきやす) 이하 약 2천명의 군사였고 북쪽의 세키가하라 전투라고 할 만큼의 일전이었다. 바로 하세도성 전투(長谷堂城の戰い, はせどうじょうのたたかい)의 시작이다. 우에스기군은 10배의 병력으로 하세도성을 포위하며 공격을 감행했지만 좀처럼 함락하지 못했다.

병력의 규모는 작지만 다테 마사무네와 자웅을 겨루었던 전적이 있을 정도로 모가미 요시아끼는 보통이 아니었다. 그리고 모가미는 이런 상황을 미리 예측을 하고 사전에 하세도성의 보수 공사를 하여, 철옹성으로 만들어 두었다. 모가미군은 우에스기의 대군을 총과 활로 방어를 하였고, 야마가타에서 원군을 온 복병이 우에스기군의 측면을 쳐서 우에스기군은 엄청난 피해를 입었다. 사실 모가미는 다테 마사무네의 삼촌이다. 카네쯔구는 3번의 공격을 감행했지만 결국 실패를 하였다.

여기서 카네쯔구가 전혀 예상하지도 못한 정보가 들어왔는데, 세키가하라 전투에서 미쯔나리가 패했다는 것이다. 그것도 반나절만에. 그래서 전투를 계속하는 것은 의미가 없다고 생각한 카네쯔구는 카게카쯔에게 명

기타메성(北目城, きためじょう) 흔적지

을 받고 철수를 했다. 그리고 이 정보는 야마가타성에 있던 모가미, 기타메 성(北目城, きためじょう)에 있었던 다테 마사무네에게도 전해졌다. 카네쯔구는 전 군을 13대 소대로 나누어 당일 새벽에 철수를 개시했다. 그러나 모가미는 다테 마사무네의 원군과 함께 카네쯔구를 추격했다.

하지만 마에다 케이지(前田慶次, まえだ けいじ)를 비롯한 후미를 담당하는 부대가 분전하였고, 조총부대의 사격에 의해 모가미가 저격당하는 등, 모가미·다테 연합군도 큰 피해를 입었다. 카네쯔구군은 겨우 적의 추격을 따돌리고 요네자와성으로 되돌아왔다. 후에, 이 철수전에서 카네쯔구가 보여줬던 멋진 실력과 전술을 도쿠가와 이에야스와 직접 싸웠던 모가미가 칭찬을 했다는 이야기가 남아 있다.

카네쯔구는 무사히 철수를 하였지만, 우에스기군은 서군으로 참가하였기에 거기에 대한 처벌이 기다리고 있었다. 이 후 다테 마사무네가 몇 번이나 우에스기군을 공격했지만 전부 물리쳤다. 세키가하라 전투 한달 후, 이에야스로부터 전쟁 정지와 화평을 하자는 타진이 왔다. 서군의 총대장인 모리 테루모토(毛利輝元, もうり てるもと)가 패전의 책임을 물어 크게 감봉이 되었다는 소식도 있었기에 가신들 중에는 이에야스에 맞서 철저하게 항전을 계속 해야 한다는 의견도 있었지만 카게카쯔와 카게쯔구는 화평을 결심하고 항전을 주장하는 가신들을 설득하였다.

그리고 상경을 하여 어린 도요토미 히데요리(豊臣秀頼, とよとみ ひでより), 그리고 이에야스와 회견을 했다. 이에야스는 카게카쯔의 사죄를 받아들였

고, 아이즈의 120만석에서 요네자와 30만석이라는, 모리 데루모토와 버금가는 큰 감봉을 명령했다. 지금까지의 경위를 생각하면 오히려 멸문지화를 당하지 않았던 것이 다행일 정도였다. 우에스기 가문의 영지가 4분의 1로 감봉되었음에도 가신들의 봉급은 3분1만 감액을 했다. 완전 적자였지만 그것을 보충하기 위해 카게쯔구는 본인의 봉급이었던 6만석을 만석으로 줄였고, 또 만석 중 5천석을 자신의 배하에 있던 부하들에게 나누어 주었다. 그러나 실질적으로는 3만석 정도는 가지고 있지 않았을까 라는 이야기도 있다.

요네자와로 옮긴 이후, 카네쯔구는 큰 폭으로 줄어든 우에스기 가문의 수입을 증가시키기 위해, 논밭을 새로 일구고, 치수사업을 감행하였다. 그리고 성하 마을을 정비하고, 식산산업이나 광산의 개발을 추진, 30만석이었던 우에스기 가문을 50만석으로 끌어올리는데 성공하였다. 그리고 후계자가 없었던 카네쯔구는 이에야스의 측근 혼다 마사노부(本多正信, ほんだ まさのぶ)로부터 그의 차남 마사시게(政重, まさしげ)를 양자로 들여 도쿠가와 가문과의 관계개선을 도모했다. 그런 인연이 있었던 이유인지, 혼다 마사노부의 중재로 10만석의 군역을 면제받는 등, 편의를 받았다.

그러나 여러 가지 이유로 양자를 파기하였다. 카네쯔구는 이후 오사카 전투(大阪の陣)에도 참전하였고, 우에스기군은 시기노 전투(鴫野の戦い, しぎののたたかい)에서 대활약을 했다. 오사카 전투에서 도요토미 가문이 멸망하고, 도쿠가와의 세상이 된 다음 해의 12월경에 카네쯔구는 몸상태가 나빠져,

요네자와번의 에도 저택에서 죽었다. 향년 60세. 이 해의 카네쯔구의 동향에 대해서는 사료에는 명확히 나와 있지 않다. 자기보다도 5살 어린 카네쯔구의 죽음에 주군인 카게카쯔는 크게 낙담을 하였고, 막부로부터도 조의금으로 은 50매가 보내졌다. 카네쯔구와 관련된 에피소드는 많이 남아 있지는 않다.

그리고 우에스기 가문이 크게 감봉을 당했을 때는 간신이라는 평가도 있었다. 아들이 없었던 카네쯔구는 양자를 들이기도 하였지만 도망가 버려, 카네쯔구의 죽음으로 나오에 가문은 단절되었다. 우에스기 가문에서 아주 잘나가던 인물이었기에 질투도 많이 받았다. 그러나 에도 중기 요네자와번의 슈퍼 명군인 우에스기 요잔(上杉鷹山, うえすぎ ようざん)이 번의 정치개혁을 할 때, 카네쯔구의 번정을 참고로 했기에 카네쯔구는 재평가되었다.

이에야스도 카네쯔구의 박학다식과 수많은 책을 보유하고 있는 것에 놀라서 가끔씩 책을 빌리기도 하였다고 한다. 일반적으로 전국시대 무장이라고 하면 정치가 타입보다도 사무라이 타입을 연상하지만, 카네쯔구를 좋아하는 팬들도 상당히 많다.

## 3명의 천하인을 모신 군사(軍師)
### 쿠로다 간베에(黒田官兵衛, くろだ かんべえ)

희대의 전략가이고 지장(知将)이었다. 전국시대에 이름을 빛낸 군사(軍師) 쿠로다 간베에(黒田官兵衛, くろだ かんべえ). 전란 속에서 태어나 오다 노부나가(織田信長, おだ のぶなが)・도요토미 히데요시(豊臣秀吉, とよとみ ひでよし)・도쿠가와 이에야스(徳川家康, とくがわ いえやす)를 모셨던 그는 비슷한 사례를 볼 수 없는 견식과 지략을 구사하여 수많은 전투에서 승리를 거두었고, 나중에 세 명의 영웅호걸을 천하를 통일한 인물로 만들었지만 결코 역사의 중심이 된 적은 없다. 세 명의 영웅호걸에게 사랑을 받았던 그에 대해서 알아보자.

1546년 11월 29일에 하리마노쿠니(播磨国, はりまのくに-현재의 효고현 서남부) 히메지성(姫路城, ひめじじょう) 대리(성주를 대신해서 성을 지키는 사람)의 장남으로 태어났고 아명은 만키찌(万吉, まんきち)이다. 쿠로다 가문은 할아버지 쿠로다 시게타까(黒田重隆, くろだ しげたか) 대에 비젠(備前, びぜん-현재의 오카야마현 남동부)으로 이주하였고, 그 후 「하리마노쿠니」로 옮겨 정착하였다. 그리고 안약을 제조

하여 얻은 이익을 저금리로 빌려주어 부를 쌓았다. 서쪽 하리마 최대의 다이묘인 고차꾸(御着, ごちゃく) 성주 고데라 마사모토(小寺政職, こでら まさもと)를 섬겼던 간베에의 할아버지「시게타까」는 가로(家老, 가신 중의 최고위직)로 올라가, 후에 히메지성 대리가 되었다.

1545년 아버지 쿠로다 모토다까(黒田職隆, くろだ もとたか)는 당주・고데라 마사모토의 양녀(아까시성 성주・아까시 소와의 딸) 오이와(お岩, おいわ)와 결혼하였고, 그것을 계기로「고데라」라는 성을 받아 고데라 모토다까(小寺職隆, こでら もとたか)로 개명하였다. 간베에는 아버지의 두터운 신임을 받아, 아버지를 이어 히메지성의 대리가 되었다.

유소년기의 간베에는, 가도(歌道)에 정통한 어머니「오이와」와「도요토미 히데요시」의 다회에 초대를 받을 정도의 다인(茶人)인 삼촌・쿠로다 큐무(黒田休夢, くろだ きゅうむ) 등, 이런 집안 환경에서 자랐기에 연가(連歌, れんが-두 사람 이상이 和歌의 상구와 하구를 서로 번갈아 읽어 나가는 형식의 노래)나 겐지모노가타리(源氏物語, げんじものがたり-헤이안 시대의 궁중생활을 묘사한 총 54권의 장편소설)를 애독하는 등, 교양미가 넘쳤다. 어머니가 14세 때에 죽자, 슬픔과 외로움에 빠져 더 한층 무예와 학문에 몰두하였다.

이 무렵에 익힌 지식이, 후의 군사로서의 토대가 되었고 전쟁 중에도 노래와 차를 즐기는 여유를 보였다.

1562년 16세 때,「고데라 마사모토」를 측근에서 모시는 신하가 되었고, 다음해 17세에 아버지와 함께 토호세력을 정벌하여 첫 출진을 멋진

승리로 장식하였다. 첫 출진을 승리한 후, 무장의 재능과 가신에 대한 배려심도 있다는 평판이 주변에 번져 나갔다. 그러자 간베에의 됨됨이를 알고 그를 따르려는 사람들도 나타났으며 가장 먼저 따랐던 사람이 그 당시 15세였던 쿠리야마 젠스케(栗山善助, くりやま ぜんすけ)이다.

그는 쿠로다 가문의 번영을 확신하며 간베에를 모시고 싶다고 하자 간베에는 「이렇게 사리를 분별하는 사람을 원했다」고 하며 흔쾌히 받아들였다. 후의 쿠로다24기(黒田二十四騎, くろたにじゅうよんき-쿠로다 가신 중 정예멤버 24명) 중 1번 기수는 이렇게 탄생하였다. 이 무렵 아버지를 이어, 「고데라」 성을 받아 고데라 간베에(小寺官兵衛, こでら かんべえ)로 개명하였다. 장래가 촉망되는 간베에였지만 여기서 어떤 사건이 발생하였다.

「하리마노쿠니」는 수호대리직 아카마쯔(赤松, あかまつ)의 내분을 계기로 국가가 이등분되었다. 1564년, 「모토다까」의 양녀이고, 간베에의 누나(혹은 여동생이라는 설도 있다)인 딸이 당시에 동맹관계였던 우라가미 마사무네(浦上政宗, うらがみ まさむね)의 아들 우라가미 기요무네(浦上清宗, うらがみ きよむね)에게 시집을 갔다. 그 혼례 당일, 한창 연회를 벌이는 도중에, 할아버지의 예전의 주군이며 우라가미 가문과 대립했던 니시하리마 수호대리직인 아카마쯔 마사히데(赤松政秀, あかまつ まさひで)에게 기습을 당해, 우라가미 부자와 시집을 간 딸도 살해당했다. 친척이 무참하게 살해당하자, 간베에는 아버지와 함께 아카마쯔 마사히데와 심하게 대립하였다.

그리고 1567년 아버지에게 가독을 물려받고, 고데라 가문의 가로직

도 이어받았다. 고데라 마사모토의 조카 데루히메(光姫, てるひめ)를 정실로 삼고, 하리마국의 히메지성 대리가 되었다. 1568년 12월 3일, 장남 쇼주마루(松寿丸, しょうじゅまる), 후의 쿠로다 나가마사(黒田長政, くろだ ながまさ)가 태어났다.

쿠로다 간베에가 군사로서 두각을 나타내기 전의 전투에 대해서 알아보자. 1569년 5월, 「아카마쯔 마사히데」가 히메지성의 공격을 개시했다. 아카마쯔군은 벳쇼 야스하루(別所安治, べっしょ やすはる)와 우키타 나오이에(宇喜多直家, うきた なおいえ) 등의 지원을 받아 3천명의 군사를 보냈다. 거기에 비해 쿠로다군은 단 3백명이었다. 게다가 당시의 히메지성은 현재와 같은 큰 성곽이 있지 않아 방어능력이 현저히 떨어지는 성이었기에 간베에는 농성을 하면서도 기습공격을 감행하는 등, 두 번에 걸쳐 아카마쯔군을 격퇴했다.

그러나 한달 후, 아카마쯔군 3천명이 또 공격을 해왔다. 이 때는 1차 전투 때보다 더 적은 150명의 군사로 성밖에서 본진을 갖추고 저항을 하였지만 군사 수에 밀려 위기에 빠졌다. 하지만 이 때는 아가(英賀, あが) 성주·미키 미찌아키(三木通秋, みき みちあき)

쿠로다 간베에(黒田官兵衛, くろだ かんべえ)

의 도움을 받아 순식간에 태세를 갖추고 역습을 하였다. 아카마쯔 마사히데는, 이미 빈사상태인 쿠로다군에게는 저항할 힘조차 없을 거라고 방심을 하고 있는 찰나에 젖 먹던 힘까지 쏟아 부은 쿠로다군에게 패해버렸다. 이 아오야마・가와라케야마 전투(青山・土器山の戦い, あおやま・かわらけやまのたたかい)에서, 적은 병력이지만, 전략을 잘 세워 병력의 숫자에서 압도한 적에게도 승리를 거뒀기에 후의 군사로서의 일면목을 보여준 전투였다. 그러나 자군에게도 많은 사상자가 나왔으므로 간베에도 많은 교훈을 얻었다.

1573년, 고데라를 비롯한 하리마의 다이묘들은 오우미(近江, おうみ-현재의 시가현 남부)의 아자이 나가마사(浅井長政, あざい ながまさ)를 치고, 쇼군・아시카가 요시아키(足利義昭, あしかが よしあき)를 추방하는 등, 급격하게 세력을 확대하는「오다 노부나가」. 그리고 산인(山陰, さんいん-혼슈의 서부 중에 일본해 쪽에 있는 지방)・산요(山陽, さんよう-혼슈의 세토내해 쪽에 위치하는 지방)을 다스리는 모리 테루모토(毛利

헤시키리하세베(へし切長谷部, へしきりはせべ)

輝元, もうり てるもと), 이 거대한 두 세력에 끼이게 되었다. 어느 쪽에 붙을지 서로가 고민에 고민을 거듭하는 중, 간베에는 1575년에 일어난 나가시노 전투(長篠の戰い, ながしののたたかい)에서 당시 최강이었던 카이(甲斐, かい-현재의 야마나시현)의 타케다 카쯔요리(武田勝賴, たけだ かつより-전국시대 최강의 무장이라 불리는 타케다 신겐의 아들)를 쳐부순 오다 노부나가의 실력을 높게 평가하고, 천하의 정세는 오다에게 기울어져 있다고 확신을 하였기에 주군인 고데라 마사모토에게 오다 쪽으로 붙을 것을 강력하게 주장했다.

고데라 가신들의 반대도 있었지만 1575년 도요토미 히데요시의 중개로 미노(美濃, みの-현재의 기후현의 남부)의 기후성(岐阜城, ぎふじょう)에서 오다 노부나가를 알현하여, 고데라 외 하리마의 다이묘들은 오다 쪽으로 붙는다고 전했다. 이 때 오다 노부나가로부터 나중에 국보로 지정되는 칼 헤시키리하세베(へし切長谷部, へしきりはせべ)를 받았다. 그리고 교토에서 고데라 마사모토, 아카마쯔 마사히데, 벳쇼 나가하루 등, 하리마의 유력 다이묘들을 오다 노부나가에게 알현시켰다. 그런 속에서 갑자기 천하의 정세가 움직이기 시작했다.

1576년, 오다 노부나가에 의해 교토에서 쫓겨난 쇼군・아시카가 요시아키(足利義昭, あしかが よしあき)는 노부나가의 숙적인 모리 데루모토를 앞세워 반격을 개시하였다. 2월 모리 데루모토는 고바야가와 다카카게(小早川隆景, こばやかわ たかかげ)의 수군 주력부대 5천명으로 해로를 이용하여 히메지성을 공격하였다. 간베에의 군사는 5백명으로, 압도적인 전력 차가 있었지만 농민들에게 근처의 산에서 군기를 들게 하여 많은 원군이 있다는 것을 적에게 착각하도록 지시했다. 동시에 기습을 감행하여「모리 데루모토」군의 퇴각에 성공했다. 그러나 모리군은 기이(紀伊, きい)의 사이카슈(雑賀衆, さいかしゅう·토착무사 집단)와 결탁을 하여 7월에 제1차 키즈가와구치 전투(木津川口の戦い, きづがわぐちのたたかい)에서 오다군에게 첫 공격을 감행했다. 모리 수군의 7백척에 오다군은 3백척으로 대항했지만 모리 수군이 대승을 하였고, 오다 노부나가와 대립했던 혼간지(本願寺, ほんがんじ)의 겐뇨(顕如, けんにょ)에게 군량미와 무기를 전할 수가 있었다.

　이 전투에서의 모리군의 승리는, 오다군을 따랐던 하리마의 다이묘들에게 충격을 주었고, 역시 모리군에게 붙어야 한다는 기운이 고조되었다. 이런 정세에 위기감을 느낀 간베에는 오다 노부나가에 대한 변하지 않은 충성심의 증거로서 장남 쇼주마루를 인질로 보냈고 쇼주마루는 도요토미 히데요시에게 맡겨졌다.

　오다 노부나가는 천하통일을 위해 더욱 빠르게 움직였다. 1577년 10월, 시기산 전투(信貴山の戦い, しぎさんのたたかい)에서 마쯔나가 히사히데(松永久秀, まつなが ひさひで)를 격파한 후, 모리 타도로 향했고 도요토미 히데요시를 중심으로 한 부대를 하리마로 파견했다. 간베에는 자신의 가족을 은퇴한 아버지가 머물고 있는 성에 보냈고, 히메지성을 통째로 히데요시에게 제공하였다. 본인은 히메지성의 내성에 거처하며 전면적으로 지원할 태세를 갖추었고 히데요시는 이러한 간베에의 견식, 전략, 지력을 높게 평가하였다.

이후, 간베에는 다케나까 한베에(竹中半兵衛, たけなか はんべえ) 등과 함께 히데요시의 참모가 되어, 오다군의 일원으로서 활약하게 된다. 간베에가 최선을 다한 결과, 하리마의 전 지역의 다이묘들은 오다 가문의 가신이 되었다. 그러나 1578년, 동쪽 하리마에서 큰 세력을 가진 미끼성(三木城, みきじょう) 성주 벳쇼 나가하루가 갑자기 반기를 들었다. 주변의 호족들을 자기 편으로 끌어들인 벳쇼는 약 7천명의 군세로 미끼성에서 농성을 했다. 농성을 하려면 많은 군량미가 필요한데 모리군이 지원을 하였다.

미끼성을 중심으로 한 모리군과 오다군의 하리마에서의 주도권 싸움은 노구치성(野口城, のぐちじょう)・고즈끼성(上月城, こうづきじょう) 등을 둘러싸고 치열하게 전개되었고 간베에는 우키타 나오이에(宇喜多直家, うきた なおいえ)군 7천명에 천명의 군사로 맞서며 방어전으로 대항하며 활약을 하였다. 그러나 1578년 10월, 히데요시군에 속하며, 오다 노부나가에게 셋쯔노쿠니(摂津国, せっつのくに-현재의 오사카 북중부와 효고현 남동부) 35만석을 받았던 아라키 무라시게(荒木村重, あらき むらしげ)가 갑자기 오다 노부나가에게 반기를 표명하며 거성인 아리오까성(有岡城, ありおかじょう)에서 농성을 했다. 이 모반에 오다 노부나가도 놀랐고, 아케치 미쯔히데(明智光秀, あけち みつひで)와 다카야마 우콘(高山, たかやま うこん) 등을 보내 설득을 하였지만 실패를 하였다. 게다가 고데라 마사모토가 무라시게와 함께 하려고 하였기에 간베에는, 무라시게를 설득하기 위해 아리오카성으로 갔다. 그러나 고데라 마사모토의 내통에 의해 무라시게는 간베에를 포박하고 아리오카성의 서북쪽에 있으며 햇볕이 들지 않는 좁고 더러운 감옥에 가두었다.

　그로부터 10개월 간이 간베에의 인생 최대의 고난의 시기였다. 아리오카성에서 돌아오지 않는 간베에에 대해, 오다 노부나가는 「간베에는 배신하여 무라시게에게 돌아섰다」고 판단하여 인질이었던 간베에의 아들 쇼쥬마루를 처형하도록 히데요시에게 명령을 하였다. 그러나 히데요시의 군사 다케나까 한베에의 기치에 의해 목숨만은 구했다. 다케나까 한베에는 이름 모를 아이의 목을 가져와 「이 목이 쇼쥬마루입니다」라고 오다 노부나가를 속였던 것이다. 다케나까 한베에는, 간베에를 구출했다는 소식을 듣지 못하고, 미끼성을 한창 공략하던 1579년 6월에 사망을 했다.

　한편, 히메지의 쿠로다 가문은 되돌아오지 않는 간베에를 걱정하였고, 모반은 아니라고 믿으며 도요토미 히데요시에 대한 충성을 거듭 다짐하였다. 그리고 가신인 구리야마 젠스케, 보리 타헤에(母里太兵衛, ぼり たへえ), 이오누에 구로우에몬(井上九郎右衛門, いのうえ くろうえもん) 등이 아리오카성으로 잠입하여 비밀리에 간베에가 있는 곳을 찾기 시작했고 아리오카성을 공격하는 틈을 타, 간베에 구출에 성공을 했다. 그러나 누워서 잘 수 없을 정도로 좁고 열악한 환경에서 10개월이나 유폐되었던 간베에는 몹시 야위어 있었고, 무릎은 돌아간 채로 일어설 수도 없는 비참한 상태였다. 오랫동안 갇혀 있으면서 몸과 마음이 처참한 상태였지만, 충심을 지켰던 간베에에게 도요토미 히데요시는 눈물을 흘리면서 감복을 하였고, 오다 노부나가는 스스로의 무지함을 사과했다고 한다. 그리고 간베에는 아들 쇼쥬마루의

목숨을 구해준 다케나까 한베에에게 깊이 감사하고 다케나까의 「가문(家紋, 한 집안의 문장)」을 받았다.

간베에를 버리고 무라시게에게 동조를 한 고데라 마사모토는 오다 노부나가의 장남 노부타다(信忠, のぶただ)에게 토벌되었고 고차꾸성(御着城, ごちゃくじょう)이 함락되는 아픔을 겪었다. 그 후, 모리 쪽으로 붙었지만 두 번 다시 중앙무대로 나올 일은 없었다. 간베에는 구출 후, 아리마(有馬, ありま-현재의 고베시)에서 치료를 받으며 체력의 회복에 힘을 썼다. 그리고 1579년, 오다 노부나가에 의해 하리마노쿠니 야먀자키(山崎, やまざき)에서 만 석을 받아, 오다 가문의 가신으로서, 도요토미 히데요시의 요리끼(与力, よりき-지휘자나 하급 무사의 우두머리에게 속하던 병사)가 되었다. 1580년 3월에는 만 석이 더 증가하여 합계 2만 석의 다이묘가 되었다.

1582년 6월, 빗추(備中, びっちゅう-현재의 오카야마현 서부)의 모리의 거점이었던 빗추 타카마쯔성(備中高松城, びっちゅうたかまつじょう)을 포위한 히데요시, 간베에는 믿을 수 없는 정보를 들었다. 지난 6월 2일 혼노지(本能寺, ほんのうじ)에서 노부나가가 살해당했다는 소식이었다. 모리 공격을 앞두고 노부나가가 직접 참전하기 직전에 노부나가의 죽음은 히데요시를 동요시키기에 충분했다. 그러나 그런 히데요시를 지탱해 준 것은 간베에였다. 「낙담하지 마세요. 이제부터는 주군의 운이 확 터일 겁니다」라고 격려를 했다. 일설로는 간베에가 히데요시의 천하통일의 길이 열렸다고 조언을 했다고 하는데 이것은 역사 소설가들에 의해 후세에 만들어진 꾸민 이야기이다. 그리고 여기서

노부나가를 죽인 아케치 미쯔히데만 쓰러뜨리면 앞으로 오다 가문에서의 발언권이 커지는 것은 당연하다.

그런 의미에서 소설가들이 꾸민 이야기와 비슷한 말을 했을 지도 모른다. 어쨌든 이 순간만큼은 공격을 그만두고 빨리 미쯔히데의 반란을 막으러 가야만 했다. 노부나가 사망 다음날, 모리와 강화조약을 맺고 신속하게 기나이(畿內, きない-왕성과 천황 등이 있는 수도권 주변의 특별구역)로 되돌아왔다. 이것이 이른바 추고쿠 대회군(中國大返し, ちゅうごくおおがえし)인데, 일반적으로 도저히 이해할 수 없는 스피드로 기나이로 회군한 귀신 같은 작전이었다.

야마자끼 전투(山崎合戰, やまざきがっせん)에서 미쯔히데를 물리치고, 이어 오다의 중신이었던 시바타 카쯔이에(柴田勝家, しばた かついえ)가 전쟁에 패해 사망하자 히데요시는 단숨에 천하통일의 후계자로 부상하였다. 히데요시의 군사로 모든 전쟁터에서 재능을 유감없이 발휘한 간베에도 신분이 올라가게 되었다. 1587년 큐슈정벌을 끝내고 간베에는 부젠(豊前, ぶぜん-현재의 후쿠오카현 동부 및 오이타현 북서부) 12만석을 받고 처음으로 국주 다이묘(일국 이상의 영토를 가진 다이묘)가 되었다. 그러나 전란이 진정되기 시작하자 도요토미 히데요시 정권 속에서 간베에가 있을 곳은 없었다. 간베에의 재능은 전쟁이 있어야 발휘되기 때문이다. 그리고 간베에가 지나치게 힘을 가지면 도요토미에게 큰 재앙의 불씨가 될 수 있었다. 그래서 자의반타의반으로 중앙무대인 교토에서 멀리 떨어지게 되었다.

히데요시의 사망 후, 간베에는 조스이(如水, じょすい)로 개명을 하였고,

또 한번 천하통일을 위한 움직임이 간베에의 영지까지 미쳤다. 1600년 아이즈 정벌을 위해 쿠로다가 가진 군세 절반을 아들인 나가마사가 이끌고 가자, 조스이(간베에)는 가지고 있는 모든 돈을 털어 군사를 모집했다. 그 수는 약 만 명이었고, 이에야스가 이끄는 동군에 가세할 것을 밀약한 조스이는 이시다 미쯔나리의 거병소식을 듣자 마자 즉시 행동을 개시했다.

9월, 전쟁으로 패배한 적이 있는 예전의 명문가 오오토모(大友, おおとも)가 예전에 다스렸던 분고(豊後, ぶんご·현재의 오이타현)를 탈환하기 위해 호소가와(細川, ほそかわ) 영지로 공격해 왔다. 원군요청을 받은 조스이는, 가는 도중에 있는 성들을 탈환하면서 마침내 이시가끼바루(石垣原, いしがきばる)에서 오오토모 부흥군과 맞닥뜨렸다. 조스이군은 숫자에서는 압도했지만 돈으로 끌어 모은 군사들이었기에 오합지졸이었다. 그러나 조스이의 탁월한 통솔력과 작전이 오합지졸의 군사들을 일류의 전사로 바꾸었다. 처음에는 다소 밀렸지만, 점점 정세를 역전시키며 오오토모의 용장 요시히로 무네유키(吉弘統幸, よしひろ むねゆき)를 쓰러뜨리자 마침내 적군의 사기는 땅에 떨어졌다. 전의를 잃은 오오토모군은 항복을 하였고, 나이를 먹어도 엄청난 기세와 영민함을 보인 조스이에게 감복을 하였다.

그 후도 진군을 하여 큐슈를 석권한 조스이는 10월이 되어 정전명령을 받았다. 일련의 전투에서 거의 큐슈의 서군 세력을 굴복시켰고 남은 세력은 시마즈(島津, しまづ) 가문뿐이었다. 그러나 조스이의 야망은 여기서 끝났다. 세키가하라(関ケ原, せきがはら) 전투가 더욱 길어졌다면, 큐슈·추고쿠 지방의 군사를 이끌고, 동군이든 서군이든 이겼던 쪽과 자웅을 가릴 생각이 있었던 것 같다. 그 후 쿠로다 가문은 치쿠젠(筑前, ちくぜん-현재의 후쿠오카현) 52만석의 대 다이묘로서 번영을 맞이하지만 조스이 자신은 은퇴를 하였고, 1604년 교토 후시미에서 사망하였다. 향년 57세.

〈쿠로다 간베에가 아들 나가마사에게 남긴 이야기〉

간베에는 아들 나가마사와 비교해서 본인보다 뛰어난 점을 5개 들었다.

1. 노부나가와 히데요시에게 「당분간 집에서 칙거해라」는 말을 세 번이나 들었다.
→ 아들은 한 번도 없다.
2. 나는 평생 일을 했어도 12만석밖에 받지 못했다.
→ 아들은 50만석을 넘었다.
3. 전쟁터에서 적의 목을 취한 것은 한 번도 없다.
→ 아들은 7, 8번이나 취했다.
4. 나는 사리분별이 없다.
→ 아들은 사리분별이 있다.
5. 나는 후계자 너(나가마사) 한 명밖에 없다.
→ 나가마사는 많은 자식이 있었다.

그리고 간베에는 아들 나가마사와 비교해서 본인이 뛰어난 점을 2개를 들었다.

1. 가신(부하)을 관리하고 지휘하는 능력이 뛰어나다.
2. 승부사 기질은 내가 훨씬 뛰어나다.

아버지가 아들에게 남긴 이 말은 제 각각의 의미는 있지만 숨겨진 뜻도 있었다. 아버지가 아들보다 뛰어난 점을 말하면서도 아버지는 아들을 지키려고 하였다. 도요토미 히데요시에게 목숨이 날아갈 뻔한 적도 있었으며, 결국 도요토미 정권과는 잘 되지 않았다. 도쿠가와 이에야스와 일을 하는 아들에게 같은 일이 일어나지 않도록 하기 위해 굳이 이런 말을 한 것이다. 그가 죽을 때의 유언도, 「판단(결단)을 내리는 것이 너무 길다」였다.

전투에서 군사가 하는 역할은 지나친 신중함보다는 빠른 결단력이 중요하다는 것을 가르쳤던 것이다. 물론 아들 나가마사는 세키가하라 전투에서는 누구보다도 빠른 판단으로 이에야스가 반나절만에 승리하도록 도왔던 것은 사실이다. 그러나 간베에는 세키가하라 전투만을 염두에 두고 한 말이 아니고, 앞으로의 일에 대해서 조언을 한 것이다.

간베에는 가신들과 부하에게 존경을 받는 인물이었지만 아들 나가마사는 대부분의 가신들이 그를 라이벌로 생각할 만큼, 두각을 나타냈다. 둘 다 뛰어나고 영민한 것은 사실이지만 아버지는 주변 사람을 배려하였고, 아들은 본인의 출세를 위해 그의 재능을 발휘하였다. 그래서 아버지는 아들을 지키기 위해서 「모난 돌이 정 맞는다」는 것을 죽어가면서도 아들에게 가르쳤던 것이다.

## 타케다 신겐을 두 번이나 물리친 무장
### 무라카미 요시키요(村上義清, むらかみ よしきよ)

무라카미 요시키요는 타케다 신겐(武田信玄, たけだ しんげん)을 두 번이나 이긴 전국시대의 무장이다. 하극상에 의해 갑자기 타케다 가문을 이끌었 던 신겐이 가문을 확실하게 통솔하지 못했던 초장기 시절이었지만, 그래도 타케다 가문의 무장들이 정정하게 살아 있었던 시기이다. 카이(甲斐, かい-현재 의 야마나시현)의 호랑이라고 불렸던 신겐은 전국시대 최고의 무장 중 다섯 손 가락 안에 들어가는 전쟁의 천재이다.

전성기의 타케다군은 전국시대 최강이라고 할 만큼 엄청난 기세가 있었다. 그러나 그러한 신겐에게 과감히 도전하여, 그의 침공을 두 번이나 저지한 유능한 전국시대 무장이 무라카미 요시키요(村上義清, むらかみ よしきよ) 이다. 일반적으로 신겐의 라이벌이라고 하면 우에스기 켄신(上杉謙信, うえすぎ けんしん)이라고 생각하지만 요시키요도 「카이의 호랑이」가 가는 길을 막은 강력한 라이벌 중의 한 명이었다. 키타시나노(北信濃, きたしなの-현재의 나가노현의 일

부)의 전국시대 무장, 무라카미 요시키요의 인생에 대해서 알아보자.

무라카미 요시키요 무덤(村上義淸, むらかみ よしきよ)

　　1501년 3월 11일, 요시키요는, 아버지 요리히라(頼平, よりひら)가 카쯔라오성(葛尾城, かつらおじょう)의 성주로 있던 시나노(信濃, しなの-현재 나가노현)에서 태어났다. 어머니는 무로마치 막부의 쇼군 다음의 관직을 가진 시바 요시히로(斯波義寛, しば よしひろ)의 딸이었기에 요시키요는 어릴 때부터 상당히 귀여움을 받고 자랐다. 1515년에 원복(성인이 되는 의식)을 하고, 그 후 1517년에 카쯔라오성을 아버지로부터 물려받지만 가독을 이은 것은 아버지가 사망한 1520년이었다. 일설에는 아버지가 사망한 해가 1526년이라는 이야기도 있

기에 아버지 생전에 가독을 계승했을지도 모른다. 어쨌든 젊은 요시키요에게 성을 넘기고 나서 나중에 신중히 후계를 잇게 한 것은 당시의 시나노의 정세와 관련이 있었기 때문이다.

　이 무렵의 시나노는 기타 시나노, 히가시 시나노(東信濃, ひがししなの)로 갈려 각 세력이 서로를 견제하고 있던 상황이었기에 언제 전쟁이 터질지 모르는 긴장 속에 있었다. 따라서 일족의 세대교체는 적에게 틈을 보여 공격을 받을지도 모르기 때문에 신중히 일을 진행해야만 했다. 게다가 기타 시나노에는 에치고(越後, えちご-현재의 니가타현)의 나가오(長尾, ながお-후의 우에스기), 히가시 시나노에서는 카이의 타케다의 영향력이 생기기 시작했기에, 시나노에서 격렬한 권력다툼이 예상되었다. 카이의 타케다는 신겐의 아버지 타케다 노부토라(武田信虎, たけだ のぶとら)를 중심으로 「시나노 침공」을 개시했고 그 일환으로 행해진 것이 1541년의 사쿠(佐久, さく)공격이었다.

　노부토라는 스와(諏訪, すわ), 무라카미(村上, むらかみ)와 동맹을 맺고 사쿠 공격을 감행했지만, 약 한 달 후에 아들인 신겐에 의해 카이에서 추방되었다. 내분은 있었지만 사쿠의 침공은 순조롭게 진행되어, 신겐은 히가시 시나노를 지배하는 운노 무네쯔나(海野棟綱, うんの むねつな)를 패주시키는데 성공했다. 무네쯔나는 코즈케노쿠니(上野国, こうずけのくに-현재의 군마현)의 우에스기 노리마사(上杉憲政, うえすぎ のりまさ)를 의지하는데, 이것을 계기로 스와는 타케다와의 동맹을 깨고 노리마사와 손을 잡았기에 신겐은 스와 가문을 멸망시키고 그의 영토를 흡수했다.

기세가 오른 타케다군은, 계속해서 오타이하라 전투(小田井原の戦い, おたいはらのたたかい)에서 우에스기의 원군도 격파하여 사쿠 지역도 다스리게 되었다. 그리고 신겐은 기타 시나노도 손에 넣으려고 했지만 요시키요가 장애가 되었다. 신겐과 요시키요의 우에다하라 전투(上田原の戦い, うえだはらのたたかい)가 시작되었고, 이 전투에서 타케다군은 요시키요군의 실력을 뼈저리게 느끼게 된다.

1548년, 마침내 요시키요군과 타케다군은 전쟁을 하였고, 요시키요에게 있어서도 신겐은 시나노를 지배하는데 있어서 제거해야 할 대상이었다. 먼저 움직인 것은 타케다군이고 기타 시나노를 향해서 5천명의 군사를 보냈다. 군을 이끈 것은 타케다 노부토라 시대부터 타케다군을 통솔했던 이타가키 노부카타(板垣信方, いたがき のぶかた)였다. 노부카타는 신겐의 교육을 담당한 무장이었고, 타케다 가문의 후계자 문제로, 신겐의 아버지 노부토라를 추방했을 때도 신겐의 편을 든 사람이었다.

**우에다하라 전투**
(上田原の戦い, うえだはらのたたかい)

아버지와 불화가 심했던 신겐에게 있어서 노부카타는 아버지를 대신할 만한 존재였다. 선봉을 맡은 노부카타의 군세는 요시키요군의 저항을 뿌리치며 적진에 들어갈 수가 있었다. 전과에 만족한 노부카타는, 베어낸 적의 목을 나열하여, 누구의 목인지를 살피는 「쿠비짓껜(首実検, くびじっけん-싸움터에서 벤 적의 수급의 진위를 확인하던 일)」을 전장에서 행했다. 쿠비짓껜은 일반적으로 절이나 신사에서 행하며, 일정한 예법에 따라 진행하는 것이나, 그것을 전장에서 행했다는 것은 노부카타의 지나친 교만과 방심이었다.

요시키요군은 적의 방심을 틈 타 역습에 성공하였고, 노부카타군은 대혼란에 빠졌다. 노부카타는 어떻게든 말을 타고 그 자리를 벗어나려고 했지만 결국 창을 맞아 쓰러졌고, 형세는 역전되었다. 요시키요는 바로 신겐의 본진으로 쳐들어가서 신겐의 목을 노렸다. 타케다군의 필사적인 방어 끝에 신겐은 부상을 입었지만 겨우 목숨을 부지하였고, 노부카타뿐만 아니라 중신인 아마리 토라야스(甘利虎泰, あまり とらやす)도 사망을 하였다. 요시키요 쪽의 피해는 아메노미야 마사토시(雨宮正利, あめのみや まさとし) 등 유능한 무장이 사망을 했지만, 타케다군의 핵심 중의 핵심인 두 명의 무장의 사망과 비교하면 확실히 신겐이 패한 전쟁이었다.

1550년, 신겐은 요시키요에게 복수전을 결심하였고 타케다군은 7천 명의 군사로 불과 5백명의 군사밖에 없는 도이시성(砥石城, といしじょう)을 공격했다. 하지만 타케다군에게 한 번 이긴 적이 있던 요시키요군은 전혀 두려워하지 않고, 타케다군을 물리쳤다. 도이시성에 있던 병사의 반은 오타이하라 전투(小田井原の戰い, おたいはらのたたかい)에서 신겐에게 패한 생존자였기에, 타케다군이나 신겐에 대한 원망과 원한이 넘쳤다. 오타이하라 전투에서 포로가 된 병사들은 노예와 같은 취급을 당했고, 여자와 아이들은 인신매매로 팔려 나갔다.

그래서 그들은 신겐에게 죽을 만큼 원한을 품었기에 병사들의 사기는 분기탱천했다. 그리고 도이시성은 공격하기는 어렵지만 수비하기에는 쉬운 구조였기에 신겐이 대패를 할 수밖에 없었다. 성의 이름처럼 「숫돌(砥石)」로 이루어진 절벽을 기어올라가는 것 이외에 이 성을 공략할 방법이 없었다. 수비하는 요시키요 쪽은 성에서 돌을 떨어뜨리거나 팔팔 끓는 물을 쏟아 붓기만 하면 되기에 지형을 멋지게 이용하여 수비를 했다.

고전을 거듭하던 타케다군이었고, 여기에 요시키요는 동맹관계였던 타카나시(高梨, たかなし)에게 원군을 요청하자, 그는 2천명의 군사를 이끌고 도우러 왔다. 양쪽으로 협공을 당한 타케다군은 5천명의 군사를 거의 잃는 대패를 하였다. 신겐은 카게무샤(가장해 놓은 무사) 덕분으로 겨우 패주했지만, 우에다하라 전투에 이어 잇따른 패배로 그의 체면은 말이 아니었다. 이 전투는 「도이시쿠즈레(砥石崩れ, といしくずれ・도이시 대패전)」라고 불리며, 요시키요의 지명도가 높아진 것과 함께, 신겐이 대패한 전쟁으로서 「역사의 한 페이지」를 장식하게 되었다.

1551년, 사나다 노부시게(真田信繁, さなだ のぶしげ)의 할아버지인 사나다 유키타카(真田幸隆, さなだ ゆきたか)의 책략에 의해 도이시성의 가신들은 분란이

생겼다. 사나다 유키타카는 예전부터 알고 지내던 도이시성의 가신들에게 「지금부터는 새로운 시대가 열린다. 타케다 노부토라나 무라카미 요시키요 등과 같은 인물은 구시대적인 사고방식을 가진 사람들이니 그 사람들과 함께 해 보았자 앞으로의 전망이 어둡다. 우리가 남인가? 함께 미래를 건설해 보지 않으려는가?」같은 말로 구슬려서 내부 분란을 일으키게 하였다.

요시키요는 전쟁의 책략은 뛰어났지만 사람을 잘 믿고, 한편으로는 고리타분한 성격이었기에 사나다 유키타카의 유린책이 먹혀 들어갔다. 동요하는 가신들을 제압하지 못한 요시키요는 타케다군에게 공격할 틈을 보여주고 말았다. 신변의 위험을 느낀 요시키요는 카쯔라오성에서 탈출하여 에치고의 우에스기 켄신에게 도움을 요청했다. 요시키요는 지금은 어쩔 수 없어 물러나지만, 후일을 도모하기 위해서는 우에스기 켄신이 가장 적합하다고 생각했던 것이다. 이러한 경위가 있었기에 신겐과 켄신의 그 유명한 12년에 걸친 5번의 가와나까지마 전투(川中島の戦い, かわなかじまのたたかい)가 시작되었다.

그 중 유명한 제4차 가와나까지마 전투에서는 요시키요도 켄신의 무장이 되어 신겐과 싸우게 되었다. 가와나까지마 전투라는 역사적인 전투에 두 명의 전국시대 무장을 불러낸 사람이 바로 무라카미 요시키요였던 것이다. 이것은 무라카미 요시키요도 신겐이나 켄신만큼 전투의 달인이었다는 확실한 증거가 될 수 있다.

켄신의 가신이 되어 이후로도 많은 활약을 했지만 염원하던 기타 시

나노의 탈환은 이루어지지 않았고, 1573년 에치고의 네치성(根知城, ねちじょう)에서 73년 인생의 막을 닫았다. 사인은 병사였지만, 신겐이 사망하기 5개월 전에 이 세상을 떠났다. 타케다 신겐 대 우에스기 켄신의 이야기는 소설, 드라마, 영화 등에서 단골로 다루는 소재이기에 엄청 알려져 있지만, 무라카미 요시키요도 타케다 신겐의 라이벌로 부르기에 부족함이 없는 인물이었다. 전국시대에 시나노의 패권다툼은 너무나 드라마틱하고 용감무쌍한 무장들이 여럿 등장하기에 무라카미 요시키요라는 인물을 가슴에 새겨보는 것도 좋을 것 같다.

## 연전무패의 전국시대 무쌍(無雙)
### 다치바나 무네시게(立花宗茂, たちばな むねしげ)

고유 친자이이찌(剛勇鎭西一, ごうゆうちんざいいち)라는 이름으로도 알려진 다치바나 무네시게. 이 이름의 유래는 무네시게가 도요토미 히데요시(豊臣秀吉, とよとみ ひでよし)의 「큐슈정벌(九州征伐)」때에 발군의 활약을 했기 때문에 히데요시가 「그 충성스러운 마음이 친자이이찌(鎭西一-서쪽에서 최고, 이 때의 서쪽은 일본의 본토에서 바라보았을 때의 서쪽인 큐슈를 의미). 그 용감함(剛勇) 역시 친자이이찌(鎭西一)」라고 높게 평가했던 것에서 이다.

또 이 때, 전쟁이 끝난 후에 히데요시는 그 공을 인정하여 치쿠고야나가와(筑後柳河, ちくごやながわ) 13만 2천석을 주었고, 오오토모(大友, おおとも)로부터 독립한 직계 다이묘가 되었다. 그리고 친자이(鎭西, ちんざい)는 옛날의 큐슈의 행정·군사 등의 중심 관청이었던 친자이부(鎭西府)가 후쿠오까에 있었던 이유에서 큐슈의 별칭으로 불렸다.

무네시게는 그 외에도 많은 무장으로부터 높게 평가되었는데, 히데

다치바나 무나시게(北目城, きためじょう)

요시로부터「큐슈의 영재」라고 칭찬을 받았고, 함께 있던 모든 다이묘를 앞에 두고「동쪽의 혼다 타다카쯔(本多忠勝, ほんだ ただかつ)라는 천하무쌍의 장군이 있는 것처럼 서쪽에는 다치바나 무네시게라는 천하무쌍의 대장이 있다」, 고바야가와 다카카게(小早川隆景, こばやかわ たかかげ)는「다치바나 가문의 3천 명은 다른 가문의 만 명에 필적한다」라고 평가를 했고, 가토 기요마사(加藤清正, かとう きよまさ)는「일본군 최고의 용장」이라고 절찬을 했다.

아즈치모모야마 시대(安土桃山時代, あづちももやまじだい)부터 에도시대 초기의 무장이자 다이묘이며 오오토모의 일족이다. 다나구라번(棚倉藩, たなぐらはん-현재의 후쿠시마현 소속)의 번주이며, 야나가와번(柳川藩, やながわはん-현재의 후쿠오카 야나가와시)의 초대 번주였다. 세키가하라 전투(関ヶ原の戦い, せきがはらのたたかい)에서 면직을 당한 후, 다이묘로서 복귀한 무장은 여럿 있었지만 원래의 영지를 받고 복귀한 사람은 무네시게가 유일하다. 그리고 전국시대의 무장 중에서 유일하게 무패의 기록을 가지고 있는 무장이다. 타케다 신겐이나 우에스기 켄신의 승률은 90%였다. 전쟁을 한 횟수는 켄신의 반 정도이지만 일생 전쟁에서 한 번도 패한 적이 없을 정도로 전쟁에서의 지휘력과 개인적인 전투력은 상당히 뛰어났다. 검술은 다이샤류(タイ捨流, たいしゃりゅう)의 면허 계승자였고, 스스로 발도술(칼을 빼서 상대방을 베는 기술)의 유파를 만들 정도였다. 신장은 그 당시로는 상당히 큰 180센티미터였고 체격도 당당했다고 한다. 거기에 궁술도 뛰어났고, 분대로 나누어 싸우는 전술도 상당한 수준이었기에 무네시게와 어떤 방식으로 전투를 하던 상대방이 패하는 것은 당연한 것이었다. 그리고 연가(連歌, れんが-두 사람 이상이 和歌의 상구와 하구를 서로 번갈아 읽어 나가는 형식의 노래)나 다도, 축구, 요리도 잘하는 요즘의 말로 「뇌섹남」, 「요섹남」이었다. 그럼 그가 이렇게도 형언할 수 없을 정도로 뛰어난 무장이 되었던 배경에 대해서 알아보자. 참고로 무네시게는 많은 이름을 가진 무장이었는데, 여기서는 일괄적으로 다치바나 무네시게로 칭하겠다

　　무네시게는 1567년 12월 18일에 다카하시 조운(高橋紹運, たかはし じょうん)의 장남으로 태어났다. 아버지와 성이 다르지만, 뒤에 언급하도록 하겠다. 무네시게는 어릴 때부터 발군의 담력과 분석력을 가진 영재였다. 무네시게가 어릴 때, 가신과 함께 거리구경을 나갔는데, 갑자기 싸움이 발생했다. 싸움을 한 사람은 칼을 들고 날뛰어서 가신들은 무네시게를 보호하며 피하려고 하였지만 무네시게는 이상하리만큼 침착하게 대응하여 「우리들이 싸움의 당사자가 아니니 괜찮아. 조금만 기다리면 모두 진정될 거야. 아직 거리구경도 끝나지 않았으니 즐기자」라고 말했다.

　　시간이 잠시 지나자 무네시게가 말한대로 싸움은 진정되었고 도망

갔던 사람들도 되돌아와서 태연하게 본인들의 일을 보았다고 한다. 가신들은 어린 무네시게의 판단력과 분석력에 놀라움을 금치 못했다. 그런 무네시게의 재주를 아버지인 다카하시 조운도 간파하고 있었다. 아버지는 모시고 있는 오오토모 가문을 대표하는 명장이다.

군사적으로 조금 부족한 오오토모 가문을 다치바나 도세쯔(立花道雪, たちばな どうせつ)와 함께 지탱을 한 엄청난 인물이다. 이러한 아버지로부터 무네시게는 철저히 영재교육을 받았다. 아버지는 아들과 함께 산을 거닐 때도 갑자기, 「무네시게, 지금 여기서 적에게 습격을 당하면 어떻게 할 거야?」라는 질문을 하곤 했는데, 지형을 분석하고 대답을 하는 무네시게에게 아버지는 다른 대답을 준비하여 토론을 했다고 한다. 이런 일이 빈번하였기에 무네시게가 어떠한 전투에서도 패하지 않은 것은 아버지의 교육 덕분이라는 생각이 든다. 그리고 이러한 가르침도 받았다. 「군사를 잃지 않고 이기려면 대장의 지휘가 중요하다. 즉, 너의 지휘 여하에 달려 있다」라는 것이다.

그런 훌륭한 아버지의 훈육을 받은 무네시게는 순조롭게 성장하여 12세에 첫 출진을 한다. 전국시대라고는 해도 확실히 12세에 첫 전쟁을 치르는 것은 빠른 편이다. 무네시게는 이 당시 어른과 견줄 만한 체격을 가지고 있었고, 다이샤류의 달인, 마루메 나가요시(丸目長恵, まるめ ながよし)에게 검술의 가르침을 받아 상당한 수준에 이르고 있었다.

첫 전쟁의 상대는 치쿠젠(筑前, ちくぜん-현재의 후쿠오카현)의 아키쯔끼(秋月, あきつき)였다. 무네시게는 아버지와 함께 출진, 오오토모군의 대장은 오오토

모 가문의 최강의 무장, 다치바나 도세쯔였다. 무네시게는 첫 출진임에도 자신의 부대를 이끌며 싸우고 싶다고 아버지에게 간청을 했다. 그러자 아버지는 150명의 군사를 주고, 자신과는 다르게 작전을

다치바나 도세쯔(立花道雪, たちばな どうせつ)

짜도록 하였다. 오오토모군은 이시자까(石坂, いしざか)라는 곳에 포진을 하였고, 무네시게는 조금 떨어진 숲에 포진을 하였다.

　　드디어 아키쯔끼군이 나타나서 전투가 시작되었다. 총격전 후 백병전이 되었지만 군사 수에서 뛰어난 아키쯔끼군이 우위를 점했다. 그러나, 밀고 올라가는 아키쯔끼군의 측면에, 갑자기 다른 부대가 습격해 왔다. 숲에서 몰래 숨어 있었던 무네시게의 부대였다. 별안간 나타난 150명의 부대를 대군으로 착각한 아키쯔끼군은 대혼란에 빠졌다. 마침내 아키쯔끼군은 대열이 무너져서 퇴각을 시작했다. 그러나 퇴각을 하면서 상대군의 호리에 비젠(堀江備前, ほりえ びぜん)이 공격해 왔다. 그는 아키쯔끼군 중에서도 용감하고 실력이 있는 무장으로 알려진 인물이다.

　　무네시게는 침착하게 활을 겨눠 호리에 비젠의 왼쪽 가슴에 맞추었고 호리에 비젠은 낙마하였다. 무네시게는 그와 다시 칼을 겨눴는데 멋지게

물리쳤다. 그리고 무네시게는 주변의 가신들에게 적장의 목을 가져가게 하였다. 전국시대에는 전쟁에서 적군을 베었을 때, 그 목을 취하여 공훈을 인정받았지만 무네시게는 기꺼이 부하들에게 양보하였던 것이다. 이런 무네시게의 활약에 아버지도 크게 기뻐하였다. 이런 소식을 들은 대장「다치바나 도세쯔」도 무네시게의 재능에 반해버렸다. 그리고 다치바나 도세쯔는 어떤 큰 결단을 내렸다. 이 전쟁이 끝난 3년 후, 그는 친아버지에게 무네시게를 자신의 양자로 들이고 싶다고 했다. 다카하시 가문의 장래가 유망한 후계자를 본인의 양자로 달라고 하는 것은 말이 안 되었다.

다치바나 도세쯔는 이 당시 이미 69세였고 그를 이을 남자아이가 없었다. 어쩔 수 없이 그는 딸인 긴치요(闇千代, ぎんちよ)에게 가독을 물려주었으며 나중에 장래가 촉망되는 사람을 사위로 맞을 생각이었다. 다치바나 도세쯔의 부탁을 들은 무네시게의 아버지는 아무리 존경하는 상사의 부탁이라도 들어줄 수가 없었기에 정중히 거절을 하였다. 그리고 무네시게 대신에 차남을 양자로 보내겠다고 하였지만 다치바나 도세쯔는 전혀 물러섬이 없고 끈질기게 부탁을 하였다.

여러 가지 이유가 있었는데, 그의 딸인 긴치요는, 아들이 없었던 도세쯔가 남자처럼 키웠기에 남자 못지 않은 성격과 무예실력을 갖추고 있었다. 그래서 어정쩡한 남자가 양자로 들어오면 긴치요의 기세에 눌려서 아무 것도 하지 못할 것이라고 믿었다. 도세쯔의 끈질긴 구애 끝에 무네시게의 아버지는 아들을 데릴사위로 보내게 되었다. 가신들의 반대와, 무네시게 자신도 깜짝 놀랐지만 결국 무네시게는 다치바나 집안의 데릴사위가 된다.

그러나 긴치요는 무네시게를 좋지 않게 여겼다. 왜냐하면 이미 다치바나 집안의 가독은 본인으로 정해져 있었고 갑자기 사위가 이 집안의 당주가 된다고 하니 기분이 좋을 리가 없었을 것이다. 여하튼 다치바나 집안의 당주가 된 무네시게를, 도세쯔는 최고의 무장으로 만들기 위해 철저하게 단련시켰다. 친아버지도 심할 정도의 영재교육을 시켰고, 장인은 더 철저히 영재교육을 시켰던 것이다.

어느 날, 무네시게는 산 속에서 밤송이를 밟았다. 그것을 본 도세쯔는 가신에게 명령을 하여 밤송이의 가시를 더욱 발에 꽂히도록 하였다. 그러나 도세쯔의 의도를 파악한 무네시게는 아프다는 소리 한마디 없이 끝까지 참았다. 이 모습을 지켜본 도세쯔는 「잘 했다. 무사라는 것은 이 정도의 아픔은 참아야 한다」고 말하면서 겨우 밤송이의 가시를 뽑아주었다. 이런 식으로 철저하게 스파르타식 교육을 하였다. 지금이라면 학대에 가까운 것이지만 대장이 전쟁 중에 아프다고 소리를 지르면 적에게 발각이 되기 쉽고, 군사들의 사기도 떨어지는 것은 명약관화하다.

도세쯔는 평소부터 「약한 무사는 없다. 약한 무사가 있다고 하면 그것은 본인의 책임이 아니고 대장의 잘못된 교육이다. 나라면 어떠한 약한 무사라도 강하게 키울 수가 있다」고 입버릇처럼 말했다. 도세쯔는 그의 말처럼 무사들의 심리를 장악하는 능력은 상당히 뛰어났다. 전쟁터에서 활약이 미흡했던 가신에게는 「지금의 너는 운이 나빴을 뿐이다. 앞으로도 변함없이 나를 지켜 달라. 너와 같은 가신이 있으니 내가 안심하고 적군에게 돌격하는 것이다」라고 격려를 하며, 술이나 병기를 나누어 주었다고 한다.

이 말을 들은 가신들 대부분은 다음 전투에서 큰 무공을 올렸다. 그리고 열심히 싸워준 가신에게는 칭찬을 아끼지 않았다. 또 손님을 접대하는 장소에서 잘못을 저지른 가신이 어쩔 줄 몰라 하면, 손님에게「이 녀석은 접대는 잘 못해도 전쟁터에서는 날라 다닌다. 이전의 전투에서도 큰 무공을 세웠다」라는 식으로 가신을 추켜세웠다.

타고난 재능과 두 사람의 위대한 아버지에게 대장으로서의 마음가짐을 배웠던 무네시게는 초일류의 무장으로서 성장해 갔다. 하지만 주군으로 모시고 있는 오오토모 가문이 처해진 상황은 좋지 않았다. 오오토모 가문은 당주 소린(宗麟, そうりん)을 중심으로 최전성기에는 큐슈 7개국의 수호직을 맡는 등 큰 명문가였다. 그러나 남쪽의 사쯔마(薩摩, さつま-현재의 가고시마현)에서 시마즈(島津, しまづ) 가문이 대두하였고, 거기에 비젠(備前, びぜん-현재의 오카야마현 남동부)에서는 류조지 다카노부(龍造寺隆信, りゅうぞうじ たかのぶ)가 세력을 확대하여 이 세 가문의 싸움은 격렬했다.

그런 속에서 오오토모 가문은 미미카와 전투(耳川の戦い, みみかわのたたかい)에서 시마즈 가문에 패배하여, 기타큐슈(北九州, きたきゅうしゅう)의 토착 사무라이들이 시마즈 가문에 복속되었다. 게다가 시마즈 가문은 류조지 다카노부를 오키타나와떼 전투(沖田畷の戦い, おきたなわてのたたかい)에서 박살을 냈다. 이에 따라 류조지 다카노부마저 시마즈 가문으로 돌아서서 큐슈의 정세는 시마즈 가문에 유리하게 흘러갔다.

오오토모 당주 소린은 시마즈로 돌아선 네코오성(猫尾城, ねこおじょう) 공략을 위해 8천명의 군사를 보냈다. 그러나 방어도 약하고 2천명의 군사 밖에 없는 네코오성을 두 달이 흘러도 함락하지 못했다. 앞의 미미카와 전투에서 실전경험이 많은 군사들이 사망을 한 영향이 컸다. 이런 상황에 안달이 난 소린은 마지막 히든카드인 다치바나 도세쯔와 다카하시 조운에게 출진을 명령했다. 이 때 무네시게는 만일을 위해 다치바나성(立花城, たちばなじょう)을 지켰다. 이렇게 하여 오오토모 가문의 풍신(風神, 바람의 신-조운의 별명)・뇌신(雷神, 벼락의 신-도세쯔의 별명)은 오랜만에 같이 전투를 하게 되었다.

두 사람은 네코오성의 방어를 보고 어이가 없었다. 허술하기 짝이 없는 성의 방어책을 보고 지금까지 성을 함락하지 못한 무장들을 질책했다. 그러자 무장들이 반대로 화를 내며, 「너희들이 해 보아라」고 반발을 했다. 두 무장은 회의를 하고, 우선 성 안의 물줄기를 끊기로 했다. 두 달이나 농성을 했던 탓에 군량미가 부족했고, 거기에 물마저 없으니 일제히 사기가 떨어졌다. 총공격을 감행하자 바로 성은 함락되었다. 이 기세로 두 무장은 반 오오토모 세력인 야마가타 마사카게(山県昌景, やまがた まさかげ) 등을 잇달아 공략해 갔다. 연전연승을 한 오오토모군은 시마즈 가문으로 들어간 류조지 가문의 야나가와성(柳川城, やながわじょう)을 포위했다.

후에 무네시게의 거성이 되는 야나가와성은 견고한 요새였기에 좀처럼 함락되지 않았다. 어떻게 공략할지 두 무장은 군회의를 했지만 이 무렵

도세쯔의 몸상태가 좋지 않았는데, 이미 도세쯔의 나이는 70세를 넘은 상태였다. 거기에 이 무렵에는 빈고노쿠니(備後国, びんごのくに-현재의 히로시마현 동부)도 제압한 시마즈 가문이 주변의 호족들을 잇달아 산하에 복속시켰다. 시마즈 가문은 야나가와성이 있는 치쿠고노쿠니(筑後国, ちくごのくに-현재의 후쿠오카현 남서부)에도 침공할 기세를 보였다. 그래서 두 무장은 야나가와성을 내려다볼 수 있는 고라산(高良山, こうらさん)으로 진지를 옮겼다.

그러나 여기서 사건이 발생했다. 오오토모군사 8천명이 멋대로 이탈을 하여 부젠(豊前, ぶぜん-현재의 후쿠오카현 동부)으로 귀환하였다. 이 8천명은 「네코오성」 공격 때 선봉대였고, 도세쯔와 조운의 활약을 시샘해서 이탈한 것이었다. 두 무장은 남은 3000명의 군사로 「야나가와성」 공격과 시마즈군에 대한 대응을 마련해야 했다.

한편 무네시게가 지키고 있던 성에도 위기가 닥쳤다. 오랜 세월 적이었던 아키쯔끼가 다치바나성을 빼앗으려고 성 안의 인물과 내통을 하며 성을 포위했다. 성 안의 군사는 5백명밖에 없었지만 무네시게는 침착하게 대응했다. 우선 내통을 한 가신들을 죽였고, 성의 뒷문에

네코오성(猫尾城, ねこおじょう)

서 몰래 출격을 하여 아키쯔끼군의 배후에서 갑자기 공격을 감행했다. 아버지 도세쯔가 혹시 몰라서 두고 간 총 100정을 사용해서 아키쯔끼군을 쓰러뜨렸다.

고라산에 포진하며 시마즈 쪽으로 배신한 토착무사를 몰아낸 도세쯔와 조운이었지만, 몸 상태가 나쁨에도 계속 지휘를 한 도세쯔가 마침내 쓰러져버렸다. 한 때는 회복할 기미도 있었지만 재차 병세가 악화되어 그대로 사망했다. 향년 73세. 도세쯔는 「나의 몸에 갑옷을 입히고 야나가와성 쪽을 향해서 매장을 해라. 야나가와성이 함락될 때까지 바라보겠다」라고 유언을 남겼다. 조운은 무네시게에게 의견을 묻기 위해 사자를 보냈다. 적지의 한 가운데에 도세쯔 정도의 명장의 유체를 매장하는 것은 불가능하기 때문이다.

만일 고라산이 시마즈군에게 점거되면 도세쯔의 유체에 무슨 짓을 할지도 모른다. 아버지의 죽음의 소식을 들은 무네시게는 「아버지를 적지에 매장하는 것은 안 된다. 유체는 다치바나성으로 모시고 와서 장례를 치르겠다」고 대답을 하였다. 결국 유체는 조운이 철수를 하며 다치바나성으로 가지고 왔다. 도세쯔는 마지막 출진에 임해서 당주 소린에게 「관백(関白, かんぱく-천황을 보좌하는 역)인 도요토미 히데요시에게 가는 편이 좋아요」라는 조언을 했다. 소린은 이 조언에 따라 히데요시와 접촉을 했으며, 히데요시는 관백이라는 지위에 있었기에 시마즈, 오오토모에게 화평을 명했다. 그러나 시마즈는 히데요시의 명령을 무시하고 계속 전투를 벌였다.

위험하기는 했지만 시마즈의 입장에서는 조금만 분발하면 큐슈 전체를 지배할 수 있었기 때문에. 그러나 소린은 본인이 애지중지하던 다기를 선물로, 은밀하게 히데요시와 회견을 했고 히데요시는 흔쾌히 시마즈정벌을 약속했다. 히데요시는 누구보다도 다도를 사랑했고, 귀한 다기에 흥미를 가지고 있었기에 소린의 작전은 주효했다. 그러나 시마즈정벌에는 조건이 있었고, 「다카하시 조운과 다치바나 무네시게를 도요토미 가문의 직속 신하로 한다」였다. 소린는 주저하면서 그 조건을 받아들였다.

히데요시는 그의 정보망을 통해서 이미 무네시게의 존재에 대해서 알고 있었기에 이러한 조건을 내걸었다. 히데요시와의 회견은 성공했지만

나구루미성터(名胡桃城, なぐるみじょう)

오오토모 가문은 여전히 위험한 상태였다. 시마즈 가문의 당주 시마즈 요시히사(島津義久, しまづ よしひさ)는 반 오오토모 세력을 규합하여 대군을 편성하고 오오토모 영지를 향해서 침공을 했다. 시마즈군은 두 갈래로 나누어서 북상을 하였고, 시마즈 타다나가(島津義久, しまづ ただなが)를 대장으로 하는 5만의 대군이 치쿠젠(筑前, ちくぜん-현재의 후쿠오카현)·치쿠고(筑後国, ちくご-현재의 후쿠오카현의 남부)로 진군했다. 시마즈군은 카쯔노오성(勝尾城, かつのおじょう)을 함락하고, 하카타(博多, はかた)를 제압, 다음의 목표를 다카하시 조운이 농성하고 있는 이와야성(岩屋城, いわやじょう)으로 정했다. 조운은 8백명의 군사밖에 없었다.

무네시게는 친아버지가 걱정이 되어 사자를 보내 이와야성을 포기하고 다치바나성에서 함께 싸울 것을 제안했다. 그러나 조운은 이 제안을 거부했다. 왜냐하면 가능한 한 시마즈군과 대치하면서 도요토미로부터의 원군이 도착할 때까지 시간을 벌 생각이었다. 5만의 군사에 대해 8백명의 군사가 대치하는 것은 무리였지만 조운의 생각은 확고했다. 그래서 무네시게는 뛰어난 군사 30명을 선발하여 이와야성으로 보냈지만 조운은 되돌려 보내려고 했다. 아들을 배려하는 아버지의 마음을 엿볼 수 있지만, 그 30명은 「되돌려 보내시려고 하면 저희들은 여기서 할복을 하겠습니다」라고 하자, 그들을 받아들였다.

이와야성을 포위한 시마즈군은 항복을 권유하지만 조운은 거부를 했고, 시마즈군은 총공격을 개시했다. 조운이 이끄는 군사들은 마치 신들린 듯이 대항을 하여 시마즈의 대군을 이겨냈고, 큰 타격을 입혔다. 시마즈군은 다수의 사상자가 나왔고 이름 있는 장군도 사망을 하였기에 공격을 일시 중지하였다. 그러자 시마즈군은 수공으로 전법을 바꿔, 이와야성으로 들어가는 물을 차단하였다. 그리고 마지막 총공격 전에 재차 항복을 권유했지만 거부당했다.

군량미도 떨어지고 물도 없는 상태에서 조운의 병사들은 맞섰다. 그러나 한 명씩 쓰러지면서, 조운도 결국 불타는 성 안에서 할복을 하였다. 향년 39세. 손쉽게 낙성될 줄 알았던 이와야성에서, 시마즈군은 보름이나 발이 묶였고, 3천 이상의 군사를 잃었다. 그러나 조운과 그의 병사들의 죽음은 헛되지 않았다. 히데요시가 보낸 큐슈정벌군이 도착을 하였던 것이다. 그러나 다치바나성은 히데요시군이 도착하기 전에 포위되었다. 시마즈군은 무네시게에게 항복을 권유하자 무네시게는, 「우리 아버지는 마지막까지 장렬하게 싸웠다. 도요토미 님과의 약속도 있는데 내가 항복을 할 리가 없잖아! 해볼 테면 해 봐라」고 호탕하게 말하며 항복을 거부했다.

아직 원군이 도착하지 않았지만 조운이 목숨을 건 분전의 덕분으로 시마즈군이 상당히 피곤할 거라고 예측을 했다. 그래서 정면으로 맞붙지 않고, 부대를 나누어 게릴라전으로 임했다. 이미 앞의 전쟁 때문에 지쳐 있었고, 이와야성에서 총공격을 감행하여 실패한 경험도 있었기에 시마즈군은 항복하도록 몇 번이나 권유를 했다. 원군이 올 때까지 시간을 벌어야 했던 무네시게는 「가신들의 의견을 물어보겠다」「곧 항복하겠다」라는 식으

로 대답을 하며 시간을 끌었다. 무네시게의 작전을 간파한 대장 시마즈 타다나가는 총공격을 결의했지만 무네시게는 가신인 우치다 시게이에(内田鎮家, うちだ しげいえ)를 인질로 보내 총공격을 연기시켰다.

여러 위기가 있었지만 시간 벌기에 성공하였고 마침내 도요토미의 큐슈정벌군이 도착을 했다. 시마즈군은 그때서야 무네시게에게 속았다는 것을 알아차렸다. 이런 상황에서 도요토미군과 싸우는 것은 불리하다고 판단한 시마즈 타다나가는 퇴각을 명령했다. 무네시게는 이 순간을 기다리고 있었다. 무네시게는 즉시 전군에게 출진의 명령을 내리고 퇴각하는 시마즈군을 무자비하게 공격을 했다. 이것을 예상하지 못했던 시마즈군은 속절없이 당하기만 하였다. 철저히 무네시게에게 유린을 당한 것이다. 무네시게는 그 기세로 시마즈군에게 빼앗긴 이와야성과 호만성(宝満城, ほうまんじょう)의 탈환에 성공을 하였다.

그러나 분고(豊後, ぶんご-현재의 오이타현의 남부)로 원군을 이끌고 온 센고꾸 히데히사(仙石秀久, せんごく ひでひさ), 초소가베 모토치까(長宗我部元親, ちょうそかべ もとちか)군은 맹장 시마즈 이에히사(島津家久, しまづ いえひさ)에게 헤쯔기가와 전투(戸次川の戦い, へつぎがわのたたかい)에서 참패를 하여「분고」는 시마즈에게 제압을 당했다. 이 타이밍에 마침내 히데요시가 이끄는 본대가 도착을 하여, 압도적인 군사로 시마즈 쪽의 성을 계속 함락했다. 그리고 무네시게는 히데요시군의 선봉대로서 큐슈 각지에서 큰 승리를 거두었다. 히고(肥後, ひご-현재의 구마모토현)로 쳐들어가 다카바성(竹迫城, たかばじょう)을 함락하고, 남하하여 우토성(宇土城, うとじょう), 이즈미성(出水城, いずみじょう)을 함락하자 마자 오구찌성(大口城, おおくちじょう)을 포위했다. 이 이상 저항은 무리라고 깨달은 시마즈 가문 당주「요시히사」는 마침내 히데요시에게 항복을 했다.

무네시게는 큐슈정벌이 끝난 후의 논공훈장으로「야나가와」를 중심으로 약 13만석을 받았고, 도요토미 직속 신하의 다이묘로 등극했다. 히데요시는 무네시게의 큐슈에서의 활약을 보고「その忠義、鎮西一。その剛勇、また鎮西一(그 충성스러운 마음, 큐슈에서 최고이며, 그 용감함이 또한 큐슈에서 최고이다)」라며 극찬을 하였다고 한다. 20대 초반의 무네시게가 이 정도의 활약을 할 줄은 아무도 예상하지 못했던 것이다.

히데요시로부터 야나가와 13만석을 받은 무네시게였지만 다치바나성은 고바야가와 다카카게(小早川隆景, こばやかわ たかかげ)가 받았다. 무네시게가 다이묘가 된 것은 좋은 일이었지만, 그의 아내 긴치요는 엄청 반대를 했다. 그만큼 애정이 있었던 성이었

이와야성 전투지
(岩屋城, いわやじょう)

으나 무네시게와 가신단들의 설득으로 겨우 납득을 하였다. 무네시게는 야나가와성으로 옮기고 나서 바로 전쟁에 뛰어들었다. 이웃 나라 빈고에서 토착 무사들의 무장봉기가 발생하여, 당시의 빈고의 영주, 삿사 나리마사(佐々成政, さっさ なりまさ)는 진압에 나섰지만 결렬한 저항에 부딪혀 위기에 빠졌다.

무장봉기 세력은 히젠(肥前, ひぜん-지금의 사가현)의 나베시마 나오시게(鍋島直茂, なべしま なおしげ)가 보낸 원군도 격퇴를 하였기에 무네시게에게 삿사와 히데요시로부터 원군의 요청이 왔다. 무네시게는 무장봉기 세력을 꼼꼼히 조사하여 작전을 짰다. 그리고 큐슈정벌을 함께 한 가신들을 데리고 격전을 벌였다. 이 전투에서 무네시게는 10번이나 출진을 한 적도 있었다.

격전을 계속하는 동안에 히데요시의 명령에 따라 히젠과 치쿠젠의 모든 무장들이 도착하여 겨우 무장봉기 세력을 진압했다. 무네시게는 진압 후, 본인 영토의 방어를 위해 다섯개의 지성(본성 주위에 있는 성)을 건설하여, 제각각의 성에 신뢰할 수 있는 가신을 배치했다. 이웃 영토의 히고도 안정된 상태가 아니고 남쪽에는 히데요시에게 공순의 자세를 취했다고는 하지만 시마즈 가문이 건재했기 때문이다.

이번에는 고니시 유키나가(小西行長, こにし ゆきなが)의 영토에서 또 무장봉기가 발생했지만 진압에 성공하여 도요토미 정권은 큐슈를 완전히 장악하였다. 이것으로 히데요시의 적은 나구루미성(名胡桃城, なぐるみじょう) 사건으로 관계가 악화된 호조(北条, ほうじょう)와 동북의 다테 마사무네(伊達政宗, だて まさむね)뿐이었다. 그리고 히데요시는 오다와라 정벌(小田原征伐, おだわらせいばつ)

에 출진하면서, 전국의 모든 다이묘에게 참전을 명령하였고 무네시게도 응했다.

슨뿌(駿府, すんぷ-현재의 시즈오카현)에 도착한 히데요시는, 모든 무장 앞에서 「여기에 있는 인물은 동국무쌍인 혼다 타다카쯔(本多忠勝, ほんだ ただかつ)이고 이 젊은이가 서국무쌍인 다치바나 무네시게이다. 지금 우리 군에는 동서무쌍의 무장이 있다」라고 말을 하였다. 이 당시 혼다 타다카쯔는 42세, 무네시게는 23세였다. 경험과 실적에서 상당한 수준에 있는 타다카쯔와 아직 새파란 무네시게를 동격의 존재로서 평가한 것은 그만큼 무네시게를 존중했다는 것이다. 독립한 다이묘와 히데요시의 가신이라는 차이는 있었지만 히데요시가 무네시게에게 반했다는 것을 충분히 알 수 있다.

히데요시군은 20만의 대군으로 진군을 개시하여 오다와라성의 지성을 잇달아 함락했고, 드디어 오다와라성을 포위했다. 포위전은 장기에 걸쳐 이루어졌지만 마침내 호조는 히데요시에게 항복을 하였고 가문은 멸망하였다. 오슈(奧州, おうしゅう-현의 일본 동북부, 후쿠시마・미야기・이와테・아오모리・아키다현의 일부)의 다테 마사무네도 오다와라성 포위전 중에 히데요시에게 공순의 의사를 표명했다. 무네시게는 히데요시의 오슈 처벌에도 참전하여 활약을 했다. 그리고 구노헤 마사자네(九戸政実, くのへ まさざね)의 난의 진압을 거쳐 히데요시는 마침내 천하통일의 꿈을 이루었다.

천하를 통일한 히데요시는 그를 옆에서 도우며 지원해 주었던 남동생 히데나가(秀長, ひでなが)의 죽음을 계기로 폭군으로 변해갔다. 그의 다도의 스승이었던 센노리큐(千利休, せんのりきゅう)를 할복시키는 등, 독재자로서의 모습을 보이기 시작했던 것이다. 히데요시의 야심은 바다를 건너, 조선반도 그리고 명나라로 향하였다.

조선에 위압적인 외교를 반복하며, 주변에서 말렸음에도 조선으로 출병을 하였다. 히데요시는 큰 일을 결정할 때마다 그의 아내 네네(ねね)에게 묻곤 했는데, 네네 역시 조선출병을 반대하였다. 조선으로의 출병은 시코쿠(四国, しこく)의 다이묘를 중심으로 편성되었고, 무네시게에게도 당연히 출진의 요청이 왔다. 문록의 역(文禄の役, ぶんろくのえき-임진왜란)의 시작이다.

무네시게는 2600명의 군사가 할당되었지만 무네시게는 그것보다 많은 3천명을 이끌고 참전했다. 터무니없는 전쟁이었지만 무네시게는 성실히 임했다. 전국에서 동원된 총 16만의 군세는 9개로 나뉘어 출진하였고, 무네시게는 고바야가와 다카카게(小早川隆景, こばやかわ たかかげ)가 이끄는 6번대에 편성되었다. 무네시게가 속한 6번대는 전라도 쪽으로 북상하며 조선군의 저항을 받으면서도 진군을 계속했다. 그 외의 부대도 진군을 계속하여 일본군은 한성 그리고 평양도 공략했다. 그러나 여기서 명나라의 원군이 도착하였고, 게다가 조선의 의병군도 게릴라 작전을 전개하여 전쟁은 고착화되었다. 그러나 이 와중에도 무네시게는 활약을 하였고, 용천 전투에서는 평양에서 한성으로 패주하는 고니시 유키나가의 부대를 도우러 2600명의 군사를 이끌고 명나라 군 8천명을 기습하여 궤멸시켰다.

그 후 하동 전투에서는 명나라·조선 연합군 4만 명을 고바야가와

우키타 히데이에(宇喜多秀家, うきた ひでいえ)

히데가네(小早川秀包, こばやかわ ひでかね)와 함께 4천명의 군사로 물리쳤다. 이 전투에서는 무네시게는 복병을 이용하여 명나라 군대를 기습, 7천명 이상의 적을 단숨에 괴멸시켰다. 그러나 압도적인 수를 가진 명나라·조선 연합군과 난전을 거듭하여 한 때는 밀리는 양상을 보이기도 하였다. 그러나 무네시게는 결국 연합군을 격퇴하는 전과를 올렸다. 지금까지의 전쟁에서 연전연승을 한 무네시게였지만 이번에는 15만의 대군이 한성을 목표로 진군해 왔고 일본군은 4만이었다.

　　일본 쪽에서 보면 임진왜란에서 가장 유명한 전투인 「벽제관 전투」의 시작이다. 연합군이 4배 이상의 군사력을 가지고 있었기에, 일본은 군회의를 하며 농성을 할 것인지 맞붙어 싸울 것인지 의견이 나뉘었다. 무네시게는 나가서 싸워야 한다고 주장을 하였고 고바야가와 다카카게도 찬성을 했다. 무네시게는 선봉을 맡게 되었고, 우선 척후병을 보내 한성의 북서쪽에 있는 벽제관이라는 계곡에 연합군이 집결하고 있다는 것을 알았다. 지형을 확인한 무네시게는 주 특기인 기습을 하기로 하고 시간은 새벽으로 결정하였다. 무네시게는 출진하기 전에 스스로 죽을 만들어 군사들에게 나누어 주었다.

당시는 한겨울이었기에 술을 데워서 가신들에게도 돌리기도 하였다. 충분히 몸을 데운 다치바나 군대는 계획대로 새벽에 기습을 감행했다. 기습은 성공하였고, 그 후 백병전을 펼쳤지만 병력에서 뒤쳐지는 다치바나 군대는 고전을 거듭했다. 그러나 무네시게는 미리 준비해 둔 별동대를 연합군의 측면으로 공격하게 하여 타격을 주었다. 전투를 시작하고 나서 약 4시간이 지난 즈음에 고바야가와 다카카게 군대가 도착하고, 이어 우키타 히데이에(宇喜多秀家, うきた ひでいえ) 군대도 가세하였다. 그럼에도 형세는 연합군 쪽으로 기울고 있었다. 그런 상황 속에서 무네시게는 명나라의 대장 「이여송」의 위치를 파악하고 조총부대에게 일제히 사격을 하도록 지시하였다.

그리고 총공격을 명령하자 이여송은 전군에게 철군을 지시했다. 이 벽제관 전투에서 무네시게가 이끄는 다치바나 군세는, 명장 고바야가와 다카카게로부터 「다치바나 군사 3천은 다른 가문의 만 명의 군사보다 낫다」라는 칭찬을 받았다. 이 벽제관 전투에서의 패전으로 명나라의 장군 이여송은 전의를 상실하여 강화교섭에 들어갔다. 겨우 전쟁을 끝내고 야나가와에 돌아온 무네시게였지만, 명나라와의 강화조건이 맞지 않아, 화가 난 히데요시가 재차 조선으로의 출병을 결의하였기에 무네시게는 또 출진하게 되었다. 케이쵸의 역(慶長の役, けいちょうのえき-정유재란)의 시작이다.

이 전투에서도 무네시게의 무패의 전적은 계속되었다. 「울산성 전

투」에서는 군량미부족으로 군사들이 배를 곯고 있는 가토 기요마사(加藤清正, かとう きよまさ) 군세를 돕기 위해 출진했고 불과 8백명의 군사로 명나라 2만 2천을 기습하여 성공하였다. 연전연승을 하는 중에 일본에서 아주 큰 사건이 발생하였다. 바로 도요토미 히데요시의 사망이다. 조선에 있는 일본군에게 퇴각명령이 내려와서 순천성을 지키고 있던 고니시 유키나가는, 히데요시의 죽음을 숨기며 조선과 명나라 연합군과 강화교섭을 하고 철군을 시작하였다.

그러나 히데요시의 죽음은 연합군에게 새나가, 강화교섭을 뒤집은 연합군은 해상을 봉쇄했기에 고니시 유키나가 군세는 순천성에서 고립되어버렸다. 일본군은 부산에서 회의를 열어 고니시 유키나가를 어떻게 할 것인가로 옥신각신했고, 그 중에는 그대로 남겨두자는 의견도 있었다. 좀처럼 의견이 정리되지 않자, 무네시게는 제장들을 향해서 「유키나가 님을 내버려 둘 수 없다. 나 혼자라도 구출해 오겠다」라고 말을 했다. 이 의견에 시마즈 요시히로(島津義弘, しまづ よしひろ), 데라자와 히로다카(寺沢広高, てらざわ ひろたか)가 찬성을 하여, 유키나가 구출을 위해 급히 5백 선단을 편성하여 순천으로 향했다. 이 움직임을 본 조선·명 연합군은 해상봉쇄를 풀고 일본군과 싸울 준비를 하였다.

정유재란에서 최대의 해전인 「노량해전」의 시작이다. 연합군을 이끄는 사람은 조선의 명장 이순신이었다. 일본군에도 무네시게와 시마즈 가문 사상 최강의 무장, 「시마즈 요시히로」가 있었다. 소위 일본이 뽐내는 큐슈정벌의 콤비이다. 고니시 유키나가를 구출하기 위한 일본군을 조선·명 연합군은 남북으로 협공을 하였다. 불리한 상태에서 전투가 시작되었지만 다치바나 군세는 제일 먼저 조선·명 연합군과 교전, 맹공을 퍼부어 연합군의 선봉을 후퇴시켰다.

조선·명 연합군은 명나라 군의 주력부대를 전선에 투입하여 시마즈 본대와 후속의 일본군이 뒤섞인 난전이 거듭되었다. 제일 먼저 명나라 주력부대와 맞붙은 시마즈 군세는 엄청난 피해를 입었고, 요시히로도 조선·명 연합군에게 제압을 당하는 등 위기에 빠졌다. 이 전투는 동틀 녘까지 계속되었다. 이 난전으로 조선의 영웅 이순신장군과, 명나라의 부장 등자룡이 전사, 조선·명 연합군도 막대한 피해를 입었다.

이런 속에서 고니시 유키나가는 순천성에서 빠져나왔다. 무사히 고니시와 그의 부대를 구한 일본군은 조선에서 철수를 하였고, 무네시게는 일본군에서 제일 늦게 철수를 하였다. 임진왜란과 정유재란의 역사적 사실은 어디까지가 실화이고 어디까지가 허구인지 확실하지는 않다. 다만, 위의 내용은 일본측 사료에 입각하여 기록한 것임을 밝혀 둔다.

조선 출병은 끝났지만 히데요시의 죽음으로 도요토미 정권은 흔들리고 있었다. 도쿠가와 이에야스(德川家康, とくがわ いえやす)가 대두하였고, 그것을 억제하려고 했던 마에다 도시이에(前田利家, まえだ としいえ)가 병사하자 이에야스를 제지할 수 있는 사람은 아무도 없었다. 이에야스는 우에스기 카게카쯔(上杉景勝, うえすぎ かげかつ)에게 모반의 의심을 하여 아이즈(会津, あいづ·현재의 후쿠시마현)정벌을 감행하자, 이시다 미쯔나리(石田三成, いしだ みつなり)는 「도쿠가와 이에야스가 잘못한 13개 조항-内府ちかひ(違い)の条々」을 발표하였고 이것은 이에야스를 탄핵하는 선전포고문이었다.

이 문서에 의해 1600년 9월 15일 세키가하라(関ヶ原, せきがはら) 전투가 시작되었다. 이시나리는 거병을 하였으며, 이 문서를 읽은 무네시게는 서군으로 참가하기로 하고, 4천명의 군사를 이끌고 오사카로 갔다. 그러나 이에야스로부터 「치쿠젠과 치쿠고, 아니면 히젠 50만석을 줄 테니 같은 편이 되어 달라」라는 편지가 도달했다. 하지만 무네시게는 그 제안을 단번에 거절을 했다.

그러자 이에야스는 「그렇다면 적어도 야나가와로 되돌아가서 이번 전쟁에 참여하지 말아 달라」고 재차 부탁했지만 무네시게는 이 역시 거절하였다. 세키가하라 전투에 갈 때 무네시게는 「승부는 어떻게 되어도 상관없다. 다만 히데요시 님의 은혜에 보답할 뿐이다」라는 말을 남겼다.

오사카성에 들어간 무네시게는 서군의 총대장 모리 테루모토(毛利輝元, もうり てるもと)로부터 이세구치(伊勢口, いせぐち)의 방어를 명 받았다. 그러나 서군에 속한 오쯔성(大津城, おおつじょう)의 성주, 쿄고쿠 타카쯔구(京極高次, きょうごく たかつぐ)의 배신이 발각되어 서군은 오쯔성 공략을 위해 군세를 편성하였고 무네시게도 여기에 들어갔다. 쿄고쿠 가문은 군사적으로는 별로였지만 거성인 오쯔성은 비와호(琵琶湖, びわこ 호수)로 툭 튀어나온 요새였다. 무네시게를 포함한 만 5천의 병사로 오쯔성을 포위한 서군은 1600년 9월 7일,

오쯔성을 공격하였다.

　　오쯔성에서 농성하고 있던 3천명의 군사는 겨우 버티고 있었지만, 이대로는 상황이 악화될 뿐이어서, 회의를 하여 죽이 되든 밥이 되든 야간 기습을 감행하기로 하였다. 그러나 적군에는 「무네시게가 있다. 야습은 무리다. 무네시게가 대비하지 않을 리가 없어. 반대로 대패배를 할 거야」라고 하며 야습을 포기했다. 즉, 무네시게가 있다는 자체만으로 전법이 바뀔 정도였다. 그래서 교고쿠군은 성문을 잠그고 농성에 만전을 기하기로 하였다. 그러나 서군에는 비밀병기 대포가 있었다. 이 전투는 대포를 사용한 첫 공성전이다. 서군은 성의 뒤에 있는 나가라야마(長等山, ながらやま)에서 포격을

세키가하라 전투의 시마즈 진지(島津)

시작했다. 쿄고쿠군은 저항을 했지만 대포의 원조를 받은 무네시게가 이끄는 다치바나군은 9월 14일에는 성의 내성까지 함락을 했다. 그리고 다음날 15일에 쿄고쿠군은 항복을 하고 성문을 열었다. 그러나 세키가하라 전투는 반나절만에 이에야스가 이끄는 동군의 승리로 끝났다. 무네시게는 세키가하라 전투에 직접적으로 참여하지 않았지만, 무네시게가 세키가하라에 없었기에 이에야스가 단기전으로 끝내려고 했다는 설도 있다.

「히데타다(이에야스의 아들)는 왜 아직 도착하지 않지?」「고바야가와에게는 배신을 하도록 말해 두었지만 별로 믿음은 안 가고…」「너무 질질 끌면 서군이 히데요리(히데요시의 아들)를 받들어 모실 것 같고…」「그렇게 되면 안 되는데…」「그런데 무네시게는 아직 여기에 오지 않았어?」 등의 흐름으로 이에야스가 생각하지 않았을까? 그래서 무네시게가 오지 않은 틈에 단기전으로 이 전투를 끝내려고 했을 것이다.

서군이 패했지만 무네시게는 포기하지 않았다. 오사카성에는 서군의 총대장 모리 데루모토가 남아 있었다. 오쯔성에서 오사카성으로 들어간 무네시게는 모리 데루모토에게 이런 말을 했다. 「오사카성에서 농성을 합시다. 이쪽에는 아직 싸울 수 있는 병력이 있습니다. 아무리 대군이라도 이 오사카성이라면 손쉽게 떨어지지 않을 겁니다. 시간을 버는 동안에 도요토미 가문에게 은혜를 입은 다이묘들이 서군으로 합류해 줄 겁니다」.

그러나 모리 데루모토는 「지금 다같이 회의를 하고 있으니 잠시 기다려 줘」라고 별로 믿음이 가지 않는 대답을 하였다. 그러자 무네시게는

「뭐? 이제서야 회의를 한다고? 이런 상황에서 대장이 그런 천하태평한 소리를 하면 농성전은 못해!」라고 하며 야나가와로 되돌아가버렸다. 야나가와로 되돌아가는 도중, 다치바나 군세는 시마즈 요시히로와 만났다. 세키가하라 전투에서 나중에 「시마즈의 퇴로(島津の退き口, しまづののきぐち)」라고 알려진 전설적인 철수작전을 멋지게 해낸 시마즈 군세였지만 이름이 자자한 동군의 무장들을 피해서 전쟁터를 떠날 무렵에는 거지꼴이었다.

그 시마즈 군세를 본 가신의 한 명이 무네시게에게 「지금이라면 아버지의 원수를 칠 수 있습니다」라고 말했다. 앞에서 말했듯이 무네시게의 아버지 조운은 시마즈 가문에게 살해를 당했다. 그러나 무네시게는 「전쟁에 져서 고향에 돌아가는 상대를 덮치는 것은 무사의 도리가 아니다」라는 말을 하며, 오히려 사이 좋게 큐슈까지 되돌아갔다고 한다. 실은 무네시게와 시마즈 요시히로는 큐슈정벌 후부터 교류가 있었고 서로가 비밀 모임을 열거나 하며 사이가 좋았다고 한다.

야나가와성에 돌아온 무네시게였지만 큐슈에서는 가토 기요마사와 쿠로다 간베에가 서군에 붙은 다이묘 집안의 성을 잇달아 공략을 하고 있었다. 게다가 히젠의 나베시마 나오시게가 이에야스의 명령을 받고 야나가와성을 공격하기 위해 대군을 이끌고 야나가와성을 포위했다. 무네시게는 농성을 하며 교전을 할 태세를 보였지만, 성문을 열 것을 권유하는 가토 기요마사에게 「알겠습니다. 문을 열겠습니다. 저는 할복할 테니 군사들의 목숨을 살려주세요」라고 말하자 기요마사는 「군사들의 목숨을 거둘 생각은 없고, 전원을 보살펴 주겠다. 그리고 할복은 하지 말게나」라며 무네시게를 설득하자 무네시게는 그 말을 받아들이고 온순하게 성문을 열었다.

야나가와성 개성 후, 다치바나 가문은 면직이 되고 무네시게는 로닌(浪人, ろうにん-면직되거나 주군을 잃은 무사)의 신분이 되었다. 그러나 기요마사를 비롯한 각지의 다이묘들은 무네시게의 인간성과 무장으로서의 기개를 높게 평가하여 가신이 되도록 권유를 하였다. 특히 가토 기요마사와 마에다 도시나가(前田利長, まえだ としなが)는 열심히 권유했지만 무네시게는 정중히 거절했다. 임관을 거부당한 가토 기요마사는 무네시게를 식객으로서 옆에 두었다. 잠시 가신단과 가토 집에 몸을 맡겼던 무네시게였지만 시간이 흘러 그의 곁을 떠났다.

무네시게는 아내 긴치요를 히고에 남기고, 교토로 향하기로 했다. 이때 가신단 중, 20여명이 끝까지 무네시게 옆에서 함께 하였다. 무네시게가 면직되었기에 굳이 함께 하지 않아도 되었지만 그들은 아무런 불평도 없이 주군을 모셨다. 에도시대에는 주군과 끝까지 함께 하는 정신이 있었지만 배신과 중상모략이 난무하던 전국시대에는 정말 드문 모습이었다. 그만큼 무네시게의 인품과 인간성이 뛰어났다는 것을 알 수 있다. 주군이 자신을 정당하게 평가하지 않거나, 월급을 제대로 지불하지 않으면 여차없이 그 관계를 끊는 것이 전국시대의 일반적인 모습이었다. 히고에 남겨둔 아내 긴치요는 무네시게가 교토에 있는 동안 사망하였다. 두 사람 사이에는 자식이 없었고, 부부사이도 그다지 좋지 않았다고 한다.

교토에서 가신들과 지내던 무네시게의 생활은 매우 빈곤했지만 여러 사람의 도움으로 그럭저럭 살아갈 수 있었다. 무네시게는 로닌의 신분이 되었을 때도 무예나 다도 등에 몰두하였고, 스스로를 연마하는데 게을리하지 않았다. 긴치요의 사후, 에도(도쿄)로 온 무네시게는 가신들과 로닌생활을 이어갔다. 그리고 무네시게가 에도에 있다는 이야기를 들은 세이이다이쇼군(征夷大将軍, せいいたいしょうぐん-정의대장군)인 이에야스로부터 호출이 있었다. 이에야스는 무네시게를 막부의 하타모토(旗本, はたもと-쇼군 직속 무사)로서, 5천석으로 고용하고 싶다고 말했다. 세키가하라 전투에서는 적이었지만 이에야스도 무네시게를 높게 평가했던 것이다.

무네시게는 이 제안을 받아들이고 약 4년에 걸친 로닌생활을 청산했다. 하타모토로서 도쿠가와 막부에 공헌을 한 무네시게는 막부로부터 두터운 신뢰를 받아 무쯔(陸奥, むつ-현재의 후쿠시마현, 미야기현, 이와테현, 아오모리현)의 다나구라번(棚倉藩, たなぐらはん-현재 후쿠시마현의 일부)의 초대 번주로서 만석을 받은 후, 무네시게는 영토 관리에도 수완을 발휘하여 3만석까지 받게 되었다.

그 후 오사카 전투(大阪の陣)가 발발하여 무네시게도 참전을 하였다. 도요토미 가문과의 결전이던 오사카 여름 전투(大阪夏の陣)에서는 도쿠가와 히데타다(徳川秀忠, とくがわ ひでただ-이에야스의 아들) 휘하에서 본진의 방어를 담당하며 오오노 하루사토(大野治房, おおの はるふさ)의 공격으로부터 히데타다를 지키는 활약을 하였다. 확실하게 도쿠가와로부터 신뢰를 얻은 무네시게에게 막부로부터 치쿠고야나가와(筑後柳河, ちくごやながわ)의 10만석을 하사하며 영토를 옮기라는 명령을 받았다. 이것을 「쿠니가에(国替え, くにがえ)」 라고 하고 「다이묘의 영지를 바꾸는 것」을 의미한다.

무네시게는 본인의 본래의 영토를 다스리게 되었기에 영전이라고 할 수 있다. 면직이 되고 나서 20년 후, 무네시게는 겨우 본인이 원래 다스렸던 영토로 돌아올 수가 있었다. 그 만큼 무네시게는 신뢰를 받았던 것이다. 세키가하라 전투 후, 면직된 다이묘 집안은 전부 88개였고, 무네시게를 포함해서 다이묘로 복귀한 무장은 몇 사람 있지만 서군으로서 본래의 영지로 복귀한 무장은 무네시게 단 한 명뿐이었다. 이 때의 막부는 어떻게든 번의 다이묘를 다른 사람으로 바꾸려고 했다. 그런 막부를 이렇게까지 본인을 믿게 만든 무네시게는 정말 대단하다는 말밖에 할 수 없다.

이 후, 무네시게는 3대 쇼군 이에미쯔(家光, いえみつ)에게 할아버지, 아버지와 활약했던 전쟁이야기를 들려주는 등, 오토기슈(御伽衆, おとぎしゅう, 쇼군의 측근으로서 가까이 모시는 사람)로서 마치 후다이(譜代, ふだい, 도쿠가 가문을 예전부터 모셨던 가문) 가신처럼 중용되었다. 이 무렵 에도에서 막부의 행사 등과 관련된 일을 하며 나날을 보냈던 무네시게에게 마지막 전쟁의 기회가 찾아왔다. 히젠의 마쯔쿠라(松倉, まつくら)번에서 무장봉기가 발발하였는데, 후에 시마바라의 난(島原の乱, しまばらのらん)이라고 불린 대규모 무장봉기였다.

막부는 진압에 임했지만 무장봉기 세력의 저항이 강해서 총대장 이타구라 시게마사(板倉重昌, いたくら しげまさ)가 전사하는 등, 진압에 애를 먹었다. 막부는 치에이즈(知恵伊豆, ちえいず)라고 불리던 명성 높은 마쯔다이라 노부쯔나(松平信綱, まつだいら のぶつな)를 새로운 총대장으로 파견하고, 무네시게를 그 보좌로서 참전하게 하였다. 무네시게에게 있어서는 오사카 전투 이후의 전쟁터이다. 무네시게는 이 당시 70세가 넘었지만 무네시게의 참전으로 막부군의 병사들은 사기가 하늘을 찌를 듯했고 「전설적인 무장이 재차 강림하였다」라고 하였다. 당연히 이 시기의 젊은 무장들에게 있어서 무네시게는 전설 그 자체였다.

무네시게는 마쯔다이라 노부쯔나에게 정확한 조언을 하며 시마바라의 난의 진압에 큰 공헌을 세웠다. 마지막 전쟁을 끝낸 무네시게는 가독을 양자인 타다시게(忠茂, ただしげ)에게 물려주고 출가를 하였다. 그리고 4년 후, 에도의 야나가와번 저택에서 그 파란만장한 생애를 마쳤다. 향년 76세.

전쟁에는 특출나게 강했고 적에게도 같은 편에게도 존경을 받았으며, 밑바닥까지 떨어져도 다시 일어섰던 다치바나 무네시게. 그 누구와도 견줄 수가 없는 인물이다. 영지의 규모도 작았고 동원할 수 있는 병력도 적었던 무네시게가 이렇게나 강했던 것은 왜일까? 그 비밀의 열쇠를 풀 수 있는 에피소드가 하나 있다. 호소가와 타다오끼(細川忠興, ほ

다치바나 무네시게 무덤

そかわ ただおき)가 무네시게에게 「무네시게 씨, 당신의 가신 모두는 당신이 하는 말을 잘도 듣는 군요. 누군가 감시를 하는 사람이라도 있는가요?」라며 좀 빈정거리는 듯이 묻자, 무네시게는 「아뇨. 저는 가신들에게 숨기는 것이 없어요. 좋은 일이든 나쁜 일이든 말이죠. 잠자리에서 했던 말도 가신들에게는 숨기지 않아요. 여하튼 가신들을 소중히 하고 믿는 것입니다」라고 대답을 하였다. 무네시게는 다치바나 가문을 위해서 싸우고 전사했던 가신 전원의 명부를 가지고, 매년 반드시 공양을 했다고 한다. 군사의 수는 적었지만 이런 철석같은 결속이 다치바나군이 강한 비밀의 하나였다.

그리고 다치바나 가문은 무네시게도 무예의 달인이었지만 다치바나의 양날개라고 불리는 유후 고레노부(由布惟信, ゆふ これのぶ), 오노 시게유키(小野鎮幸, おの しげゆき)로 대표되는 무예에 탁월했던 가신이 많이 있었고, 원래 오오토모 가문의 가신이었지만 총을 다루는 솜씨가 뛰어났던 가신도 많았기에 군사의 질적인 면에서는 타의 추종을 불허했다. 그리고 다치바나군은 많아야 4천명의 군사였지만 군사의 수가 많다고 좋은 것은 아니다. 경우에 따라서는 걸림돌이 되는 경우도 있다. 만 단위의 대군이라면 명령의 전달이 늦어지는 것도 어쩔 수 없고, 스피드 면에서도 손해를 본다.

그러한 점에서, 공격력이 탁월한 4천명의 군사를 항상 유지할 수 있다면 재빠른 행동도 가능하다. 즉, 다치바나 군은 개개인의 능력도 뛰어나고, 총을 잘 다루는 군사도 많았기에 원거리 공격도 가능했던 것이다. 그리고 무네시게를 위해서라면 어떠한 일도 하는 완벽한 팀워크로 뭉쳐 있었다. 그런 특수부대 같은 무리들이, 전쟁의 천재인 무네시게의 지휘 하에, 기동력을 가지고 싸우면 어떠한 대군이라도 두려울 것이 없었을 것이다. 거기에 기습능력까지 가지고 있으니 천하무적이었다. 무네시게는 이런 말도 남겼다. 「백성의 행복이야 말로 최고의 의(義)이다」.

## 전국시대의 독안용(独眼竜)
다테 마사무네(伊達政宗, だて まさむね)

다테 마사무네의 일본에서의 인기는 엄청나다. 그를 주인공으로 한 NHK 대하드라마는 역대 시청률 1위를 차지할 정도였다. 그가 일본의 수많은 전국시대 무장 중에서 왜 이렇게 인기가 있는지, 그의 일생에 대해서 알아보자.

그는 1567년 다테 가문 16대 당주, 데루무네(輝宗, てるむね)의 장남으로 태어났다. 다테 가문은 가마쿠라(鎌倉, かまくら) 시절부터 이어온 오슈(奥州, おうしゅう-현의 일본 동북부, 후쿠시마・미야기・이와테・아오모리・아키다현의 일부)의 명문가이고 그의 가문은 후지와라(藤原, ふじわら) 가문에 연유되어 있다. 그런 가문의 장남으로 태어났기에 부모의 기대를 엄청 받았고, 그의 어릴 때의 이름인 봄뗀마루(梵天丸, ぼんてんまる)에서도 알 수 있는데, 「梵天丸」의 「梵天」은 고대 인도의 불교용어로「세계의 창조주」를 의미한다. 이런 엄청난 이름을 붙일 정도였으니 부모가 얼마나 마사무네에 대해 기대를 했는지를 엿볼 수 있지

만 마사무네는 5살 때, 천연두에 걸렸다.

서봉전(다테 마사무네의 사당)

이 당시의 천연두는 뚜렷한 치료법이 없었기에 치사율이 상당히 높았다. 이름 있는 의사와 주술사들이 병을 고치기 위해 엄청 노력을 하여, 겨우 목숨은 구할 수 있었지만 그 후유증으로 오른쪽 눈이 실명되었다. 마사무네 본인에게도 충격이었지만, 가신들은 「세상을 한쪽 눈으로 밖에 볼 수 없는 녀석에게 다테 가문의 미래를 맡길 수 없다」고 주장하였고, 게다가 그의 어머니 요시히메(義姫, よしひめ)는 마사무네의 남동생인 코지로(小次郎, こじろう)만 예뻐했다. 원래 내성적인 성격이었던 마사무네는 더욱 말이 없고,

내향적으로 바뀌어 갔지만 아버지의 사랑과 기대감은 변치 않았다. 아버지는 마사무네의 학문의 스승으로 선종의 명승인 고사이소이쯔(虎哉宗乙, こさいそういつ)를 초빙하여, 불교와 난학, 역사, 문학을 가르쳤다. 이와 관련된 일화를 소개하자면,

「봄뗀마루 님, 중국 당나라 시대의 "이극용"이라는 무장을 알고 있습니까?」

「모르는데, 누구지?」

「그는 검정색 군장으로 통일된 군을 이끌고 활약한 무장으로서 용감하며 뛰어난 사람이었다고 합니다. 그러나 그에게는 어떤 특징이 있었어요」

「그 특징이 뭐지?」

「그는 선천적으로 한쪽 눈이 보이지 않았다고 합니다」

「그거 정말이야?」

「예, 그러나 그는 그런 장애는 신경도 쓰지 않고 대활약을 했습니다. 그런 "이극용"을 사람들은 도쿠간류(独眼竜, どくがんりゅう-독안용) 이라고 불렀어요」

「우와, 정말 멋진데!」

이 이야기는 마사무네에게 좋은 영향을 끼쳤다.

이 에피소드가 사실인지 아닌지는 확실하지 않지만, 후에 마사무네는 자신의 부대의 군장을 전부 검은 색으로 하였기에 어느 정도는 영향을

받은 것 같다. 오른쪽 눈이 보이지 않아 원근감이 없는 마사무네와 동생인 코지로는 매일 무술 연습을 하였고, 코지로가 형의 불편한 눈은 염두에 두지 않고 거리낌없이 방망이를 휘두르며 쓰러뜨렸지만 마사무네는 조금씩 대응해 가며 실전감을 키웠다.

이 두 사람에게는 매우 유명한 에피소드가 있다. 자신의 오른쪽 눈에 엄청난 콤플렉스를 가지고 있는 봄뗀마루는 동생에게 자신의 흉측한 오른쪽 눈을 찔러서 으깨 달라고 부탁하였다. 무시무시한 부탁을 동생은 거절하였지만, 범상치 않은 형의 각오를 느껴 형이 원하는 대로 부풀어 오른 오른쪽 눈을 찔러서 으깨다고 한다. 이것으로 봄뗀마루는 겨우 콤플렉스를 극복했다. 그러나 근래에 행해진 마사무네의 유골 조사에서 그의 두개골의 눈 부분에는 딱히 상처를 입은 것이 없었기에, 이 에피소드는 에도시대에 만들어진 창작일 가능성이 높다. 그러나 두 사람이 무예를 연마하면서 서로의 신뢰감을 쌓은 것은 틀림없는 것 같다. 여러 문헌에서 동생은 형 봄뗀마루에게, 「내가 전쟁터에서는 형의 오른쪽 눈이 되어 줄 테니 안심하고 싸워라」고 하며 충성을 맹세했던 내용을 많이 볼

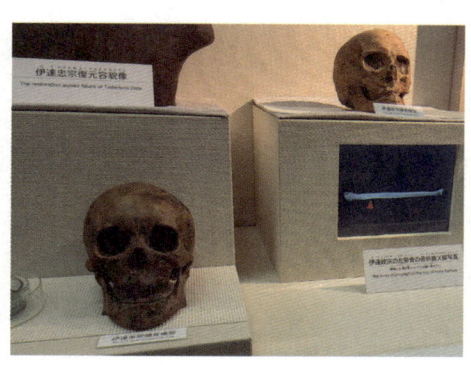

다테 마사무네의 유골(왼쪽)

수 있다.

　　11세가 된 봄뗸마루는 이름을 다테 마사무네로 바꾸었다. 봄뗸마루의 조상 중에 동명이인이 있었는데 다테 가문의 9대 당주였고, 무로마치(室町, むろまち) 시대에 다테 가문을 크게 발전시킨 인물이다. 그래서 봄뗸마루는 선조 다테 마사무네처럼 다테 가문을 최고의 가문으로 만들기 위해 조상의 이름에서 본인의 이름을 따 왔다.

　　13세가 된 마사무네는 무쯔(陸奥, むつ-현재의 후쿠시마현, 미야기현, 이와테현, 아오모리현)의 전국 다이묘 다무라 키요아키(田村清顕, たむら きよあき)의 딸 메고히메(愛姫, めごひめ)와 결혼했다. 2년 후 15세에 소마(相馬, そうま) 가문과 첫 전투를 치렀다. 이 시기의 오슈는 마사무네의 증조 할아버지 때부터 이어온 혼인 정책의 영향으로 매우 복잡한 친족관계가 형성되어 있었다. 정략결혼을 여러 번 했음에도 불구하고 서로 싸우는 경우가 많았다. 아무튼 다테 가문과 소마 가문은 마사무네의 할아버지 때부터 사이가 안 좋았다. 그런 소마 가문과의 첫 전투에서 마사무네는 적의 성을 함락하는 등 큰 활약을 하였고, 약 3년에 걸쳐 반복된 전쟁에서 당주 데루무네(輝宗, てるむね)는 소마 가문의 중신을 공격하여 예전에 소마 가문에게 빼앗겼던 영지를 되찾았다.

　　그 후 데루무네는 주변의 다이묘들에게 소마의 화평을 중개를 의뢰하였고, 마사무네도 아버지의 대리로서 화평의 조정에 참가하였다. 이 결단 후, 아버지는 정계에서 은퇴하고 가독을 마사무네에게 물려주었다. 이 당시, 데루무네는 41세, 마사무네는 18세였다. 아버지 데루무네가 은퇴하기에는 이른 나이였지만, 전국시대에는 가문의 후계를 빨리 정하여 또 다른 피바람을 막은 예는 많이 있었다. 다테 가문은 이런 이유도 있었지만, 앞에서 언급한 것처럼 복잡한 친족관계 때문에 서로 전쟁을 할 수도 하지 않을 수도 없는 상황이었기에 빨리 후계자를 정한 것이다.

마사무네는 아버지를 매우 존경하였고 아버지가 보낸 편지를 늘 소지하였다. 편지의 내용은 대체로 「젊을 때는 실수도 하고 난폭한 행동을 하기도 한다. 실수는 누구라도 하지만 세상의 평판이나 중신들의 간언에 대해서는 신경을 쓰지 마라. 항상 너에게는 내가 있다. 안심하고 너가 원하는 길을 가라. 너의 진정성이 보이면 아무도 불평을 하지 않을 것이다. 그리고 이 편지를 읽으면 바로 불 태워라」였다. 그리고 마사무네는 아버지가 편지를 불 태워라 고 했음에도 계속 이 편지를 가지고 있었으며, 그의 아들 타다무네(忠宗, ただむね)에게 물려주었다고 한다.

무사히 당주가 된 마사무네를 축하하기 위해 오바마성(小浜城, おばまじょう) 당주 오우찌 사다쯔나(大内定綱, おおうち さだつな)가 방문하였고 그는 상황에 따라 자주 주군을 바꾸는 무장이었다. 그런 그를 자기 편으로 끌어들이기 위해 마사무네는 요네자와(米沢, よねざわ)에 저택을 준비하는 등 극진하게 대접하였다. 그러나 오우찌는 본인의 영지로 돌아가서는 마사무네가 아니고 아시나(蘆名, あしな)를 주군으로 모셨다. 이것에 분개한 마사무네는 바로 군사행동에 들어가 그가 머물고 있던 오데모리성(小手森城, おでもりじょう)을 박살내어 버렸다.

마사무네는 이 날의 성과를 그의 삼촌에게 편지를 보내 알렸고, 성 안에 있는 살아 있는 모든 것들을 죽여버렸다고 하였다. 오우찌는 오바마성으로 도망갔으나, 중신들의 배신도 있고 해서 아시나에게 보호를 요청했다. 사실, 마사무네가 그의 삼촌에게 보낸 편지에는 삼촌을 견제하기 위해 전과를 과대하게 포장한 면이 있었다. 삼촌인 모가미 요시아끼(最上義光, もがみ よしあき)는 방심할 수 없는 무장의 한 명이었기 때문이다. 결국, 오우찌는 후에 마사무네를 주군으로 모시게 되었다.

오바마성을 손에 넣은 마사무네는 다음의 목표로 하타케야마 요시쯔구(畠山義継, はたけやま よしつぐ)가 다스리는 니혼마쯔성(二本松城, にほんまつじょう)

니혼마쯔성(二本松城, にほんまつじょう)

이었다. 이곳을 점령하면 남쪽으로 향하는 요충지를 확보할 수 있기에 전력을 다하였다. 곤경에 빠진 하타케야마는 예전부터 알고 지냈던 무장을 통해, 은퇴한 아버지 데루무네에게 조정을 의뢰했다.

그러나 하타케야마가 가지고 있던 일부의 영지를 받쳐야 하는 등, 도저히 받아들이기 어려운 조건을 내걸었다. 궁지에 빠진 하타케야마는 돌발행동을 하였는데, 일단 조건을 받아들이는 척하며, 오바마성에 있던 마사무네에게 복종의 예를 갖추러 인사를 하고 온 뒤에, 중개를 하였던 마사무네의 아버지 데루무네에게도 모든 예를 갖추며 인사를 하러 갔지만 배웅하러 왔던 마사무네의 아버지 데루무네를 납치해버렸다. 이 때 매사냥을 나갔던 마사무네는 아버지 납치의 소식을 듣고 즉시 총으로 무장을 하여 요시쯔구 일행을 추격하였다.

그들과 직면했을 때 요시쯔구는 아버지를 방패삼아 저항을 하였기에 마사무네는 어찌할 바를 몰랐다. 이 때 그의 아버지는 아들에게 「마사무네! 신경 쓰지 말고 나를 저격해라」고 소리쳤다. 이 말을 들은 마사무네는 눈물을 머금고 부하들에게 일제히 사격을 명했다. 요시쯔구 일당은 총탄에 쓰러졌지만, 요시쯔구는 마사무네의 아버지인 데루무네를 칼로 찔러서 죽이고 말에서 떨어졌다.

그의 아버지의 죽음에 대한 여러 설이 있지만, 가장 일반적으로 알려진 내용이다. 아무튼 이 때의 마사무네의 결단력은 다테 가신단들이 높게 평가하여, 결속력과 충성심을 단단히 하게 되는 계기가 되었다.

아버지를 잃은 마사무네는 격노하여 니혼마쯔성을 공격하지만, 당주를 잃은 하타케야마 부하들은 전의를 불태우며 결사항전을 하였기에 성은 좀처럼 함락되지 않았다. 하타케야마 가문은 지인들에게 원군의 요청을 하였고 사타케(佐竹, さたけ), 아시나(蘆名, あしな) 등, 3만 명의 연합군이 도착했다. 마사무네는 약 7천 명이었기에 4배의 연합군과 맞서게 되었다. 군세에서 엄청난 격차가 있었기에 마사무네 군단은 고전을 면치 못하였고, 마사무네 자신도 갑옷에 총탄을 맞는 등 위험한 지경에 빠졌다.

그러나 젊은 무장 다테 시게자네(伊達成実, だて しげざね), 마사무네의 할아버지 때부터 다테 가문을 섬긴 노장 오니니와 요시나오(鬼庭良直, おににわ よしなお)가 결사의 항쟁을 하여, 마사무네는 겨우 전쟁터에서 벗어날 수가 있었다. 마사무네를 구하기 위해 적진으로 돌진한 오니니와 부대는 백 명 이상이 사망을 하였다. 후에 이 전투는 「다테군이 많이 사망하였다」는 이유에서 「히토토리바시 전투(人取橋の戦い, ひととりばしのたたかい-사람의 목숨을 빼앗은 다리의 싸움)」라고 불리게 되었다. 마사무네 자신도 후에, 「그 전쟁은 인생에서 가장 위험했다」고 술회했다고 한다. 연합군도 급히 출정을 하였기에 마사무네의 도주를 보고 즉시 철수를 하였다.

요네자와로 돌아온 마사무네는 분노를 참지 못하고 억지스러운 공격을 감행한 자신을 반성하며, 하타케야마 가문의 자중지란을 초래하기 위해 계략을 꾸몄다. 이 계략은 성공을 하여 하타케야마 가신단은 무너졌고, 이러지도 저러지도 못하게 된 하타케야마는 소마 요시타네(相馬義胤, そうま よ

したね)에게 마사무네와의 화평의 중재를 의뢰했다. 이 당시에는 다테 가문과 소마 가문은 사이가 좋았기에 마사무네는 소마의 중재를 받아들였고, 니혼마쯔성을 손에 넣었다. 이렇게 남쪽으로 향하는 침공루트를 손에 넣은 마사무네는 영토의 확장을 위한 계획을 세웠다.

이 무렵의 오슈는 각지의 다이묘들의 내분이 발생하였고 마사무네는 이것에 적극적으로 개입했다. 당주가 잇달아 사망하여 후계자가 없어진 아시나 가문에 본인의 남동생인 코지로(小次郞, こじろう)를 양자로 보내 자신의 영향력 하에 두려고 했다. 그러나 이 이상 마사무네가 남하를 하는 것을 두려워 한 히타치(常陸国, ひたち-현재의 이바라기현의 남서부를 제외한 지역)의 사타케 요시시게(佐竹義重, さたけ よししげ)가 개입을 하여 본인의 차남인 요시히로(義広, よしひろ)를 아시나 가문의 양자로 넣었다.

마사무네는 격노를 하였지만 어쩔 수가 없었다. 마사무네는 북방의 오사키(大崎, おおさき)의 내분에도 개입하여, 잘 하면 북방의 영토를 빼앗을 수 있다고 생각하여 군대를 파견했다. 그러나 루수 마사카게(留守政景, るす まさかげ)와 이즈미다 시게미쯔(泉田重光, いずみだ しげみつ) 두 장군의 연대가 잘 되지 않아 오사키군에게 참패를 하였다. 하지만 오사키 가문의 내분으로, 다테 가문의 군사적인 속국이 되었고, 모가미(最上, もがみ) 가문과 인연을 끊는다는 조건으로 화평을 맺었다.

이 무렵 삼촌인 모가미 요시아끼(最上義光, もがみ よしあき)는 다이호지(大宝寺, たいほうじ)와 싸우고 있었고, 마사무네는 두 사람의 화평을 알선하려고

267

했다. 마사무네의 오사키에 대한 대응에 화가 난 요시아키는 마사무네의 중신을 꾀어 반란을 일으키게 하였다. 이렇게 마사무네의 움직임을 견제하고 있는 동안에 모가미는 다이호의 쇼나이(庄内, しょうない-현재의 야마가타현의 일부) 지방을 빼앗았다. 화평의 알선을 하려고 했던 마사무네는 체면이 말이 아니었지만 먼저 전쟁을 시작한 것이 마사무네였기에 자업자득이라고 할 수 있다. 하지만 결국 다이호지는 우에스기 카게카쯔(上杉景勝, うえすぎ かげかつ)의 지원으로 모가미를 쇼나이에서 격퇴시켰다. 이처럼 이 무렵의 동북지방은 전국시대다운 혼잡하고 복잡한 상황이 지속되었다.

마사무네는 그 후도, 동북지방의 다이묘들을 위협하며 공격하거나,

다테 마사무네 동상(伊達政宗, だて まさむね)

혹은 화평을 알선하거나 하면서 조금씩 세력을 확대해 갔다. 이것을 경계한 주변의 다이묘들은 다테 포위망을 형성했다. 이 무렵 마사무네는 나무에서 떨어져 다리가 골절되었다. 게다가 관계가 안 좋았던 소마 요시타네가 침입하였기에, 골절이 낫자 마자 반격에 나섰다.

하지만 아시나에 붙었던 오우찌 사다쯔나가 남동생인 가타히라 치까쯔나(片平親綱, かたひら ちかつな)와 함께 재차 마사무네의 편이 되어 주었다. 그래서 마사무네는 방향전환으로서 아이즈(会津, あいづ.현재의 후쿠시마현)로 돌아가 아시나와 싸우기로 하였다. 아시나와 싸우면 아시나 가문에 양자로 들어간 친아들 사타케 요시시게도 참전하게 된다.

사타케·아시나 연합군은 스카가와(須賀川, すかがわ)에 집결하여 북상을 계획했다. 한편 마사무네는 아시나 가문의 당주 요시히로의 측근인 사타케파 가신단과, 아시나의 가신단이 분쟁을 하고 있다는 정보를 입수하여, 아시나 가신인 이나와시로 모리쿠니(猪苗代盛国, いなわしろ もりくに)와 내통하여 아이즈로 향하는 길을 확보하였다. 그래서 마사무네는 이곳에 군세를 집결하였고, 아시나 요시히로는 스카가와에서 아이즈로 되돌아오는 길이었다. 왜 스가가와에서 철수를 하였는지는 모르겠지만, 다테 가문에 붙은 다무라를 공격하기 위한 포석이라는 생각이 든다.

이렇게 하여 다테군 2만, 아시나군 1만 6천은 반다이산(磐梯山, ばんだいさん)의 산기슭 스리아게하라(摺上原, すりあげはら)에 집결하여 동북을 대표하는 명문 가문의 전쟁이 시작되었다. 즉, 스리아게하라 전투(摺上原の戦い, すりあげは

らのたたかい)의 발발이다.

　개전 당초는 아시나군 쪽에서 다테군 쪽으로 강풍이 불었다. 강풍으로 인해 모래가 엄청 휘날렸기에 다데군의 시계는 안 좋았다. 이 틈을 이용해 아시나군이 총공격을 하였고, 6개의 방어책 중, 4개가 뚫려버렸다. 수비에 열중하였던 다데군이었지만, 이 때 갑자기 바람의 방향이 바뀌어 상황이 역전되었고, 원래 내부에 불협화음이 있었던 아시나군은 지리멸렬하기 시작했다.

　후퇴를 하던 아시나군의 퇴로를 이나와시로 모리쿠니가 차단하였고, 닛빠시가와(日橋川, にっぱしがわ)에 있던 다리도 끊어버렸다. 도망갈 곳이 사라진 아시나군은 진퇴양난이 되어 거의 전멸 수준에 이르렀다. 아시나 가문의 당주인 요시히로는 겨우 탈출을 하였지만 그의 영토는 마사무네에게 점령당했고, 요시히로는 아버지인 사타케 요시시게가 있는 히타치로 도망갔으며, 전국 다이묘였던 아시나 가문은 멸망하게 되었다. 마사무네는 아시나 가문의 영토를 손에 넣었고, 아시나 가문을 따랐던 모든 세력도 복속시켰다. 이렇게 하여 다테 가문은 동북지방 최대의 세력이 되었다. 이 때 마사무네의 나이는 23세였다.

　그러나 좋은 일만 있었던 것은 아니다. 스리아게하라 전투 이전에 도요토미 히데요시(豊臣秀吉, とよとみ ひでよし)는 전국의 다이묘들에게 정전명령을 내렸다. 그 내용은 「영토 획득을 목적으로 한 사적인 전투는 일절 금지한다」는 소부지레이(惣無事令, そうぶじれい-총무사령)였다. 아무리 전국시대라고 해도

천하제일의 무장 히데요시의 명령을 무시할 수는 없다. 그럼에도 불구하고 전쟁을 일으킨 마사무네는 도요토미 정권에 대한 명확한 명령 위반을 한 것이었다. 게다가 아시나와 사타케는 도요토미 정권을 따르고 있었다. 즉, 마사무네는 도요토미 정권의 배하에 있는 다이묘와 전쟁을 하여 영토를 빼앗은 것이 되었다.

그 전에 마사무네는 히데요시에게 교토로 오라는 요청을 무시하고 있었다(니혼마쯔성 공격 때). 이 당시 관동지방에는 호조(北条, ほうじょう) 가문이 있었기에 히데요시가 마사무네를 토벌할 수 있는 상황은 아니었다. 그러나 상황이 좋지 않음을 느낀 마사무네는 아시나 가문에게 책임전가를 하는 등 여러 가지 변명을 하면서 가신을 교토로 보내, 히데요시의 측근들에게 뇌물을 주어 중재를 의뢰하였다.

이것이 통해서, 히데요시가 기분이 좋을 때 교토로 올 수 있도록 하였지만 마사무네는 상경을 하지 못했다. 마사무네는 미래의 일도 생각하여 호조와 동맹을 맺었고, 이것은 사타케, 그리고 사타케와 동맹을 맺고 있던 소마에 대한 대비였다.

마사무네가 여러 행동을 하고 있는 동안, 사나다 마사유키(真田昌幸, さなだ まさゆき)와 호조가 영토문제로 다투고 있는 것을 이유로 히데요시는 오다와라(小田原, おだわら) 정벌에 나섰다. 호조는 마사무네가 어느 정도 도와줄 것을 기대하면서 히데요시군과 교전하였지만 서서히 전세가 악화되어 호조의 거성인 오다와라성은 포위되어버렸다. 정세를 지켜보고 있던 오슈의

다이묘들은 재빨리 히데요시에게 종군을 표명하였다.

오다와라 정벌 전에 마사무네 명의로 뇌물을 주었던 아사노 나가마사(浅野長政, あさの ながまさ), 기무라 요시키요(木村吉清, きむら よしきよ) 두 명에게 「오다와라 정벌이 시작되니 빨리 히데요시에게 종군하지 않으면 정말 곤란한 지경이 된다」는 재촉 편지가 왔다. 마사무네는 중신들을 모아 「적당한 시기에 오다와라에 가서 히데요시를 만나려고 하는데 어떻게 생각하는가?」라고 묻자, 전쟁파이며 최고의 중신이자 맹장인 다테 시게자네는 **격노를 하며**, 「교토로 오라고 했는데, 그 때는 가지 않고 지금 가는 것은 이미 늦었습니다. 늦어진 것에 대한 책임추궁을 당하는 것보다 차라리 히데요시와 승부를 거는 것이 좋습니다」라고 대답을 하였다.

그러나 마사무네의 오른팔인 가타쿠라 카게쯔나(片倉景綱, かたくら かげつな)는 「히데요시는 출신도 불분명한 놈이지만, 지금은 관백(최고위직)으로 조정에서 전국의 다이묘에게 명령하고 있습니다. 복종하지 않으면 조정을 등지는 일이 됩니다. 이 이상 무시하면 호조와 같은 멸문지화를 당할지 모릅니다」라고 대답을 하였다. 마사무네는 몹시 고민한 끝에 오다와라에 있는 히데요시에게 가기로 결정하였다.

그러나 마사무네는 어떤 생각이었는지는 모르나(아마도 히데요시의 명령에 무조건 따르는 것은 싫었을 것이다) 오다와라 쪽으로 예정보다 두 달 정도 늦게 갔다. 남동생인 코지로(小次郎, こじろう)가 죽었기에 늦었다는 이야기도 있다. 남동생의 죽음은 다양한 설이 있지만, 어머니인 요시히메(義姫, よしひめ)와 공모하여 마사무네를 암살하려고 하였기에 살해당했다는 설이 가장 유력하다. 마사무네 암살계획의 그 배후는 마사무네의 삼촌이자 요시히메의 오빠인 모가미 요시아끼(最上義光, もがみ よしあき)라고 한다.

그리고 마사무네는 오다와라로 가는 지름길을 두고 멀리 돌아서 갔다. 남동생의 죽음(한 달), 멀리 돌아서 가는 등(한 달), 총 두달이나 늦추며 히데요시를 만나러 갔고, 마사무네는 천하의 히데요시라도 그를 모시고 싶은 마음은 이 당시에는 전혀 없었던 것 같다.

사가미(相模, さがみ)에 들어온 마사무네를 히데요시는 바로 만나려고 하지 않고, 하꼬네(箱根, はこね) 산중의 소코쿠라(底倉, そこくら)에 대기시켰다. 여기서 마사무네는 아사노 나가마사(浅野長政, あさの ながまさ), 기무라 요시키요(木村吉清, きむら よしきよ)에게 문책을 받았다. 「왜 더욱 빨리 히데요시를 만나러 오지 않았는가?」「영토 획득을 목적으로 한 사적인 전투는 일절 금지한다는 "惣無事令(そうぶじれい, 소부지레이-총무사령)"을 무시하며 전투를 했는가?」였다. 마사무네는 「모든 전투는 정당방위였고, 지름길로 오려고 했지만 적군이 길을 막고 있었다」고 대답을 하였다. 그리고 이틀 후, 마사무네는 히데요시를 알현하였다.

여기서 마사무네는 시니쇼조꾸(死装束, しにしょうぞく-죽음을 각오한 사람이 입는 흰 복장, 수의)를 입고 등장을 했다. 이 퍼포먼스에 히데요시는 크게 만족하며 그를 가까이에 불러 「너가 마사무네구나. 정말로 늦었군. 좀 더 빨리 오지? 일단 왔으니 괜찮은데, 하지만 조그만 늦었다면 그 목이 달아났을 거야」라

고 하면서 「본토는 그대로 둘 테니 강탈한 아이즈 땅은 돌려줘라」고 하였다. 그리고 자리에서 물러나려는 마사무네를 불러서, 지팡이로 오다와라성을 가리키며 「너라면 어떻게 공략할 것인가?」라고 물었다. 마사무네도 히데요시에게 벌벌 떨거나 하지 않고 당당히 자신의 공략법을 말하며 함께 있던 다이묘들도 마사무네의 담력에 놀랐다고 전해진다. 그 후, 마사무네는 고생하여 얻은 영토는 몰수를 당했으며, 도요토미 히데요시 아래의 한 명의 전국 다이묘로서 활동하게 된다.

  찬탈한 아시나 가문의 영지를 히데요시에게 몰수당했지만 더 한층 굴욕적인 처사도 당했다. 히데요시는 몰수한 영지를 이세(伊勢, いせ)에서 옮겨온 가모 우지사토(蒲生氏郷, がもう うじさと)와 마사무네와 히데요시와의 중재를 아사노 나가마사(浅野長政, あさの ながまさ)와 함께한 기무라 요시키요(木村吉淸, きむら よしきよ)에게 주었다. 가모 우지사토는 12만석에서 42만석, 기무라 요시키요는 불과 5천석에서 30만석의 영지를 받는 다이묘가 되었다.

  우지사토는 다이묘였기에 어느 정도 납득이 되지만, 자신과의 중재를 담당했고, 다이묘도 아닌 녀석에게 영지가 주어졌기에 마사무네의 오슈에서의 처지는 이 두 사람의 보좌역 같은 것이 되어버렸다. 이 무렵에 아사노 나가마사와 기무라 요시키요는 사이가 좋지 않았고, 마사무네는 아사노에게 기무라에 대한 감정을 편지로 보냈다.

  「저 녀석은 영지를 갖고 싶은 마음에 히데요시 님에게 나의 욕을 하고 있습니다. 히데요시 님 덕분에 오늘까지 저는 무사하지만, 중재역할이라면 좀 더 저의 사정도 봐주면 좋을 텐데요. 하지만 요시키요는 나에게 어려운 일만 요구하고 있습니다. 당신도 그것을 알고 있죠? 그런데 그 녀석과 사이 좋게 지내고 있다는데 이해가 안 되는군요」라는 내용이었다. 게다가 본인이 힘들게 찬탈한 영지를 아사노와 기무라, 가모에게 직접 안내하면서 건네는 지경에 이르렀다. 그러나 여기서 문제가 발생하였다.

기무라 요시키요의 영내에서 대규모의 무장봉기가 발생했고 원인은 요시키요의 잘못된 영토 경영이었다. 그는 원래 작은 규모의 영지를 관리했기에 가신들이 적었다. 그런데 졸지에 대규모의 영지를 관리하는 다이묘가 되었기 때문에 당연히 그것을 관리하는 가신들이 절대 부족하였다. 그래서 측근이라면 누구라도 관리자가 되게 하였으나 능력이 없는 자가 관리자가 되니, 횡령과 비리, 폭력 등이 난무하였다.

이것을 견디지 못한 백성들이 들고 일어났고 영토를 빼앗긴 예전의 영주들이 선동했으며 그 수는 4만 명에 이르렀다. 기무라 요시키요는 감당이 안 되어 아들과 함께 거성을 버리고 사누마성(佐沼城, さぬまじょう)으로 피신했다. 기세를 탄 백성들은 요시키요가 관리했던 각 지역을 점거했다. 이 소식을 들은 아사노 나가마사가 무장봉기를 제압하기 위해 움직였다. 그는 마사무네와 가모 우지사토에게 토벌의 요청을 했고, 동시에 히데요시에게도 이 상황을 전달했다. 마사무네는 즉시 만 명의 군사를 이끌고 출진했다.

마사무네는 가모에게 「제가 우선 무장봉기를 깰 테니 당신은 상황을 보고 출진해 주세요」라고 하며 가모의 출진을 제지했다. 그러는 동안 관동

에서 도쿠가와 이에야스(德川家康, とくがわ いえやす)가 출진을 했다. 즉, 우지사토는 왕따를 당해버렸다. 그리고 묘하게 무장봉기 대책이 빨랐던 마사무네는 무장봉기의 배후가 아닌가 라는 의심을 받았다. 여하튼 우지사토는 수천명의 군사를 이끌고 무장봉기 토벌에 나섰고 마사무네의 군대와 합류를 하였다. 두 사람은 작전을 세우고 토벌에 나섰지만, 여기서 우지사토가 터무니없는 행동을 하였다. 서로가 작전을 짰음에도 그것을 무시하며 묘조성(名生城, みょうじょうじょう)을 단독으로 공략하고 거기서 농성을 했다.

우지사토가 이런 행동을 한 이유는, 「실은 마사무네가 무장봉기의 주모자이고 우지사토의 암살을 기획하고 있다」 는 정보가 있었기 때문이다. 이 정보는 마사무네에게 불만을 가진 마사무네 가신단으로부터 나왔다. 그 증거품으로서 마사무네의 편지를 지참하였고, 그 외 다수의 가신으로부터 밀고가 있었다.

그러나 그러한 내용을 몰랐던 마사무네는 무장봉기 세력들이 농성하고 있던 성을 공격했다. 기무라 요시키요가 있는 사누마성 탈환을 위해 우지사토에게 협력을 구하자 우지사토는 병을 이유로

묘조성터(名生城, みょうじょう)

협력을 거부했다. 어쩔 수 없이 단독으로 공격을 감행하여 기무라 요시키요를 구출했다. 그런 마사무네에게 우지사토는 「병으로 참전 못해서 미안했습니다. 기무라의 구출작전은 훌륭했습니다. 위에 보고해 주세요. 바쁘시면 제가 보고해도 됩니다」라고 말했다.

원래는 마사무네를 추궁해야 하지만 앞에서는 그렇게 말하고 뒤에서는 히데요시에게 「마사무네가 모반을 기획하고 있습니다」라고 보고를 하였다. 아사노는 마사무네에게 「교토로 와서 이번 무장봉기발생 배경을 직접 설명하고, 그리고 히데요시에게 줄 헌상품으로서 매를 두 마리 준비하도록. 그리고 요전에 받은 술이 맛있었으니 또 한 병 준비해 줘」라고 명령했다. 오다와라성 정벌 이후, 두번째의 호출을 받은 마사무네는 우선 변명의 편지를 보냈다. 그 내용은 「히데요시 님을 거역할 생각이었다면 애당초 오다와라성 정벌에 참전하지 않았고, 저의 영토도 양보하지 않았을 겁니다. 만일 우지사토 님을 처리하려고 했다면 다테의 영토를 지나려고 할 때에 했을 겁니다. 알지도 못하는 소문으로 저를 불신하는 우지사토 님에게 제대로 설명하고 싶습니다만. 제가 반항할 의지가 없다는 증거로서 인질을 준비하겠습니다」였다. 이 편지를 받고 아사노 나가마사는 우지사토를 설득하였다. 우지사토는 인질로 받은 다테 시게자네 등과 함께 아이즈로 되돌아왔다.

마사무네는 최고의 충신을 인질로 보내고, 교토로 향하는 도중에 기요스(清洲, きよす)에 들렀는데 놀랍게도 히데요시가 기다리고 있었다. 히데요

시는 매사냥을 핑계삼아 도쿠가와 이에야스와 가모 우지사토에게 동국지방 운영에 대한 상담을 하고 있었다. 이에야스와 우지사토는 교토로 보내고 히데요시는 혼자서 현지에 남아 있었다. 그런데 히데요시는 마사무네에게 의외로 「소문은 사실이 아니라고 생각하네」라고 말하며 교토로 오라고 명령했다. 마사무네가 히데요시를 기요스에서 알현한 것과 관련된 다양한 에피소드가 남아 있지만 그것을 확인할 1차 사료가 남아 있지 않기에 생략하겠다.

히데요시가 교토로 온 후, 히데요시는 무장봉기의 책임을 물어 기무라 요시키요에게 하사한 땅을 몰수하여, 그 땅을 마사무네에게 주었고 대신에 다른 땅을 몰수했다. 영지는 조금 늘어났지만 무장봉기가 발생한 땅이었기에 황폐했고, 늘 위험이 도사리는 곳이기에 큰 소득은 없었다. 요네자와로 돌아온 마사무네는 무장봉기의 잔당을 처리하기 위해 나섰다. 거의 혼자서 잔당들을 처리하고 니혼마쯔 입구에서 히데요시와 이에야스에게 진압의 경과를 보고했다. 그리고 이번에는 구노헤성(九戶城, くのへじょう)에서 거병한 구노헤 마사자네(九戶政実, くのへ まさざね)의 토벌에 나섰다.

이 반란은 상당히 뒷맛이 개운하지 않게 결론이 났지만, 이 반란의 진압으로 일본은 통일이 되었다. 이 후 마사무네에게 영지와 관련된 명령이 하달되었고, 선조 때부터 관리해 온 데와(出羽, でわ-현재의 야마가타현과 아키다현)와 무쯔(陸奥, むつ-현재의 후쿠시마현, 미야기현, 이와테현, 아오모리현)를 몰수한다는 실질적인 감봉처분이었다. 본거지를 잃은 마사무네는 새롭게 이와데 산성(岩出山城,

いわでやまじょう)을 축성하고, 담담하게 영지경영에 착수했다. 몰수당한 땅은 우지사토가 가져갔으며 그는 92만석이라는 대규모 다이묘가 되었다.

이후 마사무네는 영지경영에 힘을 쏟았지만 여기서 또 뒤숭숭한 사태가 발생한다. 도요토미 정권에 의해 통일이 되어, 겨우 평화가 찾아왔다고 생각했지만 히데요시의 야심이 폭발하여 명나라와 조선에게 고압적인 외교를 행하며 군사행동을 했다. 전국의 다이묘에게 동원령이 떨어졌고 히젠(肥前, ひぜん-지금의 사가현) 나고야성(名護屋城, なごやじょう)에 유명한 다이묘들이 속속히 집결했다. 바로 분로쿠의 역(文禄の役, ぶんろくのえき-임진왜란)의 발생이다. 주로 조선과 가까운 서쪽 지방의 다이묘를 중심으로 동원되었고, 동쪽 지

이와데산성터(岩出山城, いわでやまじょう)

방일수록 군역이 가벼웠다.

그런 이유로 마사무네에게는 1500명의 군역이 부과되었지만, 히데요시에게 환심을 사기 위해 두 배인 3천 명을 준비했다. 마사무네가 이끄는 다테군은 멋지게 장식한 군장으로 등장하여 다른 다이묘들의 간담을 서늘하게 하였다고 한다. 이런 화려한 군장이 구경꾼들에게도 화제가 되어, 이후 멋있는 것의 대명사인「다테모노(伊達者, だてもの-멋쟁이)」「다테오토코(伊達男, だておとこ-멋진 남자)」의 어원이 되었다.

히젠 나고야성에 도착한 마사무네는 전의 오슈에서 반란진압을 했던 부담을 고려하여 예비군으로 편입되었다. 먼저 진군했던 부대는 순조롭게 평양까지 점령했다. 그러나 마사무네를 비롯한 동북지방의 다이묘들은 언제 출격 명령이 내려질지 모르는 상태에서 큐슈 일대에 머물고 있었다. 게다가 교토 부근의 다이묘들로부터 촌놈취급을 당하는 지경에 이르렀다. 그렇게 1년 가까이 스트레스가 쌓여 가는 중, 겨우 마사무네에게도 출진의 명령이 내려졌다. 그러나 대마도까지는 무사히 갔지만 폭풍이 몰아쳐 한달이나 그곳에서 머물게 되었다.

조선에 상륙한 마사무네는 울산성·진주성으로 옮겨가며 싸웠고, 울산에서는 고전을 면치 못하는 아사노 유키나가(浅野幸長, あさの ゆきなが)를 돕는 활약을 하였다. 하지만 그 후, 귀환 명령이 내려져, 조선에서의 전투기간은 4개월 정도였다. 짧은 기간이었지만 일본과 다른 환경에서 일본군은 힘들어 했고, 다테군대도 예외는 아니었다. 마사무네는 여름 동안 조선에 있었고 맹렬한 더위 속에서 풍토병이 발생하여 중신인 하라다 무네도끼(原田宗時, はらだ むねとき)와 고오리 마사나가(桑折政長, こおり まさなが)가 사망하였다. 그리고 귀국 후에는 엔도 무네노부(遠藤宗信, えんどう むねのぶ)가 병사하였고 세 명 다 마사무네의 약진을 뒷받침한 우수한 중신이었다.

그래서 중재역할을 했던 아사노 나가마사에 대한 원망이 생겼다. 마사무네가 진주성 공격을 할 때, 나가마사의 아들인 유키나가를 후방에서 지원하면서 성을 공격하려고 했지만, 왠지 나가마사가 화를 냈기에 마사무네는 작전을 철회했다. 그것을 본 다른 다이묘들은 이유도 모르고, 「마사무네가 겁먹었군」하며 비웃었다. 또 보급도 제대로 되지 않았고, 나가마사가 나중에 돌려준다고 하며 빌려간 식량도 갚지 않은 일도 있었다. 그 때의 분노를 마사무네는 어머니 요시히메에게 전했다. 그 내용은, 「산과 강, 달과 태양 이외는 아무것도 일본과 같은 것이 없어요. 이 나라의 물은 몸에 맞지 않고 소중한 가신들은 죽어 갑니다. 살아서 한번이라도 어머니를 뵙고 싶습니다. 서쪽 지방의 다이묘들은 잔류하지만 저희들 동부지방의 다이묘는 귀국하게 되었습니다. 이때만은 동부지방에 태어나서 다행이라고 생각했습니다」였다.

그런데 여기서, 마사무네가 어머니에게 살해당할 뻔한 적이 있는데, 왜 어머니에게 이런 편지를 썼을까 라는 의문이 든다. 그런 의미에서도 마사무네의 암살 미수사건은 수수께끼와 같은 것이다.

조선에서는 안 좋은 기억만 남기고 귀국을 했지만 또 위기가 찾아왔

다. 오다와라성 정벌 이후 벌써 세번째의 위기이다. 사건의 발단은 히데요시와 그의 조카인 히데쯔구(秀次, ひでつぐ) 사이에 일어난 것으로 자식이 생기지 않았던 히데요시는 후계자를 조카에게 상속하려고 관백직을 내려놓았다. 그러나 측실인「요도도노(淀殿, よどどの-전의 이름은 챠챠)」가 마침내 기다리던 아들 히데요리(秀頼, ひでより)를 출산하였다. 당연히 히데쯔구의 입장이 난처하게 되었다.

그런 이유로 히데요리가 태어난 후의 히데요시는 난폭한 성격으로 바뀌어 갔다. 히데쯔구에게 히데요시는 모반의 의심을 하여, 관백의 지위를 박탈하고 고야산(高野山, こうやさん)으로 출가시켰다. 결국 히데쯔구는 할복을 하였고, 그와 인연이 있는 사람들 31명(주로 히데쯔구의 가족들)은 전부 처형당했다. 히데쯔구가 쿠데타를 일으킨다는 소문의 배후에 마사무네가 있다는 의심이 있었다. 히데쯔구와 마사무네는 자주 매사냥도 가는 등, 주변에서는 두 사람을 친구로 생각하였다.

그래서 히데요시는 마사무네가「모반에 관계된 것이 아닌가?」라는 의심을 하였고, 그 증거로 도쿠가와 이에야스의 장남인 히데타다의 집 앞에「마사무네와 요시아키가 천하를 얻으려고 히데요시를 치기 위한 밀담을 한다」라는 게시물이 있었으며,「히데쯔구와 매사냥을 하러 갔을 때 모반과 관련된 대화를 했다」라는 것이었다. 이런 일련의 의문스러운 내용에 히데요시는 격노를 하며 마사무네에게「장남인 히데무네에게 가독을 물려주고, 시코쿠(四国, しこく)로 영토를 이전해라! 그리고 너는 유배를 가!」라고 명령을 하였고, 마사무네는 아사노 나가마사에게 중재를 요청했다. 하지만 나가마사는 들어주지 않았다. 그러나 교토에 있던 다테 가신단이 마사무네의 결백을 필사적으로 호소하고, 중신인 루수 마사카게(留守政景, るす まさかげ)도 도쿠가와 이에야스에게 중재를 부탁하였다.

이러한 움직임 덕분에 마음이 누그러진 히데요시는 마사무네를 사면했다. 사면장에는 「세 번이나 도와주었으니 나뿐만 아니라 아들인 히데요리에게도 충성을 다하라」고 하였다. 그리고 히데요리의 경호를 다테 가문의 중신, 다테 시게자네와 루수 마사카게가 하는 것을 조건으로 마사무네를 용서하였으며 이번에도 겨우 목숨을 부지할 수 있었다. 여담이지만 이 사건이 발생한 1년 후, 마사무네는 마침내 아사노 나가마사와의 인연을 끊고 일체의 교류도 하지 않았다.

교류단절 한달 전에 다테 가문의 가신이 다른 가문의 사무라이에게 살해당하는 사건이 있었다. 이 사건의 범인인도의 알선을 나가마사에게 의뢰했지만 완전히 무시당했다. 지금까지 그에게 여러 번 배신당했던 것도 있어서 이번에는 완전히 인연을 끊었던 것이었다.

임진왜란이 끝난 후, 조선과의 강화조약을 위해 마사무네 등이 나섰지만 조건이 전혀 맞지 않아서 화가 난 히데요시는 재차 출병을 하여 케이쵸의 역(慶長の役, けいちょうのえき-정유재란)이 일어난다. 마사무네 등이 있는 동국 세력은 종군을 면했지만 후시미성(伏見城, ふしみじょう)을 비롯한 건설공사에 투입되었다. 건설공사는 엄청 돈이 드는 것이지만 제대로 공사를 하지 않으면 심한 문책을 받기에 이래저래 곤란한 지경에 빠졌다. 정유재란이 발생하고 나서 약 1년 후, 가모 우지사토의 죽음에 의해 가모 가문을 대신해서 우에스기 카게카쯔(上杉景勝, うえすぎ かげかつ)가 아이즈로 옮겨왔다.

그리고 이 해에 도요토미 히데요시는 사망한다. 그의 죽음에 의해 조선으로의 파병이 의미가 없어져 도쿠가와 이에야스를 비롯한, 히데요리를 보좌하는 오대로(五大老, ごたいろ)와 오봉행(五奉行, ごぶぎょう)은 협의를 하여 조선에서의 철수를 결정했다. 그러나 전선에서 싸운 다이묘들과 병참을 노린 봉행들의 싸움이 표면화되어 도요토미 정권 내에는 불온한 공기가 감지되었다. 그런 속에서 마사무네는 한걸음 빨리 움직였고 오대로의 필두인 도쿠가와 이에야스에게 접근하여, 장녀 이로하히메(五郎八姬, いろはひめ)를 이에야스의 6남 마쯔다이라 타다테루(松平忠輝, まつだいら ただてる)와 약혼을 시켰다.

여러 사건이 일어나는 속에서, 정권 내의 중요한 위치를 맡고 있던 오대로의 한 명인 마에다 도시이에(前田利家, まえだ としいえ)가 사망하자 이에야스의 영향력은 더욱 커졌다. 마에다 가문을 굴복시킨 이에야스는 군비를 증강시키고 있던 우에스기 카게카쯔(上杉景勝, うえすぎ かげかつ)에게 모반의 의심이 있으니 교토로 와서 해명을 해라고 하였다. 전국시대에 항상 있던 흐름이다. 그러나 카게카쯔는 이 요구를 거부하였고, 이에야스는 우에스기 정벌에 나섰다. 히데쯔구 사건 이후, 교토 부근에 있었던 마사무네도 고향으로 돌아가 우에스기 정벌에 동참하였다.

순조롭게 진행되어 가던 우에스기 정벌군에게 놀랄 만한 정보가 들

어왔다. 이시다 미쯔나리(石田三成, いしだ みつなり)를 비롯한 반 이에야스파가 「도쿠가와 이에야스의 악행을 13개로 모은 고발문(內府ちかひの条々)」이라는 탄핵장을 전국에 뿌렸다. 이것 때문에 우에스기 정벌의 대의명분을 의심받게 된 이에야스에게, 교토 부근에서 이시다 미쯔나리가 거병을 하였고, 이것에 찬동하는 10만을 넘는 군세가 모이고 있다는 정보가 들어왔다.

　　이에야스는 일단 에도로 돌아와서 대책을 강구하였다. 잘 나가던 이에야스에게 고난이 찾아왔고, 또 우에스기 카게카쯔가 대군을 이끌고 이에야스의 본거지인 관동으로 쳐들어온다는 구체적인 정보도 있었다. 마사무네도 어느 한쪽으로 붙어야 할 상황이었다.

　　이에야스는 어느 쪽으로 붙어야 할지 망설이는 다이묘들을 자기 편으로 끌어들이려고 150여장의 편지를 썼다. 마사무네에게도 편지를 썼고 이것이 나중에 「백만석을 준다는 보증서(百万石のお墨付き)」라고 하는 것인데, 현시점에서 우에스기 영토인 무쯔(陸奧, むつ-현재의 후쿠시마현, 미야기현, 이와테현, 아오모리현)와 데와(出羽, でわ-현재의 야마가타현과 아키다현)를 다테 가문에게 준다는 내용이다. 여기에 마사무네의 영지를 합치면 백만석을 넘은 영지가 된다. 마사무네를 자기 편으로 끌어들이기 위한 달콤한 조건이었지만, 실제로 마사무네가 행동을 한 것은 모가미 요시아끼(最上義光, もがみ よしあき)로부터의 구원 요청을 받고 나서이다.

　　모가미는 우에스기에게 항복을 한다고 말하고 시간을 벌고 있었고, 안달이 난 우에스기는 마침내 모가미에게 공격을 시작하였다. 우에스기는

나오에 카네쯔구(直江兼続, なおえ かねつぐ)를 대장으로 2만 명의 군사를 파견하여 모가미가 있는 하세도성(長谷堂城, はせどうじょう)을 포위했다. 여기서 마사무네는 모가미의 요청에 따라 중신인 루수 마사카게 등을 원군으로 보냈다. 하세도성에서 농성하는 모가미군은 2천 명 정도밖에 되지 않았지만 견고한 요새였기에 좀처럼 함락되지 않았다.

    우에스기군이 하세도성 공략에 애를 먹고 있는 동안에 세키가하라 전투(関ヶ原の戦い, せきがはらのたたかい)에서 서군이 패배했다는 소식이 동북지방에 전해졌다. 결과적으로 마사무네는 모가미와 함께 우에스기의 관동침공을 저지하게 되었다. 그러나 남부 도시나오(南部利直, なんぶ としなお)의 영지에서 와가 타다치까(和賀忠親, わが ただちか)가 무장봉기를 했고, 그 뒤에서 마사무네가 지원하고 있었던 것이 발각되었다. 마사무네는 전후의 논공행상으로 차남 타다무네(忠宗, ただむね)와의 양자결연, 장남 히데타다(秀忠, ひでただ)의 다이묘 등용, 다테 가신단에게 아이즈 영지 부여, 그 외에도 교토 부근에 20만석의 영지, 거성의 이전을 허가해 달라는 등, 수많은 요구를 했지만 인정받은 것은 본거지의 이전과 20만석의 영지뿐이었다. 하지만 마사무네가 이와데 산성(岩出山城, いわでやまじょう)에서 새롭게 건설을 인정받은 센다이성(仙台城, せんだいじょう)은 10년에 걸쳐 완성되었고, 이 성은 후에 「센다이번 62만석」의 상징이 되었다. 이번 무장봉기의 주범이었던 와가 타다치까는 증인 심문이 예정되어 있었지만 센다이성 마을에서 누군가에 의해 살해되었다. 짐작컨대 마사무네의 공작이었을 것이다.

세키가하라 전투를 포함해 일련의 전쟁에서 승리한 도쿠가와 이에야스는 정이대장군(征夷大将軍, せいいたいしょうぐん-이른바 쇼군)이 되어 에도에 막부를 설립하였고, 마사무네는 이후 도쿠가와의 배하에서

센다이성(仙台城, せんだいじょう)

한 명의 다이묘로 지내게 된다. 이 때 마사무네의 나이는 37세였다. 이에야스는 2년 뒤에 쇼군직을 장남 히데타다에게 물려주었고, 그 때 에도로 온 히데타다에게 20명의 유력 다이묘가「가마에 옻칠을 하는 무리들(塗輿の衆)」로서 충성을 맹세하였으며, 마사무네도 그 중의 한 명이었다. 가마를 탈 수 있는 것은 막부의 국지 다이묘(国持大名, 한 개의 나라 이상의 영토를 가진 다이묘, 18개 가문이 있었다)로 인정받았던 사람들이었다.

이 시기에 마사무네는 소마로 돌아온 정실 메고히메(愛姫, めごひめ)의 어머니를 센다이성에 두었고, 세키가하라 전투 후 면직처분을 받은 라이벌 소마 요시타네의 다이묘 복귀를 위해 도움을 주었다.「케이초 파구사절단(慶長遣欧使節団, けいちょうけんおうしせつだん-스페인의 국왕 페리 3세 및 로마 교황에 파견된 사절단)」도 이 시기이다. 마사무네는 에도에서 만난 선교사 루이스 솔로테를 부사, 가신인 하세구라 쯔네나가(支倉常長, はせくら つねなが)를 정사로 하는 약 140

명을 멕시코를 경유하여 유럽으로 보냈다. 그 외에도 이에야스의 아들 마쯔다이라 타다테루(松平忠輝, まつだいら ただてる)의 거성 타카다성(高田城, たかだじょう)의 공사에도 관여하기도 하였다.

도쿠가와 막부의 가장 큰 근심은 도요토미 히데요리를 어떻게 처분할 것인가였다. 이에야스는 히데요리를 도쿠가와 가문으로 복속시키려고 하였지만 잘 되지 않았고, 결국 전쟁을 하게 되었다. 바로 오사카 겨울 전투(大阪冬の陣, おおさかふゆのじん)이다. 이에야스는 전국의 다이묘에게 동원령을 내렸고 마사무네도 만 명의 군사를 이끌고 참전했다.

도쿠가와는 20만 명의 군사로 오사카성을 포위했고, 도요토미 쪽도 10만 명의 군사로 대치했다. 마사무네는 이에야스의 지시로 도요토미 쪽과 내통하고 있다는 소문이 있는 아사노 나가아키라(浅野長晟, あさの ながあきら)의 배후에 위치했다. 아사노 나가아키라는 마사무네와 불화가 있었던 아사노 나가마사의 아들이다. 즉, 마사무네가 나가아키라의 아버지와 불화가 있었기에 그것을 이용해서 아

사나다 가문의 문양(롯꾸몬셴)

들을 감시하게끔 한 것이다. 결론적으로는 아무 일도 일어나지 않았다. 이 오사카 겨울전투는 도요토미 쪽의 사나다 노부시게(真田信繁, さなだ のぶしげ)의 활약으로 도쿠가와 쪽은 큰 피해를 입었다.

어쩔 수 없이 강화교섭을 하여, 도쿠가와 쪽이 제시한 조건으로 강화가 성립되었다. 이 교섭 직후의 마사무네와 관련된 에피소드가 있다. 마사무네와 토도 타카토라(藤堂高虎, とうどう たかとら)는 「강화를 하면 나중에 화근을 남기니, 히데요리를 배제하는 편이 좋다」는 의견을 내자 유력 다이묘들이 찬성을 했다고 한다. 그래서 마사무네가 대표로 이에야스에게 진언을 하자 이에야스는 「안 돼. 약속을 지키지 않은 자는 천벌을 받을 거야. 두 번 다시 그런 이야기는 꺼내지도 마!」라는 반응을 보였다. 결국 강화는 성립되었고, 오사카 포위는 일단 풀었다.

강화 성립 일주일 후, 마사무네에게 좋은 소식이 날아들었는데, 마사무네와 함께 오사카 겨울 전투에 종군한 장남 히데무네에게 막부로부터 이요우와지마(伊予宇和島, いようわじま) 10만석이 주어졌다. 왜 시코쿠 지방의 땅을 받았는가 하면, 히데무네는 정실의 자식이 아니고 측실의 자식이다. 그래서 히데무네를, 독립을 한 다이묘로 만들고 싶었기에 마사무네의 본거지가 아닌 다른 곳으로 영지를 받도록 하였던 것이다. 마사무네는 히데무네의 독립을 위해 세키가하라 전투 후부터 요구를 했지만 약 14년이 지나서 소원을 이루었던 것이다.

강화조약을 맺었지만 오사카성에서는 무슨 이유인지 군비가 확충되

고 있었다. 도요토미 쪽의 가신들은 강화조약을 지켜야 한다고 하였지만, 전국 각지에서 모여든 로닌들은 계속 전쟁을 해야 한다고 주장을 하였다. 왜냐하면 그들은 종전이 되면 할 일이 없어지기 때문이다. 도쿠가와 쪽은 로닌과 결별하라고 요구하지만 이를 거절하여 또 전쟁이 발발하였다. 오사카 여름 전투이다. 도쿠가와 쪽 총 17만 명은 가와치구치(河内口, かわちぐち)와 야마토구치(大和口, やまとぐち) 양 쪽으로 나뉘어 진군을 하고, 마사무네는 야마토구치에 합류하였다.

야마토 방면으로 기습 공격할 것을 감지한 도쿠가와 쪽은 사전에 포진하여 반격을 할 태세를 갖추었다. 그곳에 고토 모토쯔구(後藤基次, ごとう もとつぐ)가 이끄는 도요토미 쪽의 선발대가 도착하자, 마사무네 부대와 미즈노 카쯔나리(水野勝成, みずの かつなり)부대는 총공격을 개시하여 고토 모토쯔구를 죽이고 부대를 괴멸시켰다. 그러나 이 때 빨간 군장으로 몸을 둘러싸고, 「롯꾸몬센(六文錢, ろくもんせん-집안의 문장의 하나로, 엽전을 3개씩 가로 2열로 나열한 것. 사나다(真田, さなだ) 집안의 가문」의 깃발을 든 사나다 노부시게(真田信繁, さなだ のぶしげ) 군대가 나타났다.

전국시대의 두 영웅이 드디어 꿈의 결전을 하게 된 것이다. 격렬한 전투를 하였지만 마사무네가 상당한 피해를 입고 밀려났다. 그러나 사나다군의 피해도 막심하였기에 나중에 이에야스 본진으로의 돌격에 큰 영향을 미치게 된다. 후에 오사카성이 함락되기 직전에 마사무네의 중신 가타쿠라 시게나가(片倉重長, かたくら しげなが)에게 자신의 자식들을 위탁했다.

이번 도묘지(道明寺, どうみょうじ)전투에서 성과를 올리지 못한 도요토미 쪽은, 오사카 주변의 수로가 메워져 있었기에 거의 무방비인 상태로 오사카성에서 농성을 했다. 마사무네 부대는 센바쿠치(船場口, せんばぐち)에서 포진하고 있었지만, 도요토미 쪽의 맹공으로 전방에서 포진했던 미즈노 카쯔나리와 신보 스케시케(神保相茂, じんぼう すけしげ)가 무너져 마사무네 부대 쪽으로 밀려들었다. 그러나 마사무네는 밀려들어오는 같은 편 부대에게 「이쪽으로 오면 총을 쏘겠다」고 위협을 했다. 덕분에 마사무네 부대는 위험을 모면했지만 신보 스케시케 부대는 3백명 이상이 사상을 입었고, 아사노 부대도 적지 않은 피해를 입었다.

당연히 두 무장은 크게 항의를 했지만 마사무네는 「같은 편인 것을 알고 일제히 사격을 명령했다. 쏘지 않으면 우리들도 함께 밀려날 판이었다」라며 전혀 미안한 마음도 없이 대답을 하였다. 결국 오사카 여름 전투는 도쿠가와의 승리로 끝났고 도요토미 가문은 멸망하였다. 드디어 도쿠가와 막부 아래에 통일된 일본이 시작되었다. 마사무네는 마지막 전투를 끝내고 이후는 센다이번의 번주로서 보내게 된다. 이 때 마사무네의 나이는 49세였다. 마침내 평화가 찾아왔고 이후 전쟁은 없었다.

하지만 마사무네에게는 여러 사건이 발생하였다. 사위인 이에야스의 6남 테루타다와 공모하여 모반을 계획했다는 것인데, 진상은 불투명하지만 테루타다는 형 히데타다로부터 면직처분을 받는다. 마사무네는 증거를 숨겼는지, 아니면 애당초 그런 계획을 세우지 않았는지, 아무런 처분을 받지 않았다. 도요토미 히데요시도 속였을 정도이니 도쿠가와 히데타다 정도는 가볍게 속이지 않았을까 라는 합리적인 의심이 들기도 한다.

그 외에도 우와지마 번주가 된 장남 히데무네와도 싸웠다. 원인은 히데무네가 우와지마로 부임할 때, 마사무네는 번을 재건하는 자금으로서 6만냥을 빌려주며, 가신 중 똑똑한 사람을 선발하여 돕도록 하였다. 마사무네가 배짱이 큰 것처럼 보이지만 우와지마번은 마사무네에게 빚을 변제하기 위해, 10만석 중, 3만석을 줘야하는 지경에 이르렀고 빚의 변제를 담당한 사람이 마사무네가 선발한 가신이었기 때문이다.

히데무네는 반대파의 중상모략에 넘어가 빚의 변제를 담당한 가신의 일가 중 몇 명을 죽여버렸다. 이 당시, 가로(家老, 가신 중의 최고위직)를 처벌할 때는 막부나 마사무네에게 보고를 해야 하지만 히데무네는 보고를 하지 않았다. 마사무네는 격노를 하며 히데무네에게 「너는 내가 붙여준 가로를 아무런 이유도 없이 죽인 이유가 뭐냐?」라는 편지를 보내고 인연을 끊어버렸다. 그 이후로도 분이 풀리지 않았던 마사무네는 노중(老中, 에도막부에서 쇼군에 직속하여 정무를 총괄하고 다이묘를 감독하는 직책) 도이 도시카쯔(土井利勝, どい としかつ)에게 우와지마번의 반환을 요청했다.

그러나 막부의 입장에서 보면 마사무네의 센다이번과 히데무네의 우와지마번은 완전 별개의 번이었기에 받아들여지지 않았다. 마사무네의 입장에서는 우와지마번은 본인의 출장소 같은 개념으로 생각했을 지도 모른다. 실제로 마사무네는 우와지마번의 내정에 간섭을 하여 히데무네는 상당히 곤혹스러워했다. 그래서 노중주 도이 도시카쯔는 두 사람의 중재를 하였고 이 자리에서 히데무네는 아버지에게 불만을 모조리 털어놓았다. 「저는 장남임에도 센다이번을 물려받지 못했습니다. 도요토미 가문의 인질로서 몇 년이나 보내고, 겨우 저의 영지를 가졌습니다. 그런데도 아버지는 이래저래 본인의 영토처럼 간섭을 하고, 매년 3만석이나 뜯어 갑니다. 저는 이제 아버지의 지시가 없어도 한 명의 다이묘로서 충분히 잘 할 자신이 있습니다」라고 하자 이 말을 들은 마사무네는 「알았어. 앞으로는 우와지마번에는 간섭을 하지 않으마」라고 말하며 두 사람은 화해를 했다고 한다.

세상에 평화가 찾아오고 나서 마사무네는 영지경영에 집중을 했다. 수운을 정비해서 강의 범람을 막고, 새로운 농경지도 개발하여 센다이에서 에도로 쌀을 공급하며 막대한 수익을 올렸다. 이 개발이 토대가 되어 센다이번은 에도 중기에 실질적인 고쿠다까(石高, こくだか-미곡의 수확량)가 100만석을 넘었다. 쇼군이 히데타다에서 이에미쯔(家光, いえみつ)로 바뀐 후에도 에도로 참근교대(각 번의 다이묘를 정기적으로 에도를 오고 가게 함으로써 각 번에 재정적 부담을 가하고, 볼모를 잡아 두기 위한 에도 막부의 제도)를 하며, 때때로 이에미쯔에게 전쟁의 이야기나 히데요시, 이에야스와의 추억 등을 들려주었다고 한다.

그런 마사무네를 이에미쯔도 상당히 좋아하여 마사무네를 「다테 가문의 큰 어르신」이라고 부르기도 하였다. 60세가 넘어도 센다이번의 현역 번주로서 활동했지만 70세에 몸이 나빠져서 배는 부풀어 오르고, 다리는 가늘어지자 마사무네는 자신의 수명이 다했음을 알아차리고 에도로 향했

다. 도중에 닛꼬(日光, にっこう)에 있는 동조궁(東照宮, 도쿠가와 이에야스를 신으로 모시는 신사)에 들렀지만, 안쪽의 사원에 오르는 도중 계단에서 넘어졌다고 한다. 겨우 에도에 도착한 마사무네는 마침내 드러누워 버렸다. 소식을 들은 쇼군 이에미쯔는 명의를 모아 치료를 하게 하였고 본인도 병문안을 가기도 하였다. 정실 메고히메와 막내딸인 센기꾸히메(千菊姬, せんぎくひめ-측실의 딸)가 병문안을 왔지만 죽어가는 모습을 보여주기 싫어 만남을 거부했다. 취침 후에 잠이 깬 마사무네는 옆의 시중에게 「어릴 때부터 몇 번이나 죽을 고비를 넘겼지만 이런 느낌으로 다다미 위에서 죽을 수 있다고는 생각지도 않았다」라는 말을 남겼다고 한다. 그 다음 날 마사무네는 파란만장한 삶을 마감했다. 향년 70세였다.

## 전국시대 일본 최고의 용사

사나다 유키무라 · 노부시게(真田幸村 · 信繁)

언제 어디서 유키무라라고 이름이 지어졌는지는 다양한 설이 있으나, 본 책에서는 역사적 사실을 바탕으로 「노부시게(信繁, のぶしげ)」라는 이름으로 부르도록 하겠다. 노부시게는 1567년(여러 설이 있음) 사나다 마사유키(真田昌幸, さなだ まさゆき)의 차남으로 태어났다. 그의 어릴 때의 사료는 전혀 없다고 말해도 좋을 정도로 어디서 어떤 생활을 했는지 알 수 없다.

노부시게가 태어났을 무렵에 아버지가 고후(甲府, こうふ-현재의 야마나시현)에 있었으므로 노부시게도 여기서 태어나고 자랐을 거라는 추측만 할 수 있다. 1567년생이니 혼노지의 변(本能寺の変, ほんのうじのへん) 때는 10대였다. 그리고 덴쇼진고의 난(天正壬午の乱, てんしょうじんごのらん)이 일어났을 때는 도쿠가와 이에야스를 모시고 있던 기소 요시나까(木曾義仲, きそ よしなか)에게 인질로 보내졌다. 그 후, 함께 인질로 왔던 마사유키의 어머니가 기소 요시나까에게 계속 인질로 있는 대신에 노부시게는 아버지에게 되돌아가게 되었다.

이후에도 아버지 마사유키의 처지에 따라 여러 다이묘 집안에 인질로 보내졌다. 덴쇼진고의 난이 끝난 후, 재차 우에스기 쪽으로 돌아선 아버지는 우에스기 카게카쯔의 믿음을 얻기 위해, 노부시게를 인질로 보냈다. 그러나 우에스기 가문에서는 그를 인질보다는 가신으로서 대우를 했다. 통설로 노부시게의 첫 출진은 오다와라 정벌(小田原征伐, おだわらせいばつ)이라고 하는데, 제1차 우에다성 전투(上田城の戰い, うえだじょうのたたかい) 때에, 원군으로서 우에스기로부터 파견되었다는 설도 있다.

　아버지가 이번에는 도요토미 히데요시 쪽으로 갈아타는 바람에 노부시게는 히데요시 쪽으로 인질로 갔다. 여기서 노부시게는 어딘지는 확실한 사료는 없지만 새로운 봉토를 받았고, 일설에는 다이묘 급 대우를 받았다고 하니 그만큼 노부시게의 능력이 출중했다는 것을 알 수 있다.

　하지만 이 시기의 노부시게의 활약을 구체적으로 설명한 1차 사료는 없기에 어디까지가 진실인지는 모른다. 히데요시 가문에서 인질로 있을 때는 오오타니 요시쯔구(大谷吉継, おおたに よしつぐ)의 딸과 결혼을 했다. 노부시게는 인질이라고는 해도 도요토미 정권 아래에서는 신임을 받아, 세키가하라 전투 전까지 오사카와 교토에서 생활을 했다. 후에 도요토미 가문을 따르게 된 이유도 이 때의 은혜를 잊지 않았기 때문이다.

　그리고 이 당시의 일본 사정을 간략하게 설명하자면, 조선 출병 후에 히데요시가 사망하자, 도쿠가와 이에야스가 정권을 잡고 아이즈 정벌에 나섰다. 그리고 이시다 미쯔나리가 거병을 하여 세키가하라 전투로 발전해 갔

오오타니 요시쯔구 무덤(大谷吉継, おおたに よしつぐ)

다. 여기서 「이누부시(犬伏, いぬぶし)의 이별」이 있었고, 한 살 위인 형 노부유키와 아군·적군으로 세키가하라에서 만나게 되었다. 이 이야기는 아버지 「(1) 사나다 마사유키(真田昌幸, さなだ まさゆき)-도쿠가와 이에야스의 침공을 두 번이나 막은 지장」편에서 충분히 설명했으니 그 부분을 참고하기 바란다.

    그리고 제2차 우에다성 전투에서 아버지 마사유키와 함께 도쿠가와 히데타다가 이끄는 주력군의 발을 묶어 놓아, 이에야스로부터 큰 원망을 사게 되었다. 이 두 번의 전투에서 창피를 당해 격노를 한 이에야스는 마사유키·노부시게를 반드시 죽일 거라고 결심했다. 그러나 동군에 붙은 형 노부유키와 이에야스의 중신 혼다 타다카쯔(本多忠勝, ほんだ ただかつ) 등의 중재로 사형은 면하고, 고야산(高野山, こうやさん)의 산기슭에 있는 마을 구도야마

(九度山, くどやま)로 추방되었다. 하지만 가지고 있던 영지는 전부 몰수를 당했기에 궁핍한 나날을 보냈고 수입이라고 해봤자, 형이 보내주는 돈이 전부였다.

아버지 마사유키는 언젠가는 사면해 줄 거라고 낙관했지만 이에야스는 전혀 그럴 생각이 없었고, 아버지는 10년의 추방 생활을 하다가 결국 사망하였다. 사망하기 직전에 아들 노부시게를 불러, 「조만간 도쿠가와와 도요토미의 결전이 있을 것이다. 그 때는 히데요리의 편이 되어 이에야스를 멸망시킬 예정이었는데 이루지 못해 유감이다」라고 말하며 자신이 생각했던 비책을 전수했다고 한다.

마사유키는 「농성전으로는 승산이 없고, 이기려면 적극적으로 붙어야 한다」고 말했다. 도요토미 쪽이 승리하려면, 「우선 군세를 이끌고 오와리(尾張, おわり-현재의 아이치현의 서부)를 기습하여, 도카이도(東海道, とうかいどう)・나까센도(中山道, なかせんどう)의 출구를 막고, 도쿠가와 쪽이 나오기를 기다린다. 이렇게 하면 이에야스는 놀라서 관동(関東, かんとう)・오슈(奥州, おうしゅう-현재의 일본 동북부, 후쿠시마・미야기・이와테・아오모리・아키다현의 일부)의 다이묘를 동원해서 반격해 올 것이다. 이렇게 시간을 벌고, 적당한 시기에 오우미(近江, おうみ-현재의 시가현 남부)로 군사를 이끌고 가 세타교(瀬田橋, せたきょう)와 교토의 우지바시(宇治橋, うじばし)를 손에 넣고 나서 수비를 강화하여 이에야스를 견제한다. 그 사이에 니조성(二条城, にじょうじょう)을 불태우고 오사카성(大阪城, おおさかじょう)에서 농성한다. 그리고 긴장감이 극에 오른 이에야스에게 야간 공격 새벽 퇴

각을 반복하면 사기저하와 피로의 누적이 생긴다. 이렇게 되면 다이묘들의 동요와 불만이 퍼져 도요토미 쪽으로 돌아서는 사람들이 속출할 것이다. 그러면 이에야스는 오사카 쪽으로의 공격을 할 수 없게 되어 철수할 것이다. 결국 천하는 재차 도요토미 정권이 잡게 될 것이다」라고 예상을 하고 아들에게 말을 전했다.

그러나 이 비책은 채택되지 않을 거라고 말했다. 그 이유는 마사유키는, 이 비책을 이에야스를 두 번이나 깬 본인이 제시하면 채택이 되겠지만 지휘관으로 실적이 없는 노부시게가 제시를 하면 그냥 뭉개질 거라는 것이다. 이 에피소드는 진위가 확실하지는 않지만 미래의 노부시게의 운명을 암시하는 듯한 이야기이다.

아버지가 사망한 후에도 구도야마에서 노부시게는 궁핍하고 힘든 생활을 보냈다. 겨울이 다가올 시기에 살고 있었던 집이 불타서 마땅히 머물 곳도 없었지만 성격이 활발하였기에 근처의 절이나 신사 등에서 구걸하며 먹고 잤다. 여기서 마사유키가 사망하기 3개월 전으로 돌아가 보자. 이 무렵, 니조성에서 도쿠가와 이에야스와 도요토미 히데요리의 회견이 있었다.

히데요리가 오사카에서 나와 교토로 향했기에 도쿠가와 정권이 이미 도요토미 정권보다 우위에 있다는 것이 세상에 알려졌다. 이 회견 뒤, 전국의 모든 다이묘들은 도쿠가와의 통제에 들어갔지만 도요토미 가문만큼은 통제하지 못했다. 히데요리는 한 명의 다이묘로 전락을 했고, 관백(關白.

かんぱく-천황을 보좌하는 역)도 아니었지만 큐슈를 중심으로 직할영토를 가지고 있었으며, 다이묘들에게 직접 봉토를 하사하는 등, 여전히 도요토미 가문은 통치권력으로서의 기능을 하고 있었다.

하지만 히데요리를 둘러싼 상황은 서서히 악화되어 갔다. 도쿠가와 쇼군 체제에 포함되어 있으면서도 히데요리를 계속 받들고 있었던 가토 기요마사(加藤清正, かとう きよまさ), 아사노 유키나가(浅野幸長, あさの ゆきなが), 마에다 도시나가(前田利長, まえだ としなが), 이케다 테루마사(池田輝政, いけだ てるまさ) 등 도요토미 계열 다이묘가, 잇달아 사망을 하였다. 그렇다고는 해도 여전히 힘을 가지고 있는 히데요리를 자신의 체제에 편입시키려고 이에야스는 고민을 했다. 계속 교섭을 하던 중에, 결정적인 사건이 발생했는데 「호코지쇼메이 사건(方広寺鐘銘事件, ほうこうじしょうめいじけん)」이다.

호코지는 도요토미 히데요시가 건립을 진행했던 사원이었고, 지진으로 파괴되어, 다시 재건을 하였다. 그러자 또 화재로 소실되어 건립이 중단되었지만 뒤를 이은 히데요리는 3번째 건립을 목표로 순조롭게 건설을 진행하여 「대불개안공양」만 하면 끝이었다. 이에야스도 참석을 하였지만 갑자기 종명에 「국가안강(国家安康)」「군신풍락(君臣豊楽)」이라는 글자를 비난하며 공양의 중지를 명령했다. 「국가안강(国家安康)」이라는 글자를 보면 「家(이에)」라는 글자와 「康(야스)」라는 글자가 떨어져 있고, 「군신풍락(君臣豊楽)」은 「豊臣(도요토미)」가 「君(군-주군)」으로서 즐겁다는 의미이기에 이에야스를 저주하고 도요토미 가문을 원한다는 의도가 포함되어 있다는 이유 때문이었다.

　　말도 안 되는 억지라고 생각할 수 있지만, 당시의 가치관으로는 상대방의 이름에 손을 대는 것은 그를 저주한다는 의미가 있었다. 따라서 이에야스가 격노를 한 것도 무리는 아니었다. 그리고 이에야스는 호코지의 건립에 적극적이었기에 일부러 트집을 잡았다고는 생각할 수 없고 정당한 불만이라고 할 수 있다. 통설로는 이에야스도 도요토미를 박살낼 생각을 가지고 있었다고 하지만, 실제로는 교섭에서도 적극적으로 도요토미의 의견을 받아들였고 도요토미 가문에 은혜를 입은 다이묘들에게도 여러 가지 중재를 요청했다.

　　전봉(転封, 다이묘의 영지를 옮기는 것)과 인질만 내면 도요토미 정권의 존속을 약속할 방침이었다. 그러나 이 사건으로 양쪽의 관계는 급속히 냉각되었고, 여기서 결정적인 사건이 터졌다. 이에야스는 히데요리에게 3개의 조건을 내밀었다.

　　1. 히데요리는 오사카성을 떠나 다른 성으로 갈 것
　　2. 어머니 요도도노(淀殿, よどどの)를 에도로 인질로 보낼 것
　　3. 히데요리는 다른 다이묘와 똑같이 스루가(駿河, するが,현재의 시즈오카현의 동부 및 중부)와 에도에서 참근교대를 할 것

　　이었다. 이 조건을 받아들이면 도요토미 가문은 존속할 수 있었으나, 거부를 했을 뿐만 아니라 중재역할을 했던 가타기리 카쯔모토(片桐且元, かたぎり かつもと)를 암살하려고 했다. 이 사건은 선전포고라고 해도 과언이 아

니었다. 당시의 다이묘 사이에는, 상대국의 중재역할을 담당하는 가신을 당주가 배제하거나 모살하는 것은 교섭상대에게 선전포고를 하는 것으로 여겼다.

그리고 히데요리가 오사카성에서 농성을 할 거라는 소문이 퍼지자 이에야스는 드디어 출진의 의지를 확고히 했다. 히데요리는 이러한 사태에 놀라서 이에야스와 히데타다에게 변명을 하였지만 받아들여지지 않았다. 전쟁이 임박해지자, 히데요리는 도요토미에게 은혜를 입은 다이묘들에게 편을 들어 달라는 편지를 뿌렸고, 동시에 모든 로닌들을 모아 도쿠가와와 맞붙을 준비를 하였다. 그리고 노부시게 앞으로 사자를 보냈다. 당시의 임

오사카성(方広寺, ほうこうじ)

금으로서 황금 2백닢, 은 30관을 보내 5천명을 그의 휘하에 둘 것을 약속했다. 그리고 50만석의 보상금도 보증했다. 노부시게는 이 조건을 받아들여 오사카성으로 입성했다.

추방 중인 노부시게였지만 어떻게 탈출하여 오사카성으로 들어왔는지는 확실한 사료는 남아 있지 않다. 이 소식을 들은 이에야스는 격노를 했다. 그리고 가신을 불러「오사카성에 들어간 놈이 아버지인가, 아들인가?」라고 물을 정도로 사나다 부자를 두려워했다. 그러자 가신은「아버지 마사유키는 이미 죽었고 아들인 노부시게가 입성했습니다」라고 하자, 겨우 한시름을 놓았다고 한다. 그 이유는, 이에야스는 마사유키에 대한 트라우마가 심했고, 지휘관으로 실적이 거의 없는 아들이었기 때문이다. 그러나 그런 안이한 생각 때문에 이에야스는 위기에 빠졌다.

오사카성은 이에야스와의 결전을 앞두고 착착 준비를 해 나갔다. 오사카성의 방어를 강화하기 위해 본성과 외곽의 정비, 성채의 건설이 시작되었다. 그 중 사나다마루(真田丸, さなだまる-오사카성 안의 성채)도 건설되었다고 하지만 수수께끼가 많은 노부시게인 만큼 사나다마루도 의문투성이다. 사나다마루가 있었던 장소는 현재 명성고교(明星高校)가 있는 장소이고 넓이는 지금의 학교 부지 정도였다고 한다. 통설로는 오사카성의 약점을 보충하기 위해 세워졌다고 하지만, 사나다마루가 세워진 오사카성의 남동쪽은 자연스럽게 형성된 수로(해자)가 있었고, 폭이 약 200미터나 되었다.

이 폭은 당시의 화승총의 사정거리를 넘는 규모의 해자였기에 굳이

이곳에 사나다마루를 세울 필요가 있었는지 의문이 든다. 오사카성의 외곽의 약점은 우에마치다이치(上町台地, うえまちだいち-오사카 평야를 남북으로 뻗은 구릉지)의 중앙, 시텐노지(四天王寺, してんのうじ)에서 맞닿아 있는 곳이다. 이곳은 고저 차가 적고, 해자에 물이 없으며 폭도 좁아서 수비하기에 어렵다. 사나다마루는 성곽이라기보다는 하나의 독립된 성으로 만들어진 구조이다. 오사카성에서 돌출된 성을 만들어 적의 관심과 공격을 받아 오사카성의 약점을 보충할 의도로 세워졌다.

그러나 사나다마루의 축성의 경위와 시기에 대해서는 확실한 1차 사료가 없다. 원래 고토 마타베(後藤又兵衛, ごとう またべえ)가 건설을 진행했지만 노부시게가 조금씩 간섭을 하며 성의 위치를 수정하여 혼자 힘으로 외성을 구축했다는 이야기도 있다. 고토 마타베는 노부시게가 마음대로 성의 위치를 바꾸었기에 화가 나서 부하들을 이끌고 외성을 되돌리려고 했다. 노부시게는 오사카성 내에서 평판이 나빴고, 세키가하라 전투에서 서군이었다고는 해도, 그것은 그의 아버지 마사유키의 전략이었기에 이에야스에 대한 원망은 없을 거라는 말도 있었다.

그리고 형인 노부유키는 이에야스 쪽에 있었기에 노부시게가 정말 같은 편인지 의심스럽다는 소문과 함께, 히데요리는 신뢰를 했지만 잘못 판단했을 거라는 말도 들렸다. 노부시게의 입장으로는 억울한 면도 있겠지만 어쩔 수 없는 면도 있었다. 그래서 노부시게는 사나다마루를 세워 도쿠가와의 공격을 한 몸에 받아 이러한 의혹을 풀려고도 했을 것이다. 그래도 성을 만든 사람의 허락은 받았어야 했다.

격노를 한 마타베는 도요토미의 가신과 로닌들이 달래서, 마타베를 노부시게・초소가베 모리치카(長宗我部盛親, ちょうそかべ もりちか)・모리 카쯔나가(毛利勝永, もうり かつなが) 등, 전(前) 다이묘와 동격으로 대우할 것을 도요토미의 중신, 오오노 하루나가(大野治長, おおの はるなが) 등이 약속을 했고, 노부시게도 인정을 했다. 이 4명에 아카시 데루즈미(明石掃部, あかし てるずみ)를 더해, 이들을 고닌슈(五人衆, ごにんしゅう 도요토미의 핵심 무장)라고 칭하고, 도쿠가와와 싸우기로 했다. 전쟁이 곧 시작될 거라는 소문이 나돌자 전국의 로닌들은 속속히 오사카성으로 몰려들었다. 오사카성의 병력은 대략 10만정도였다. 이에야스도 출진을 하여 이에야스는 차우스야마(茶臼山, ちゃうすやま), 히데타다는 오카야마(岡山, おかやま)에 본진을 쳤다. 전국의 모든 다이묘를 동원한 이에야스의 병력은 약 20만명이었다.

오쯔성지(大津城, おおつじょう)

노부시게의 이름을 전국에 알린 전쟁, 오사카 겨울 전투(大阪冬の陣, おおさか ふゆのじん)의 시작이다. 도쿠가와의 공격을 눈 앞에 두고 오사카성에서는 군회의가 열렸고, 노부시게는 농성전보다는 적극적으로

치고 나가야 한다고 주장을 했다. 노부시게는 우선 기나이(畿內, きない-왕성과 천황 등이 있는 수도권 주변의 특별구역)의 요충지에 군대를 파견해서 제압한 후, 제 각각 전선을 형성하고, 오우미(近江, おうみ-현재의 시가현 남부)의 오쯔성(大津城, おおつじょう)을 오사카성과의 중계지점으로 만들어, 각 전선에 원군을 파견, 고착상태를 유발하여 장기전으로 끄는 작전을 제안했다. 장기전이 되면 도요토미 쪽으로 기우는 다이묘들이 나온다는 아버지의 비책과 닮은 점이 있다.

노부시게는 농성을 하면 식량이나 탄약이 부족하여, 항복을 하게 될지도 모르고 성내에서 반란이 일어날 수도 있다고 했다. 그러나 이 작전은 오오노 하루후사(大野治房, おおの はるふさ) 등의 도요토미 중신들의 반대로 거부되었다. 역시 실적이 없었던 지휘관의 서러움이라고 할까! 로닌들은 노부시게의 작전에 반반으로 의견이 나뉘었다. 어쨌든 도쿠가와의 대군은 큰 저항을 받지 않고 오사카성을 포위했다. 노부시게의 제안이 수용되었다면, 도쿠가와군이 손쉽게 오사카성을 포위하지는 못했을 것이다.

전초전은 오사카성의 서쪽과 북쪽에서 시작되었다. 도쿠가와군은 도요토미군이 세웠던 성루를 공격하였고 마타베가 부상을 입었다. 그러나 이 공격으로 도쿠가와 쪽도 막대한 피해를 입었다. 도쿠가와 쪽에 피해를 주었지만 오사카성 북쪽에 설치한 성루는 도쿠가와 쪽으로 넘어갔다. 게다가 도요토미 쪽은 오사카성 서쪽 싸움에서 패배하여, 구키(九鬼, くき) 수군에 의한 해상봉쇄를 당했다.

이에야스는 모든 다이묘들에게 명령하여 오사카성을 전면 포위하기

위해 쯔케지로(付城, つけじろ-적의 성을 공격할 때, 그것과 상대해서 만든 성)를 건설하도록 명령했다. 여기서 도쿠가와군에도 문제가 발생하는데, 엄청난 군사 수였던 만큼 식량이 부족했다. 현지조달도 가능했으나 오사카 주변의 쌀값은 전쟁의 호황을 틈타 천정부지로 급등했다. 그래서 본인의 영토에 항구가 있는 다이묘들에게 상선(商船)을 오사카로 보내도록 지시를 했다. 도쿠가와군은 식량문제를 해결했지만 도요토미군은 보급로도 막히고 오사카성도 완전 포위되었다.

전초전에서 이미 위기가 찾아왔다. 드디어 사나다마루에서 전투가 시작되었다. 사나다마루 앞에는 도쿠가와군의 이이 나오타카(井伊直孝, いい なおたか)와 마에다 도시쯔네(前田利常, まえだ としつね)가 포진했다. 두 사람 다 이번 전쟁이 첫 출진이다. 우선 노부시게는 사나다마루 앞에 있는 사사야마(笹山, ささやま)라는 작은 산에 조총부대를 배치하여 연일 마에다 부대 쪽으로 총격을 가했기에 마에다 부대에서는 사상자가 속출하였다.

그래서 마에다 부대는 수하의 군사를 보내 사사야마를 점령하려고 했지만 이것을 간파한 노부시게는 이미 군사를 사나다마루로 철수시켰다. 작전이 간파 당해 허둥대는 마에다 부대를 사나다마루에서 그들에게 조롱을 하자, 마에다 부대는 완전히 사기가 꺾였다. 다음날 밤, 마에다 부대는 재차 사사야마를 공격하지만, 사나다 분대가 없었기에 그대로 사나다마루의 해자 앞까지 쳐들어갔다. 이것을 본 토도 타카토라(藤堂高虎, とうどう たかとら), 이이 나오타카, 마쯔다이라 타다나오(松平忠直, まつだいら ただなお)는 일제히 공격을 감행했다.

　　그러나 이것은 노부시게의 계략이었다. 사나다 부대는 공격해 오는 적군에게 총으로 반격을 하여 수백명을 죽였다. 여기서 자그마한 우발사고가 발생하는데, 사나다마루의 후방 성벽에서 화약의 오발사고가 일어났다. 이 오발을 도요토미 쪽의 내란이라고 생각한 도쿠가와군은 사나다마루로 총공격을 개시했다. 그러나 노부시게는 냉정하게 대응을 했고, 기회라고 착각하여 쇄도하는 도쿠가와군이 해자 안으로 들어오는 것을 느긋하게 기다렸다가 총을 난사하여 벌집을 만들어 버렸다.

　　내란이라고 착각하여 쳐들어왔기에 총에 대한 방비책이 전혀 없어서 결국 막대한 피해를 입고 말았다. 좁은 해자 안에서 우왕좌왕하는 도쿠가와군은 그냥 총알받이가 되어 죽어 나갔다. 이 비참했던 상황은 이에야스 본진에게도 전해졌고, 이에야스는 즉시 전투를 중지하고 철수를 해라고 각 군에게 명령했다. 그러나 사나다마루에서의 총격은 끊이지 않았고, 나아가지도 물러서지도 못한 상황이 지속되었다. 오후 3시가 되어 겨우 이이 나오타카가 철수를 시작하였고, 다른 부대들도 따라 나갔다. 도요토미 쪽도 총탄을 아끼기 위해 사격을 줄여 나갔고, 양군의 전투는 겨우 끝이 났다. 노부시게가 지키는 사나다마루는 도쿠가와군에 막대한 피해를 주었고, 노부시게의 이름이 천하에 알려졌다.

　　사나다마루에서 대패를 한 도쿠가와군이었지만 오사카성의 포위는 풀지 않았다. 이에야스는 포위를 더욱 단단히 하고 오사카성을 향해서 대포와 불을 붙인 돌을 발사하여, 성내의 불안과 동요를 일으킬 작전을 세웠다. 그리고 밤에 교대로 함성을 지르게 하여 성안의 군사들이 잠을 못 자게 했다. 이것에 대해 노부시게를 비롯한 로닌들은 심리전이라는 것을 알고 무차별적인 총격은 하지 말라고 주의를 줬다. 그러나 오사카성으로의 포격이 격렬해져 본성과 천수각이 불에 붙기도 하였다.

그 외에도 성 쪽으로 땅굴을 파기도 하였지만 잘 되지 않았다. 이 때의 포격이 요도도노의 거소에 떨어져 겁먹은 요도도노가 화평을 강제로 진행했다는 확실하지 않은 일화도 있다. 그러나 포격소리가 교토까지 들릴 정도로 강력해서 그 소리를 들으면서 다도회를 하기도 했다고 한다. 그만큼 어마어마한 포격이었기에 요도도노가 겁먹었다고 해도 터무니없는 이야기는 아니다.

이런 전투 속에서도 양군은 화평의 교섭을 시작하고 있었다. 오사카성은 함락되지 않았지만, 도요토미 쪽이 기대했던 다이묘들의 가세는 전혀 없었다. 그리고 오사카성 안에서는 총과 대포, 총알이 부족하기 시작했다. 다른 이야기이지만 사나다마루에서의 패배에 이에야스는 놀람을 금치 못했고 동시에 노부시게를 높게 평가했다.

사나다마루 전투 직후에, 노부시게를 회유하도록 지시를 했다. 그래서 노부시게의 삼촌인 사나다 노부타다(真田信尹, さなだ のぶただ)를 파견하여 몰래 교섭을 시작하였다. 양쪽 다 상황이 안 좋았기에 노부시게는 본인을 회유하는 것이라고는 생각하지 않았을 것이다. 하지만 삼촌은 「도쿠가와

편을 들면 10만석을 주겠다」는 파격적인 제안을 했지만 노부시게는 「죄수가 되어 고야산에 추방당한 상태였지만 히데요리 님이 구해 주셨고, 군대까지 맡기셨습니다. 그런 은혜가 있기에 도쿠가와를 모시라고 하셔도 안 됩니다. 혹시 화평교섭이 잘 되었음에도, 그래도 제가 필요하다면 천석을 제안해도 기꺼이 섬기겠습니다」라고 대답을 했다.

    노부시게로서는 화평이 성립되어 전쟁이 끝나면 새롭게 모셔야 할 주군으로서 막부를 고르더라도 큰 문제가 없을 거라는 생각이었다. 그러나 노부시게 회유의 책임자였던 이에야스의 복심 혼다 마사즈미(本多正純, ほんだまさずみ)는 노부시게가 회유에 넘어오지 않았던 이유가 조건이 나빴다고 생각하여 이번에는 「시나노 일국을 줄 테니 같은 편이 되어 달라」고 재차 삼촌을 통해서 제안을 했다.

    10만석도 파격적인데, 한 나라를 통째로 넘겨주다니, 이것은 40만석에 해당되는 봉토였지만, 갑자기 확 늘어난 조건에 노부시게는 의심을 하며 거절했다. 이리하여 노부시게의 회유작전은 실패로 끝났다.

    한편, 양군의 화평교섭은 난항에 부딪혔다. 가장 큰 문제는 로닌들의 처우에 관한 것이었고, 도요토미 쪽은 같은 편으로 활약해 준 그들을 무시할 수 없었으며, 이에야스 쪽은 강력한 적이 된 로닌들을 용서할 수 없었다. 도요토미 쪽은 로닌들에게 봉토를 주기를 바란다는 제안을 했지만 이에야스 쪽은 결단코 거절했다. 양쪽은 끈질기게 교섭을 계속하여 겨우 합의를 보았고 그 내용은 다음과 같다.

1. 로닌들은 사면한다.
2. 히데요리의 봉토는 안도한다(넘겨준다).
3. 요도도노는 에도로 가지 않아도 된다.
4. 히데요리의 신분의 안전은 보장한다.
5. 오사카성을 건네면 원하는 나라를 준다.

이 외에 화평의 조건으로서 오사카성의 성곽, 내성, 외성의 파기와 해자를 메우는 것이었다. 통설로는 도쿠가와 쪽이 성곽의 외부해자만 메운다는 약속을 파기하고 내부해자도 메우고, 내성, 외성도 허물어, 성을 완전히 개방해야 한다는 조건을 내걸었다고 한다.

오사카성에 모인 로닌들은 정전 후도 오사카성에 계속 머물렀기에 확실히 교섭의 방해가 되었다. 그래서 도요토미 쪽은 오사카성을 일부러 완전히 개방하였고 혹시 재차 전쟁을 할 경우가 생기더라도 이러한 방어기능이 없는 성에서 농성을 해도 승산이 없다는 생각을 로닌들에게 인지시키기 위해서였다. 이에야스 쪽은 도요토미 쪽을 무장해제 시켰다는 인상을 세상에 알리기 위해 해자를 메우게 했다.

그래서 얼마 전까지 죽일 듯이 싸웠던 양군이 사이 좋게 토목공사를 하는 웃지 못할 광경을 오사카성에서 볼 수 있었다. 그러나 로닌들은 여전히 오사카성에서 계속 머물렀고 사태는 의외의 방향으로 전개되었다. 도쿠가와 쪽은 몰래 도요토미 쪽을 내탐했다. 오사카에는 이전보다도 많은 물자가 모였고, 도요토미 쪽에서 일을 하기 원하는 로닌들이 많이 모였다. 오

사카성 안에서 로닌들의 처우를 둘러싸고 중신인 오오노 하루나가(大野治長, おおの はるなが), 하루하사(治房, はるふさ) 형제는 다투었고, 놀랍게도 로닌들은 오사카성의 해자를 다시 파기 시작하였다.

통설로는 이에야스가 일부러 무리한 요구를 하여, 히데요리를 도발시켜 재차 전쟁을 유도했다고 한다. 여기에 교전파였던 로닌들의 폭주를 도요토미 쪽은 억제할 수 없었다. 로닌들은 전쟁이 없으면 거의 백수나 마찬가지이기에 어떻게 해서든 전쟁이 있어야 먹고 살 수가 있었다. 주군인 도요토미 가문을 배신하고 그들을 몰아내려고 했던 이에야스는, 오사카 전투에서만큼은 정말 적이었다.

도쿠가와 쪽은 계속 교섭을 시도했지만 도요토미 쪽의 중신들과 로닌들의 의견이 제 각각이었기에 원활하게 교섭이 진행되지 않는 상태였다. 이에야스도 도요토미를 없앨 결단을 해야만 했다. 그런 와중에 도요토미 쪽이 야마토노쿠니(大和国, やまとのくに-현재의 나라현)를 공격하여 전쟁은 다시 시작되었다. 노부시게의 생전의 마지막 전투인 오사카 여름 전투(大阪夏の陣)의 시작이다. 오사카성은

도묘지(道明寺, どうみょうじ)

이제 농성이 불가능한 상태이다. 야전을 할 수밖에 없었지만 도요토미 쪽의 의견은 정리되지 않았다.

노부시게는 교토를 정벌하고, 히데요리가 후시미성에 들어가 지휘를 하며, 오우미(近江, おうみ-현재의 시가현 남부)의 세타(瀨田, せた)에서 적을 제지한다고 하는, 오사카 겨울 전투에서도 제안한 작전을 거듭 주장했다. 모든 무장들의 찬성을 이끌어냈지만 오오노 형제가 반대를 했다. 여기서 고토 마타베가 타협안을 제시했는데, 「성곽은 잃어버렸지만 성의 동쪽은 습지대여서 적이 접근하기 힘들다. 그래서 도쿠가와군의 공격은 남쪽으로 한정될 것이다. 이에야스와 히데타다가 나라에서 오사카로 들어올 때, 10만의 군사로 총공격을 하면 이길 수 있다」이다.

이런 마타베의 제안에 히데요리도 찬성하여, 오사카성 남쪽에서 반격 준비가 시작되었다. 그리고 야마토노쿠니에 군대를 파견, 사카이(堺, さかい-오사카 근처의 땅)를 침공하여 불태워 버렸다. 그러나 가시이 전투(樫井の戰い, かしいのたたかい)에서 패배하여 참전한 모든 무장을 잃게 되었다. 도요토미 쪽은 도쿠가와 쪽이 이에야스군과 히데타다군으로 나뉘어서 가와치(河内国, かわち)평야로 침공해 올 것으로 짐작했다. 그리고 도쿠가와 쪽의 합류지점을 도묘지(道明寺, どうみょうじ) 부근으로 예상했다.

고토 마타베는 군회의에서, 합류 후의 도쿠가와 쪽이 가와치 평야에서 전투를 전개하면 승산이 없다고 판단하여 산악지대의 좁은 장소를 이용해서 반격하는 작전을 제안하였고, 노부시게도 찬성을 하였다. 반격지역

은 고쿠분(国分, こくぶん)의 산간부로 하고, 그러기 위해서는 우선 도묘지에 모일 준비를 했다. 그러나 도요토미 쪽의 예상은 빗나가 버렸다. 이에야스와 히데타다가 이끄는 본진 약 13만명은 가와치에서 오사카로 들어가는 진로를 택하고, 도묘지에는 다테 마사무네(伊達政宗, だて まさむね), 토도 타카토라(藤堂高虎, とうどう たかとら)를 중심으로 3만5천명의 군사가 향하고 있었다.

　　선발대로서 도묘지에 파견된 마타베는 도도군이 침투시킨 간첩을 잡아서 터무니없는 상황을 파악했다. 이 때 마타베가 이끄는 수하는 2천명 정도였으니 10배가 넘는 전력차이다. 이날 늦은 밤, 죽음을 각오한 마타베는 가타야마(片山, かたやま)에 진을 치고 동이 터는 것과 동시에 도쿠가와 쪽의 미즈노 카쯔나리군에게 사격을 개시했다. 노부시게군이 도착하기 전에 먼저 공격을 한 것이었다. 불의에 기습을 당한 미즈노군은 막대한 피해를 입었지만, 병사 수에서 월등히 많았기에 점차 회복하였고, 마침 다테 마사무네의 군이 도착하였다. 마타베가 패전 직전에 아카시 테루즈미가 후미에 붙었지만, 많은 군사에 밀려 아카시도 중상을 입고 어쩔 수 없이 퇴각을 하였다. 비슷한 시간에 전장에 도착한 노부시게는 다테 마사무네군과 격전을 벌였다. 사나다군은 다테군이 공격해 오자, 총을 쏘며 맹반격을 하여 저지시켰다.

　　그 후, 일제히 공격을 개시하여 도묘지 부근까지 다테군을 몰아냈다. 이 전투에서 탄약과 화약을 전부 사용하였고, 사상자도 다수 나온 다테군은 미즈노군에게 세찬 공격을 퍼부으라는 재촉에 응할 수가 없었다.

미즈노군은 다른 부대와 연대하여 공격을 재개하려고 하였지만 이것도 거부당했다. 도쿠가와 쪽의 움직임이 없는 것을 확인한 도요토미 쪽은 철수를 하기 시작했다. 노부시게도 차우스야마까지 철수했다.

도묘지 전투에서 벗어난 노부시게였지만 사나다군은 다테군과의 싸움에서 큰 피해를 입었다. 적지 않은 장병이 전사를 하여 사나다군의 전력은 저하되었다. 이것이 다음 날에 벌어지는 최후의 결전에 큰 영향을 주었다.

도묘지 전투에서 막대한 피해를 입은 도요토미군은 텐노지(天王寺, てんのうじ)와 오카야마에 모든 부대를 집결하여 최후의 결전에 임했다. 도요토미 쪽은 사나다 부대, 모리 카쯔나가 부대를 텐노지 부근에 배치하여 적을 끌어들이는 사이에 센바(船場, せんば)에 포진한 아카시 데루즈미의 별동대가 배후로 돌아가 도쿠가와의 뒤를 친 후, 협공을 하는 작전을 세웠다. 그리고 이 작전에서 가장 중요한 것은 히데요리가 직접 출진하는 것이었고 총대장이 등장하면 군의 사기가 올라가는 것은 틀림이 없다.

도쿠가와 쪽도 출진을 하여 낮 시간이 지난 즈음에 양군은 대치를 하였다. 실은 이에야스는 전군에게 별도의 지시가 있을 때까지는 절대 움직이지 말라고 명령을 내렸다. 왜냐하면 이에야스는 이러한 상황에서도 오사카에 사자를 보내 항복을 하도록 요구를 했기 때문이다. 도요토미 쪽은 이것을 이에야스의 모략으로 생각하여 상대도 해주지 않았다. 그러나 출진할지 말지 고민한 히데요리는 이 요구를 듣고 출진을 주저했다.

그리고 긴 대치 끝에 도쿠가와 쪽의 마쯔다이라 타다나오군이 도요토미 쪽으로 발포하였고, 도요토미 쪽도 반격하여 격렬한 총격전이 시작되었다. 노부시게는 응전을 했다는 것에 놀라며 제지를 했다. 왜냐하면 아직 히데요리가 출진하지 않았기 때문이다. 노부시게는 오사카성에 사자를 보내, 히데요리의 출진을 재촉하자, 히데요리는 곧 출진할 거라는 답변을 보냈다. 그러나 결국 히데요리는 모습을 드러내지 않았다.

이 무렵 도쿠가와 쪽의 공세를 받던 모리 카쯔나가군은 총격전 후, 적당한 때를 보고 적군을 공격했다. 모리군은 적진의 깊숙이 쳐들어가 도쿠가와군에게 큰 피해를 입혔다. 모리군의 분전의 영향은 다른 전쟁터에도 미쳤다. 전란이 일어나는 중, 단숨에 오사카성으로 향하려고 했던 아사노 나가아키라 부대를 보고, 아사노가 배신을 했다는 유언비어를 퍼뜨리자, 도쿠가와의 진은 그대로 무너졌다. 무너진 도쿠가와 쪽의 군사는 토도 타카토라 부대를 향해서 쇄도했다. 그러나 타카토라는 무너진 자기편에게 화살부대를 이용해서 일제히 사격을 하도록 명령했다.

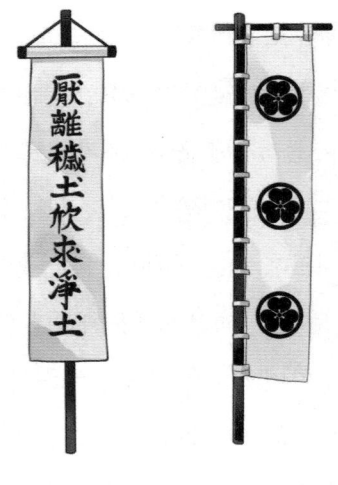

도쿠가와 이에야스 우마지루시

놀란 군사들은 다시 본인들의 진으로 돌아가 태세를 갖추었다. 명장군의 임기응변이 빛을 발하는 순간이었다. 그러나 이런 혼란 속에서 이에야스가 있는 본진으로 향하는 길이 뚫려버렸다. 노부시게는 이 순간을 놓치지 않았다. 조금 전에 도망쳤던 군사들은 노부시게가 싸웠던 마쯔다이라 타다나오에게도 물밀듯이 몰려가 진을 무너뜨려버렸다. 이 틈을 보고 노부시게가 이끄는 사나다군은 바로 이에야스의 본진을 목표로 돌격했다.

예상 외의 돌격에 이에야스 본진은 무너지기 시작했다. 이에야스는 본진의 직속무사를 보내 재정비하려고 했지만, 역으로 직속무사들이 혼란에 휩쓸려 도망가는 자가 속출하였다. 사나다군은 이에야스의 본진 앞에 포진한 혼다 타다마사 부대를 깨부수고 직속무사가 지키는 이에야스 본진까지 쳐들어갔다. 그렇지 않아도 무너질 판이었던 직속무사들은 공포에 질려 도망가기 시작했다. 드디어 이에야스도 도망갈 수밖에 없는 상황이 되었고, 타케다 신겐에게 대패한 미카타가하라 전투(三方ヶ原の戦い, みかたがはらのたたかい) 이래, 쓰러진 적이 없었던 우마지루시(馬印, うまじるし-싸움터에서, 장수의 곁에 세워 그 소재를 알리던 표지)가 쓰러져버렸다. 겨우 남아 있던 직속무사 중에는 이에야스의 위기를 알고, 그를 구하기 위해 사나다 부대로 돌격하는 자들도 있었지만, 사나다 부내의 반격에 그대로 전사하였다.

이 상황은 이에야스를 절망감에 빠지게 만들어, 이에야스는 할복하려고까지 생각했다. 그러나 이에야스를 몰아붙였던 도요토미 쪽에 안 좋은 일이 생겼다.

전황이 도요토미 쪽으로 유리하게 전개되는 속에서, 재차 히데요리의 출진을 재촉하기 위해 오오노 하루나가가 직접 히데요리를 설득하러 오사카성으로 갔다. 그러나 이 행동이 도요토미 쪽을 패배로 이끄는 길이 되어버렸다. 하루나가는 10명의 말을 탄 기수를 이끌고 오사카성으로 향했지만, 이 때 예전에 입은 상처로부터 출혈이 생겨 말 위에서 정신을 잃었다. 이런 하루나가의 모습을 본 도요토미군사들은 전쟁에 패배했다고 착각을 한 것이었다.

　게다가 이 때 하루나가는 히데요리의 우마지루시(馬印, うまじるし)를 내건 채로 오사카성으로 향했기 때문에 하루나가가 전쟁터에서 도망쳤다고 굳게 믿은 병사들도 상당히 있었다. 또, 이 때 오사카성에서 불꽃이 피어올라, 도요토미 쪽은 크게 동요를 하였고, 공격이 멈추어 버렸다. 불을 피운 것은 히데요시 때부터 그를 섬겨온 요리사였다. 수많은 아수라장을 버텨낸 이에야스가 이 순간을 놓칠 리가 없었다. 혼란스러워 하는 도요토미 쪽을 향해 이에야스는 총공격을 명령하였고, 원래 병력 수에서 압도했기에 이에야스군은 도요토미군을 제압하기 시작했다. 배후에서 공격할 예정이었던 아카시 데루즈미는 작전을 수행하려고 출진했지만, 이미 전선은 붕괴되어 완전히 때를 놓쳐버렸다.

　그리고 아카시 부대는 미즈노 카쯔나리, 토도 타카토라와 붙어 패배를 하였고, 아카시는 행방불명이 되었다. 그리고 드디어 노부시게에게도 최후의 때가 다가왔다. 이에야스 본진에 다가갔던 노부시게는 재차 마쯔다이라 타다나오군과 싸웠다. 거기서 이에야스의 위기를 알고 달려온 이이 나오타카군과 토도 타카토라군이 사나다군의 측면을 공격했다.

사나다군은 마쯔다이라 타다나오군의 공격에 의해 점점 밀려, 마침내 태세가 무너져 어쩔 수 없이 퇴각을 하였다. 노부시게는 말을 타고 퇴각을 했고, 마찬가지로 말을 타고 이동하고 있던 니시오 무네쯔구(西尾宗次, にしおむねつぐ)를 우연히 만났다. 니시오 무네쯔구는 「좋은 적」을 만났다고 생각하여 승부를 하자고 하였다. 두 사람은 말에서 내려 겨뤘고 노부시게가 패배를 하였다. 정말 터무니없는 죽음이었다.

노부시게는 이름을 말하지 않았기 때문에, 누구를 베었는지 모르는 채로 목을 들고 본진으로 돌아가고 나서 노부시게였다는 것을 알았다고 한다. 이렇게 하여 노부시게는 파란만장한 49년의 생애를 마감했다. 그리고 결국 전쟁터에 나오지 않았던 히데요리는 요도도노와 함께 불길이 솟아오르는 오사카성에서 할복을 하였고, 도요토미 가문은 멸망했다. 두 번에 걸친 오사카 전투는 도쿠가와의 승리로 막을 닫았고 히데요리가 출진했다면 결과는 달랐을 지도 모른다.

전쟁에 패해서 전사한 노부시게이지만, 그의 활약은 적군에게도 감동을 주었고, 그 이야기를 들은 사람들에게도 감명을 주었다. 이에야스도 최대의 경의를 표했으며, 직접 본인의 눈으로 노부시게의 잘린 목을 확인했다. 그의 무용(武勇)을 본받고 싶다고 하며, 머리카락을 가져가는 사람이 끊이지 않았다는 이야기도 있다. 실전경험이 없었던 노부시게가 왜 이렇게까지 잘 싸웠는지 의문이다.

　　노부시게가 구도야마에서 백수생활을 보낼 때, 새벽까지 병법서를 읽으며 공부했다는 이야기도 있고, 아버지 마사유키가 생존해 있을 때에 병법서의 문답을 빠뜨리지 않았기에 부족한 지식을 채울 수가 있었다고 한다. 때때로 이웃에 있는 무사들을 모아, 병술, 화살, 총포의 훈련도 했다고 하지만 진상은 확실하지 않다. 그러나 오사카 전투에서의 노부시게의 용감하고 탁월한 전투능력은 사실이다. 그리고 도쿠가와 쪽의 군사의 질도 문제가 있었다. 세키가하라 전투에서 오사카 전투까지 약 15년이 경과했다. 이 사이에, 실전경험이 풍부한 군사들은 은퇴하거나 사망하거나 하여, 실전경험이 없는 신병이 많았다.

　　반대로 도요토미 쪽의 로닌들은, 실전경험이 풍부한 자들이 많았다. 그렇지만, 그런 로닌들에게 휘둘려 화평의 기회를 놓친 경우도 있었다. 노부시게는 전쟁은 강했지만 정치력이나 모략을 꾸미는 것에는 약했다. 로닌들을 하나의 힘으로 뭉치게 하는 것에도 애를 먹었고, 도요토미 중신들과의 관계도 미묘했다.

　　그런 부분은 형인 노부유키 쪽이 월등했다. 마지막으로, 이에야스를 몰아 부쳤던 노부시게는, 에도시대 초기의 도쿠가와 막부에 불만을 가진 민중들에게 영웅으로서 환영을 받아, 연극이나 야담 등에서 자주 등장하는 인물이었다. 그러나 노부시게라는 이름을 크게 내세우는 것은 문제가 되었기에, 이름을 「유키무라」 라고 했다는 일설도 있다.

## 의리와 명분을 목숨처럼 아낀 무장
### 아자이 나가마사(浅井長政, あざい ながまさ)

아자이 나가마사는 1545년, 아자이 히사마사(浅井久政, あざい ひさまさ)의 장남으로서 롯카쿠(六角, ろっかく)의 거성 남 오우미(南近江, みなみおうみ-현재의 시가 현의 남부)의 관음사 성하 마을에서 태어났고 어릴 때의 이름은 사루야샤마루(猿夜叉丸, さるやしゃまる)였다. 할아버지 아자이 스케마사(浅井亮政, あざい すけまさ)는, 북 오우미(北近江, きたおうみ)의 수호(군사지휘관, 행정관)였던 쿄고쿠(京極, きょうごく)를 모셨지만 쿄고쿠 가문이 후계자 분쟁을 하는 틈을 이용해 쿠데타를 일으켜 북 오우미를 지배하게 되었다.

그러나 나가마사의 아버지인 아자이 히사마사는 무용(武勇)이 뛰어나지 못해, 남 오우미의 수호였던 롯카쿠와의 전쟁에서 패하였고, 초대 당주였던 아자이 스케마사 대에 손에 넣었던 영지를 잃고 롯카쿠에게 종신하게 되었다. 그래서 나가마사 자신도 태어나자 마자 어머니와 함께 인질로서 생활하게 되었다. 히사마사는 롯카쿠와의 외교에 힘을 써서 겨우 북 오우미를 영지로서 유지할 수 있었다. 그러나 가신 중에는 히사마사의 정책에 반발하는 사람도 많았고, 또 아자이 스케마사 시절에 활약한 무장들도 세대교체라는 명목 하에 낮은 대우를 받았다. 아직 2대 째이고, 지반도 탄탄하지 않는 상황 속에서 아자이 나가마사는 원복(성인이 되는 의식)을 했으며 그 당시에는 12세에서 16세 사이의 남자는 대부분 원복을 하였다.

그러나 아자이 나가마사는, 아자이 가문이 롯카쿠 가문의 지배하에 있는 것을 명확히 하기 위해 당시의 남 오우미의 수호였던 롯카쿠 요시카타(六角義賢, ろっかく よしかた)로부터 「賢」의 한 글자를 받아, 「아자이 겐세(浅井賢政, あざい けんせい)」라는 이름으로 불렸다. 또 롯카쿠의 가신인 히라이 사다타케(平井定武, ひらい さだたけ)의 딸과 혼인도 강요 받았다. 이 당시는 주종관계를 명확히 하기 위해 주군의 이름에서 한 글자를 받거나 정략결혼이 횡행했던 시절이었다. 롯카쿠의 가신인 딸과 결혼을 하면 나가마사가 당주가 되어도 롯카쿠의 가신이 되어 버린다.

아자이 나가마사(浅井長政, あざい ながまさ)

이것에 불만을 가진 나가마사는 반기를 들었다. 롯카쿠도 나가마사가 언젠가는 불만을 표출할 거라고 예상을 했었다.

　1559년, 히다성(肥田城, ひだじょう) 성주, 타카노세 히데타카(高野瀬秀隆, たかのせ ひでたか)가 나가마사에게 붙은 것을 안 롯카쿠는, 히다성을 공격하였다. 이것은, 나가마사가 롯카쿠에 대항하기 위해서 서서히 준비해 왔지만 그 움직임을 롯카쿠가 민감하게 반응했다는 것을 알 수 있다. 롯카쿠는 히다성을 수공으로 공격했지만 실패를 하였고 이것을 알아차린 나가마사는 히다성으로 구원을 가서 공방을 반복했으며 이것이 1560년의 노라다 전투(野良田の戦い, のらだのたたかい)이다.

　이 전투는 나가마사군이 만 천명, 롯카쿠군이 2만 5천명이라는 압도적인 전력 차이가 있었지만 나가마사의 탁월한 작전 덕분에 롯카쿠군에게 승리를 했다. 롯카쿠에게 복종하는 것에 불만을 가진 가신들은 이 활약을 보고 나가마사에게 기대감을 가지는 동시에, 그의 아버지를 추방하고 은퇴시켰으며 나가마사에게 가독을 상속시켰다. 게다가 나가마사는 롯카쿠로부터 벗어나는 것을 명확하게 하기 위해 그의 아내를 롯카쿠에게 보내 버렸고, 롯카쿠에게 이름의 한 글자를 받아 사용했던 「賢政」의 이름도 본래의 이름으로 되돌렸다. 이 전쟁에서 승리를 거둘 수 있었던 것은 나가마사의 철두철미한 준비 덕분이었다.

　롯카쿠가 단기간에 군사를 불러 모아 준비할 수밖에 없었던 것에 반해, 나가마사는 주도 면밀하게 전쟁준비를 하였던 것이다. 나가마사가 롯카

쿠로부터 독립할 즈음에 아사쿠라(朝倉, あさくら)와 신종(臣從-신하로서 모심)관계를 맺었다는 설도 있다.

1563년에는 롯카쿠의 필두 가신이었던 고토 카타토요(後藤賢豊, ごとう かたとよ)가 롯카쿠 당주였던 롯카쿠 요시하루(六角義治, ろっかく よしはる)에 의해 살해당하는 관음사 소동이 일어났다. 가신의 필두격이며 인망이 두터웠던 카타토요의 살해는 롯카쿠의 가신들에게 충격을 주었고, 이 소동으로 롯카쿠 가문을 떠나 아자이 가문에게 붙은 사람도 많아서 롯카쿠는 쇠퇴의 길로 들어서게 되었다.

그런 상황 속에서 같은 해에 나가마사의 미노(美濃, みの-현재의 기후현의 남부)정벌 중에 롯카쿠가 군을 움직였지만 이것을 알아차렸던 나가마사는 회군하여 롯카쿠군을 격퇴하였다. 이렇게 하여 아자이 가문은 영지를 확대했지만 롯카쿠와 정정협정을 맺고 고착상태가 계속되었다.

그 후 아자이 나가마사는 오다 노부나가(織田信長, おだ のぶなが)와 동맹을 맺었다. 당시의 노부나가는 미노의 사이토(斎藤, さいとう)와 고착관계였는데, 이것을 타파하기 위해 선택한 것이 나가마사와의 동맹이었고 나가마사와 손을 잡는 것으로 미노를 협공할 수 있다고 생각하였다. 동맹에 임해서 노부나가는 자신의 여동생인 오이찌(お市, おいち)를 나가마사에게 시집을 보냈다.

이렇게 하는 것으로 나가마사와의 관계를 더욱 긴밀히 하고, 서로가 배신을 할 수 없도록 하였다. 나가마사에게 있어서 이것은 결코 나쁜 동맹은 아니었지만 걱정거리는 있었다. 그것은 나가마사가 오랜 세월 은혜를 입었던 아사쿠라 가문과 오다 가문이 적대관계였던 것이다. 그 때문에 나가마사는「아사쿠라 가문에 대한 불침공의 맹세(여러 설이 있음)」를 조건으로 노부나가와의 동맹을 받아들였다. 이렇게 하여 오다 가문과 나가마사 가문은 동맹을 맺었고, 노부나가는 교토로 갈 수 있는 오우미를 확보할 수 있었으며 미노 공략의 발판도 만들 수 있었다.

이 동맹을 노부나가는 크게 기뻐했고, 이 당시에는 일반적으로 남자쪽이 결혼자금을 준비하는 것이 관례였지만 노부나가 자신이 모든 비용을 댔다. 또 이 결혼을 계기로 노부나가의 한 글자를 내어주며「나가마사」로 개명을 시켰고 그 전의 이름은 신쿠로(新九郎, しんくろう)였다. 게다가 노부나가는 교토로 가는 중에 나가마사의 천적이었던 롯카쿠를 공격하여 남 오우미의 고카군(甲賀郡, こうかぐん)까지 몰아냈기에, 나가마사와의 동맹관계를 보다 견고하게 만들 수 있었다.

그러나 이 동맹은 길지 않았다. 세력을 확대해 나갔던 노부나가는 15대 쇼군으로 아시카가 요시아키(足利義昭, あしかが よしあき)를 옹립하면 본인의 힘을 주변에 보여줄 수 있다고 생각하여 즉시 아시카가 요시아키를 교토로 불러 쇼군으로 취임하는 것을 도우며 은혜를 베풀었다. 물론 아시카가 요시아키의 옹립은 표면상이었고 주변 모든 국가에 본인의 힘을 과시하기 위한 위장이었다.

아시카가 요시아키가 쇼군으로 취임하고 나서는 실질적인 권력을 노

부나가가 가질 수 있도록 한 5개조의 조서 내용을 받아들이도록 하였다. 게다가 노부나가는 모든 다이묘들에게 새로운 쇼군인 아시카가 요시아키와 천황에게 인사를 하도록 교토에 오도록 지시를 하였다. 그러나 아사쿠라 가문의 당주 아사쿠라 요시카게(朝倉義景, あさくら よしかげ)는 거부하였고 화가 난 노부나가는 아사쿠라 정벌에 나섰다.

거부를 한 이유는 본인의 영토인 에치젠노쿠니(越前国, えちぜんのくに-현재의 후쿠이현의 동부)를 비우기 싫었다든가, 원래 노부나가를 싫어했다는 다양한 설이 있다. 나가마사와 동맹을 맺었던 노부나가는 단숨에 아사쿠라 가문의 영지인 에치젠 부근까지 군을 진격시켰다. 그리고 텐즈쯔 산성(天筒山城, てんづつやまじょう)과 카네가사키성(金ヶ崎城, かながさきじょう)을 함락시켰고 이것이 카네가사키 전투(金ヶ崎の戦い, かねがさきのたたかい)이다. 카네가사키 전투 소식을 듣고, 나가마사는 아사쿠라 가문으로 붙을지, 오다 가문으로 붙을지 독촉 받았지만, 최종적으로 선택한 것은 아사쿠라 가문이었다. 그래서 나가마사는 노부나가를 배후에서 공격하기로 했다.

아자이는 할아버지 대부터 가문이 살아났지만 초기에는 다른 세력에게 패하는 경우도 많았다. 그런 힘든 시절에 아사쿠라 가문이 도와주었기에 그에 대한 은혜를 잊지 않고 아사쿠라 편이 되기로 하였던 것이다. 처음에 이 소식을 들은 노부나가는 「믿을 수 없는 낭설이다」고 말하며 나가마사의 배신을 믿지 않았다. 그러나 계속해서 들어오는 정보에 나가마사의 배신을 인정할 수밖에 없게 되자, 노부나가는 나가마사의 격퇴를 결심하였다. 철저히 믿었던 처남의 배신이었다.

노부나가가 나가마사의 배신을 확실하게 알았던 것은 오우미•와카사노쿠니(若狹国, わかさのくに-현재의 후쿠이현의 서부) 방면의 외교를 행했던 마쯔나가 히사히데(松永久秀, まつなが ひさひで)가 아자이 나가마사의 수상한 움직임을 알아차리고 통보했다고 「아사쿠라기(朝倉記, あさくらき-전국시대 다이며 아사쿠라 가문의 흥망을 기록한 책)」에 기록되어 있지만, 신빙성이 떨어지고 실제는 그에 관한 사료는 없다. 또 「아사쿠라기」에 의하면, 오이찌(노부나가의 여동생이자 아자이의 아내)가 노부나가에게 주머니의 양쪽을 묶은 팥이 든 주머니를 진중으로 보내, 노부나가에게 아사쿠라 가문과 아자이 가문이 협공을 한다는 위기를 전했다는 일화도 있지만, 이 일화는 후세의 장착이다. 그러나 그 무렵의 풍습이었던 다이묘의 정략결혼에서, 여성은 친정에서 시댁으로 보내진 외교관•스파이로서의 측면도 있기에 오이찌가 나가마사 쪽의 정보를 노부나가에게 전했을 가능성은 충분히 있다.

노부나가는 전쟁터에 키노시타 히데요시(木下秀吉, きのした ひでよし)와 아케치 미쯔히데(明智光秀, あけち みつひで)를 남기고 겨우 목숨을 연명하며 철수를 했다. 노부나가가 철수한 후의 노부나가 무장들의 행동은 매우 질서정연하여, 아사쿠라군에게 전혀 틈을 주지 않고 철저하게 피해를 최소한으로 막았다. 이렇게 하여 나가마사는 노부나가와의 동맹을 파기하고, 매형과 전투에 임하게 되었다.

그러나 나가마사의 배신에 대해서는, 정말로 노부나가가 아사쿠라를

공격했기 때문인지는 의문이 남는다. 왜냐하면 나가마사와의 동맹의 조건으로「아사쿠라를 공격하지 않는다」는 것이 정말로 있었는지 의문을 표하는 학자들이 생겨났다. 또 조건을 깼다고 해서 바로 동맹을 파기하고 출진했다는 점도 수수께끼이다. 나가마사가 동맹을 깬 이유에는 아사쿠라를 공격했다는 것만은 아니라는 설도 있다. 최근의 연구로는, 신앙심이 두터웠던 나가마사는 불각이 있는 엔랴쿠지(延曆寺, えんりゃくじ)도 공격하는 노부나가의 비정함과 세력을 확대할 때마다 거성을 옮기는 것, 현재에 만족하지 못하고 끊임없이 영토에 대한 야욕이 넘치는 것, 그리고 결정적인 것은 자신도 일국을 다스리는 어엿한 한 명의 다이묘인데 본인의 가신으로 취급하는 등, 지금까지 노부나가의 행동에 이미 불만을 가졌기에 동맹의 파기로 연결된 것이라고 한다.

가네가사끼 전투 후 바로, 1570년에 아네가와 전투(姉川の戦い, あねがわのたたかい·1570년)가 발발했다. 이 전투는 나가마사의 동맹파기를 용서할 수 없었던 노부나가에 의한 보복공격이었다. 이 전투와 그 후의 전개에 대해서는 본책의 여러 곳에서 상세히 설명해 두었다. 전쟁에서 패한 나가마사는 최후에, 장남 만뿌쿠마루(万福丸, まんぷくまる)에게 가신을 붙여 성 밖으로 도망치게 하였고, 오이찌와 3명의 딸을 오다군에게 넘겨주었다. 이렇게 하여 가족의 안전을 확보한 나가마사는 할복을 하고 오다니성(小谷城, おだにじょう)은 함락되었다.

나가마사와 헤어진 후, 오이찌와 세 명의 딸은 오다 가문으로 들어

가, 이가노쿠니(伊賀国, いがのくに-현재의 미에현 서부·우에노 분지 일대)에 있는 오다 노부카네(織田信包, おだ のぶかね-노부나가의 남동생이자 오이찌의 오빠)에게 맡겨져 비호를 받았다고 하지만 요 근래의 연구에서는 노부나가의 삼촌인 노부쯔구(信次, のぶつぐ)에게 맡겨졌다고 한다. 아들인 만뿌쿠마루는 오다군에게 적발되어 처형되어 버렸다. 실은 나가마사에게 두 명의 아들이 있었고, 어느 쪽도 노부나가의 여동생인 오이찌의 자식이 아니었다. 오이찌와 세 자매는 노부쯔구가 사망한 후, 노부나가가 있는 기후성(岐阜城, ぎふじょう)으로 옮겨왔다. 그리고 노부나가가 사망하자, 제각각의 길을 걸었다.

노부나가가 사망한 1582년, 시바타 카쯔이에(柴田勝家, しばた かついえ)와 하시바 히데요시(羽柴秀吉, はしば ひでよし-후의 도요토미 히데요시)의 요청으로 기요스성(清洲城, きよすじょう)에서 회의가 열렸고, 이 회의에서 오이찌와 시바타 카쯔이에

NHK 대하드라마 고~공주들의 전국시대
(江 姫たちの戦国)

의 재혼이 결정되었다. 그러나 1583년, 노부나가의 뒤를 이은 히데요시와 시바타 카쯔이에 사이에서 갈등이 생겨 전투가 발발하였으며, 이것이 시즈가타케 전투(賤ヶ岳の戰い, しずがたけのたたかい)이다. 이 전투에서 카쯔이에는 패주하여 에치젠노쿠니의 기타노쇼성(北ノ庄城, きたのしょうじょう)으로 귀성하였다. 한편, 히데요시는 호리 히데마사(堀秀政, ほり ひでまさ)를 선봉으로 하여 카쯔이에의 뒤를 쫓아 에치젠으로 들어갔다. 카쯔이에도 기타노쇼성에서 방어를 단단히 하지만 상황은 좋지 않았다. 여기서부터는 오이찌와 세자매의 그 후의 이야기를 알아보자.

  카쯔이에는 오이찌와 세 자매를 성밖으로 도망가도록 권유했지만 오이찌는 이것을 거절하고 카쯔이에와 함께 할복하기로 결심했으며, 히데요시에게 편지를 보내, 세 자매의 신분을 보장할 것을 요구했다. 이렇게 하여 오이찌는 목숨을 잃었다. 그리고 오이찌와 나가마사의 장녀인 차차(茶々, ちゃちゃ)는 어머니 오이찌와 헤어진 후, 1588년경에 히데요시의 측실이 되었다. 그 다음 해에 히데요시의 아들을 낳았고, 그녀의 회임을 기뻐한 히데요시로부터 산성 요도성(淀城, よどじょう)을 받아, 그 후 요도도노(淀殿, よどどの)라고 불리게 되었다.

  1593년에는 히데요리(秀頼, ひでより)를 낳고, 히데요시의 사후에는 히데요리의 후견인으로서 정치에 개입하며, 도요토미 가문의 실권을 잡았다. 세키가하라 전투에서 도요토미 가문이 이에야스에게 패하자, 도요토미 가문은 지배 영지가 줄어들게 되었다. 그런 속에서 요도도노는 히데요리의 후견인으로서 고다이로(五大老, ごたいろ), 고부교(五奉行, ごぶぎょう)가 떠난 오사카성의 주도권을 쥐었다. 이에야스와의 대립은 계속되었지만, 오사카 전투에서 패해 자결을 했다.

그리고 둘째 딸인 하쯔(初, はつ)는 어머니와 헤어진 후, 히데요시의 알선으로 아자이 가문의 선대이자 쿄고쿠(京極, きょうごく) 가문의 당주인 쿄고쿠 타카쯔구(京極高次, きょうごく たかつぐ)와 결혼하였다. 쿄고쿠 가문은 세키가하라 전투에서는 미쯔나리(서군)로 붙는 척하면서 동군인 이에야스에게 붙었다. 결전 전에 성은 함락되었지만 서군의 진격을 막았다는 공적을 인정받아 와카사노쿠니(若狹国, わかさのくに-현재의 후쿠이현의 서부)를 포상으로 받았다.

1609년에 남편인 타카쯔구와 사별을 한 후, 출가를 하여 조코인(常高院, じょうこういん)으로 불리게 되었다. 이 무렵부터 도요토미와 도쿠가와의 대립이 노골화되어 조코인은 그 사이를 중재하는 역할을 맡게 되었다. 마지막으로 세번째 딸인 고(江, ごう)는 어머니와 헤어진 후, 노부나가의 차남인 노부카쯔(信雄, のぶかつ)의 가신 사지 카즈나리(佐治一成, さじ かずなり)에게 시집을 갔으며, 고마끼·나가쿠테 전투(小牧·長久手の戦い, こまき·ながくてのたたかい)에서 카즈나리와 사별을 하고, 히데요시의 조카인 도요토미 히데카쯔(豊臣秀勝, とよとみ ひでかつ)와 재혼을 하였다.

히데카쯔는 히데요시의 통일사업에 따라, 큐슈 정벌, 오다와라 정벌에서 공을 세워 1590년에는 도쿠가와 이에야스의 관동 전봉(転封, 다이묘의 영지를 옮기는 것)에 따라, 카이(甲斐, かい-현재의 야마나시현)·시나노(信濃, しなの-현재 나가노현)를 받았지만 조선으로 출병했을 때 병으로 사망을 하였다. 두번이나 남편을 여윈 고(江. ごう)는 1595년에 이에야스의 3남인 도쿠가와 히데타다(德川秀忠, とくがわ ひでただ)와 세번째 결혼을 하였다. 결과적으로 전투를 벌인 노부나가와 나가마사였지만, 노부나가는 나가마사의 재능을 눈 여겨 보았고, 그를 자기 편으로 끌어들이기 위해 여동생인 오이찌를 시집보냈다.

　나가마사와 결혼했을 때의 오이찌의 나이는 21세였고, 이것은 당시의 다이묘의 딸로서는 만혼이었다. 즉, 노부나가에게 있어서는 여동생이 그만큼 소중했고 마지막 히든카드와 같은 존재였을 지도 모른다. 그런 양 집안의 전략이 섞인 정략결혼이었지만 두 사람의 관계는 상당히 좋았다고 한다. 노부나가와 동맹관계였지만, 아자이 가문에서는 오이찌가 결코 환영을 받을 존재는 아니었다. 노부나가가 보낸 스파이라는 의심과 함께 경계를 하는 사람들이 많았지만, 그들을 설득하고 아내에게 애정을 쏟은 것이 바로 나가마사였다. 시댁에서 냉담한 대우를 받고 의심의 눈초리를 받는 속에서 나가마사의 사랑은 오이찌가 낯선 곳에서 지탱할 수 있는 유일한 것이었다.

　나가마사의 애정은 노부나가와 대립하는 속에서도 변하지는 않았다. 오다니성(小谷城. おだにじょう)이 함락될 때에는 남편인 나가마사와 함께 죽을 각오였지만 나가마사의 설득에 의해 성밖으로 나갔고, 나가마사는 노부나가의 진영까지 그녀를 배웅해 주었다. 나가마사는 오이찌에게 딸과 함께 살아남아 아자이 가문의 혈통을 후세에 남겨 달라고 부탁을 하였다. 오이찌는 적의 여동생이었지만 나가마사에게 있어서는 둘도 없는 사랑스러운 아

내였던 것이다. 노부나가에게 돌아온 오이찌도 나가마사를 계속 그리워하며 재혼은 생각지도 않았다. 노부나가도 그러한 여동생의 생각을 존중하였다. 그러나 노부나가의 사후, 시바타 카쯔이에의 정실로서 재혼하게 되었고 자신을 지켜줄 사람이 없었기에 어쩔 수 없는 선택이라는 생각이 든다.

카쯔이에가 노부요시에게 패해서 자결을 할 때, 오이찌도 함께 했다. 오다니성에서도 도망을 갔는데 또 도망갈 수 없다며 카쯔이에와 길을 함께 한 것이다. 이것은 나가마사와 함께 하지 못한 것에 대한 죄책감 때문일지도 모른다. 아무튼 오이찌의 세자매는 전국시대에 중요인물의 아내가 되어 조용한 내조를 하였고 특히 고(江, ごう)의 5녀 마사꼬(和子, まさこ)는 고미즈노오(後水尾, ごみずのお)의 후궁으로 들어가, 후에 메이쇼(明正, めいしょう)를 낳고, 「도후쿠몬인(東福門院, とうふくもんいん)」으로 이름을 올렸다. 나가마사의 혈통이 쇼군, 천황가까지 이어진 것은 실로 놀라운 일이라고 할 수 있겠다.

## 백성을 사랑한 다이묘
아사쿠라 요시카게(朝倉義景, あさくら よしかげ)

아사쿠라 요시카게는 에치젠노쿠니(越前国, えちぜんのくに-현재의 후쿠이현의 동부)를 다스렸던 전국 다이묘였다. 아사쿠라 가문의 11대 당주로서 천하를 노리던 오다 노부나가(織田信長, おだ のぶなが)와 격렬한 공방을 펼친 사람으로 알려져 있다. 아사쿠라 가문은 헤이안(平安, へいあん)시대부터 이어진 무가의 명문으로 막부와 조정(천황가)으로부터 두터운 신뢰를 받고 있었다. 성하 마을인 이치조다니(一乘谷, いちじょうだに)는 농업을 비롯해 수산업, 수공업이 발전했고, 초대 당주 다카카게를 비롯하여 선조들이 영지경영을 잘하여(주로 조선 등 외국과의 무역) 예전에 없던 풍족함과 안정, 번영을 이루고 있었다.

전국 다이묘 중에서도 한 단계 높은 지위와 풍족한 영지를 가지고 있었던 아사쿠라 가문이었지만 요시카게의 수많은「실수」에 의해서 멸망하였다. 요시카게는 어떤 실수를 범했던 것일까?

요시카게는 1533년 에치젠노쿠니에서 아버지 아사쿠라 다카카게(朝倉孝景, あさくら たかかげ)와 와카사(若狹, わかさ) 타케다 가문 출신인 어머니 사이에서 태어났다. 이 때 아버지의 나이는 40세로 요시카게는 유일한 정실의 적자였다. 1548년 3월, 아버지가 사망함에 따라 어린 나이인 16세로 가독을 상속하여 아사쿠라 가문 11대 당주가 되었다. 요시카게가 23세 때인 1555년, 할아버지 대부터 대립해 왔던 카가(加賀, かが-현재 이시가와현 남부)의 잇코잇키(一向一揆, いっこういっき-무로마치 시대 중기부터 정토진종 혼간지 교단의 신도들이 일으킨, 권력에 저항하는 무장봉기 세력)를 토벌하기 위해 1555년 에치고(越後, えちご-현재의 니가타현)의 나가오 카게토라(長尾景虎, ながお かげとら-후의 우에스기 켄신)와 협력하여 아사쿠라 소테키(朝倉宗滴, あさくら そうてき)를 대장으로 삼고, 카가노쿠니로 공격해 들어갔다.

카가에 있는 3개의 성을 하루만에 함락하고 에누마군(江沼郡, えぬまぐん)에서 잇코잇키 세력을 물리친 것까지는 좋았지만 여기서 고착상태가 되어 쇼군 아시카가 요시테루(足利義輝, あしかが よしてる)의 중재로 화평을 맺었다. 그러나 아사쿠라 가문에 있어서 최대의 손실은 전쟁 중에 아사쿠라 소테키가 병으로 사망한 것이다. 향년 79세로 충분히 수명을 다한 것이었지만(평균 수명의 두 배) 그는 다른 사람과 대체 불가능한 아사쿠라 가문의 기둥으로, 다카카게의 선대 때부터 사실상의 아사쿠라 가문의 당주 역할을 했던 사람이었다.

소테키를 잃은 요시카게였지만 언제까지나 슬퍼만 하고 있을 수 없었다. 지금이야 말로 당주인 본인이 솔선하여 영내를 더욱 활기차게 만들어야 한다고 결심했다. 정치적인 면에서는 불안감이 있었지만 역대 당주들의 선정의 덕분으로 영내는 비교적 평온했다. 이러한 환경에서 자랐기 때문인지, 요시카게는 무예와 정치보다도 예능(시, 다도, 그림 등)을 탐닉했다.

그러나 1565년, 그의 인생에 큰 전환점이 찾아왔다. 요시카게가 33세 때, 쇼군 아시카가 요시테루가 미요시 요시쯔구(三好義繼, みよし よしつぐ) 등에게 암살당하는 큰 사건이 발생하였다. 그런 속에서, 요시테루의 남동생으로, 차기 쇼군으로 내정된 아시카가 요시아키(足利義昭, あしかが よしあき)가 요시카게에게 도움을 요청하기 위해 에치고로 왔다. 요시카게는 요시아키의 내방을 기뻐하며 그를 보호해 주었다. 빨리 교토로 돌아가 쇼군의 자리에 앉고 싶었던 요시아키는 요시카게에게 호위를 요청했고 그 보답으로 위에서 설명했듯이 잇코잇키와의 화평을 중재하였다.

오랜 세월 골치가 아팠던 잇코잇키와의 화평은, 요시카게에게 있어서 최고의 선물이었지만 요시카게는 쇼군의 요청(교토로 함께 가서 본인을 호위)이 내키지 않아 거절을 하였다. 요시카게는 천하통일의 위업이나 높은 관직보다는 본인의 영지에서 편안한 삶을 추구했다. 화가 치밀어 속이 탄 요시아키는, 당시 파죽지세였던 오다 노부나가를 의지하기로 하였다. 역사에 만약은 없지만 만일 이 때, 요시카게가 요시아키의 요청을 받아들였다면 천하인(天下人, 천하를 통일한 사람)은 요시카게였을지도 모른다.

당황한 요시카게는 요시아키를 제지하려고 했지만, 요시아키는 에치

젠을 떠나 노부나가에게 갔다. 차기 쇼군을 모신다는 대의명분을 얻은 노부나가는 요시아키와 함께 교토로 갔고 요시아키는 쇼군으로 취임하였으며 그 덕분에 노부나가는 그의 이름을 천하에 알리게 되었다. 요시카게가 요시아키의 요청을 거절한 이유는 위에서 설명한 것 외에 교토에 있던 미요시(三好, みよし) 가문이나 마쯔나가 히사히데(松永久秀, まつなが ひさひで)와 부딪혀 전쟁을 할 가능성이 있었기 때문이다. 그리고 이 시기에 장남인 구마기미마루(阿君丸, くまぎみまる)가 요절하여, 슬픔에 빠져 의욕이 없었다. 이유야 어쨌든 요시카게는 천하인이 될 찬스를 놓쳤던 것뿐만 아니라 노부나가라는 무지막지한 인물의 힘을 키워준 결과를 초래해 버렸다.

쇼군의 권위를 얻은 노부나가는 요시아키의 명령이라는 구실로 요시카게에게 교토로 오도록 하였다. 이 당시, 다이묘나 무장들이 교토로 가는 것은 천황이나 교토를 다스리는 사람에게 복종한다는 의미였다. 그러나 요시카게는 자신보다 신분이 낮고 시골 촌뜨기 같았던 노부나가의 말을 단숨에 거절했고 오랫동안 영지를 비울 수 없다는 생각도 하였다.

그러나 요시카게의 거절은 「쇼군에게 모반을 할 우려」가 있다고 하여 노부나가에게 에치고

아시카가 요시아키(足利義昭, あしかが よしあき)

를 침공할 명분을 주게 되었다. 노부나가는 가네가사키성(金ヶ崎城, かながさきじょう) 등, 아사쿠라의 지성(본성 주위에 있는 성)을 계속 함락하며 요시카게가 있는 본성까지 다가갔다. 그러나 여기서 노부나가와 친족 관계(노부나가의 여동생과 결혼)였던 아자이 나가마사(浅井長政, あざい ながまさ)가 노부나가의 뒤를 급습하였고, 당황한 노부나가는 바로 철수를 명령했다. 이른바「가네가사키 철수(金ヶ崎の退き口, かねがさきののきくち)」이다. 아사쿠라군은 아자이군과 함께 노부나가군을 추격했고, 노부나가군의 후미를 맡은 키노시타 도키치로(木下藤吉郎, きのした とうきちろう-후의 도요토미 히데요시)와 아케치 미쯔히데(明智光秀, あけち みつひで) 등의 격렬한 저항에 의해 노부나가를 놓쳐버렸다.

간신히 도망친 노부나가는 태세를 재정비하여 나가마사의 거성인 오다니성(小谷城, おだにじょう)을 습격했다. 나가마사는 응전하면서 요시카게의 원군을 기다렸지만 좀처럼 오지 않았다. 그러나 노부나가 역시 오다니성의 공략에 실패를 하여 어찌 할 바를 몰라 일시 후퇴를 하였다. 이 무렵, 아사쿠라군은 간신히 가네가사키성에 있었고 이 당시 군사를 이끈 것은 요시카게의 사촌인 아사쿠라 카게아키라(朝倉景鏡, あさくら かげあきら)였다. 앞의 가네가사키 전투에서 철수한 노부나가를 추격하려고 이제서야 현지에 도착했다. 가네가사키에 노부나가가 없다는 것을 안 카게아키라군은 이치조다니로 돌아갔고 그 타이밍에 오다니성으로부터 구원요청이 들어왔다.

요시카게는 카게아키라에게 출진을 명령했지만 카게아키라는 피곤함을 이유로 거절했다. 요시카게는 어쩔 수 없이 아사쿠라 카게타케(朝倉景

健, あさくら かげたけ)를 총대장으로 임명하고 8천명의 군사를 이끌고 나가마사를 지원하러 갔다. 아사쿠라와 아자이, 그리고 노부나가는 아네가와(姉川, あねがわ)에서 대치를 했다. 아네가와 전투(姉川の戦い, あねがわのたたかい-1570년)의 시작이다. 이 전투와 관련된 상세한 것은 본 책의 여러 페이지에서 충분히 설명하였다.

아네가와 전쟁의 패배는 가네가사키 전투에서 계속된 요시카게의 늦은 판단력이 원인이었다. 이 후에도 요시카게는 몇 번이나 노부나가와 자그마한 전투를 벌였다. 노부나가의 중신을 전사시키는 등 공적도 있었지만, 요시카게의 거듭되는 실수의 연속과 스스로 솔선하여 출진하지 않는 주군을 원망하며 그의 곁을 떠나는 부하들이 속출하였다.

당시의 오다니성(小谷城, おだにじょう)

쇼군 요시아키와 노부나가의 관계가 악화되자 요시아키는 각국의 다이묘들에게 노부나가를 공격하도록 명령했다. 그것에 부응한 것이 카이(甲斐, かい-현재의 야마나시현)의 타케다 신겐(武田信玄, たけだ しんげん)과 이시야마(石山, いしやま) 혼간지의 겐뇨(顕如, けんにょ)

였다. 이른바 노부나가의 포위망이 형성되어, 노부나가는 절대절명의 궁지에 빠졌다. 1572년 10월, 신겐은 교토를 목표로 서쪽으로 진군하였고 노부나가를 협공하기 위해 요시카게에게 협력을 요청했다.

요시카게는 나가마사와 함께 출진하였지만 12월이 되자 갑자기 「눈이 많이 내렸다」, 「부하들에게 피로가 쌓였다」는 이유를 대며 이치조다니로 철군했다. 타케다 신겐과 겐뇨, 아자이 나가마사는 요시카게의 터무니없는 행동에 어안이 벙벙하며 격노를 했다. 신겐은 「수고가 든 것에 비해 아무런 성과도 얻을 수 없었다」라고 요시카게에게 편지를 보냈을 정도로 엄청나게 분노를 했다. 신겐은 그 후, 병으로 급사를 하여 노부나가 포위망은 무너졌다. 요시카게가 조금 더 분발하였다면 노부나가를 멸망시켰을 지도 모르는데 또 스스로 그러한 찬스를 놓쳤버렸다.

신겐의 죽음을 안 노부나가는 쇼군 요시아키를 교토에서 추방하고 드디어 표적을 아자이·아사쿠라군으로 한정했다. 1573년 8월, 노부나가는 3만의 군사를 이끌고 아자이의 본거지인 오우미(近江, おうみ-현재의 시가현 남부)로 침공했다. 나가마사의 구원요청을 받은 요시카게는 모든 장군에게 출진을 명령하지만 이미 주군에 대한 충성심이 약해진 그들의 태도는 냉담했고 사촌인 카게아키라조차 피곤하다는 이유로 출진명령을 거부했다. 어쩔 수 없이 요시카게는 스스로 군사를 이끌고 출진했지만, 아사쿠라군의 꼬락서니를 본 탓인지, 아자이의 군사까지 노부나가 쪽으로 등을 돌리는 사람이 속출하였다.

전황은 시종일관 노부나가 쪽이 우세하였고, 도네자카(刀根坂, とねざか)에서 오다군의 맹공을 받아 할복을 결심할 정도까지 궁지에 처했다. 측근들의 제지에 의해 할복은 포기한 요시카게는 이치조다니로 도망쳐 왔지만, 거기에는 이미 친족과 측근이 불과 얼마 없었다. 요시카게는 사촌인 카게아키라의 권유로 이치조다니를 떠나 로쿠보켄쇼지(六坊賢松寺, ろくぼうけんしょうじ)로 도망쳤지만 이번에는 카게아키라의 군에게 포위를 당했다. 카게아키라는 몰래 노부나가와 내통을 하여, 요시카게를 칠 계략을 꾸몄던 것이다. 진퇴양난이었던 요시카게는 마침내 할복을 하였다. 향년 41세.

요시카게의 사후, 요시카게의 어머니인 코토쿠인(高德院, こうとくいん)과 아내 코쇼쇼(小少将, こしょうしょう), 아들 아이오마루(愛王丸, あいおうまる)는 노부나가의 명에 의해 처형되었고 아사쿠라 가문의 핏줄은 여기서 멈추게 되었다. 명문가 출신으로 복 받은 환경에서 자란 아사쿠라 요시카게. 군사적인 면에서는 결코 뛰어난 무장이라고는 할 수 없지만 뛰어난 문화인으로서는 명성이 높았고, 해외와의 교역에도 적극적이었다.

요시카게가 끝까지 지키고 싶었던 이치조다니에서는 교역품으로 손에 넣은 수많은 미술품이 출토되었고 특별명승지로 지정된 정원이나 광대한 무가 저택을 볼 수 있으며, 아사쿠라 가문이 번영했던 시절을 지금도 만끽할 수 있다.

## 영지경영의 천재 문화인
### 가모 우지사토(蒲生氏郷, がもう うじさと)

가모 우지사토는 1556년, 오우미(近江, おうみ-현재의 시가현 남부)의 히노성(日野城, ひのじょう)의 성주, 가모 다카히데(蒲生賢秀, がもう かたひで)의 장남으로 태어났다. 아명은 쯔루치요(鶴千代, つるちよ). 주군인 롯카쿠(六角, ろっかく) 가문은 남 오우미(南近江, みなみおうみ)에서 세력을 뽐내는 다이묘로, 겐지(源氏, げんじ-젠씨)의 핏줄을 받은 명문이기도 하였다. 그런 가모 가문에 태어난 츠루치요는, 유소년기부터 매우 머리가 똑똑해서 가신이나 주변 사람들로부터 엄청 인기가 많았고 미소년이었다고 한다. 쯔루치요가 12세 때, 히노성을 방문한 사토무라 조하(里村紹巴, さとむ

가모 우지사토(蒲生氏郷, がもう うじさと)

ら じょうは)라는 고명한 인물과 연가(두 사람 이상이 연가의 상구와 하구를 서로 번갈아 읽어 나가는 형식의 노래)로 스승을 밤새도록 대접하여 매우 기쁘게 했다.

쯔루치요와 함께 사토무라 조하를 대접한 할아버지 가모 사다히데(蒲生定秀, がもう さだひで)도 문화를 즐기는 상당한 교양인이었다. 이러한 할아버지의 영향도 있었기에, 쯔루치요는 일찍부터 뛰어난 문화적인 소양을 보여줬다. 북 오우미(北近江, きたおうみ)의 아자이(浅井, あざい) 가문과는 자그마한 분쟁도 있었지만, 이 무렵의 롯카쿠의 당주는 요시카타(義賢, よしかた)로 전성기를 누릴 무렵이어서, 남 오우미는 비교적 평화로웠다. 그러나 그런 롯카쿠 가문에 큰 사건이 발생했다.

롯카쿠 요시카타의 장남, 요시하루(義治, よしはる)가 롯카쿠 가문의 가로의 한 명인 고토 카타토요(後藤賢豊, ごとう かたとよ)와 아들 마타사부로(又三郎, またさぶろう)를 갑자기 공격했던 것이다. 이 일에 분노한 롯카쿠 가문의 가신단은 매우 화를 내며, 고토 카타토요와 어깨를 나란히 하는 가로 중의 한 명인 신도 카타모리(進藤賢盛, しんどう かたもり)의 저택에 모여, 롯카쿠 요시하루를 규탄하지만 당사자로부터는 아무런 해명을 듣지 못했다. 분노를 삭이지 못했던 가신단은 롯카쿠의 거성, 관음사성을 공격하여 성에 불을 지르기까지 하였다.

이것을 안 쯔루치요의 할아버지, 사다히데는 히노에서 급히 서둘러 달려와, 요시하루의 설득에 임했다. 아직 19세여서 가로인 고토 카타토요가 보좌를 했지만 아무래도 그것이 신경에 거슬렸고 그것도 비겁하게 야습을 했던 것이다. 원래 요시하루의 방식에 의문을 가졌던 가신단의 불만이 이 사건으로 폭발했던 것이다.

쯔루치요의 할아버지, 사다히데에 의한 설득은 겨우 성공을 하여, 요시하루는 은퇴하고, 남동생인 요시사다(義定, よしさだ)가 가독을 계승하는 것으로 이른바「고토소동」은 끝이 났다. 이 고토소동이 일어난 후, 평화로 웠던 롯카쿠 집안은 급변하여 분쟁이 빈발하게 되었다. 그리고 고토소동이 일어난 5년 후, 오다 노부나가(織田信長, おだ のぶなが)가 침공해 왔다.

노부나가는 오케하자마 전투(桶狹間の戰い, おけはざまのたたかい)에서 이마가와(今川, いまがわ) 가문을 격퇴한 이후, 오와리(尾張, おわり-현재의 아이치현의 서부)를 통일하고, 이웃 나라 미노(美濃, みの-현재의 기후현의 남부)도 제압했다. 노부나가는 이세(伊勢, いせ)의 간베(神戸, かんべ) 가문도 무너뜨리고, 당주 도모모리(具盛, とももり)에게는 3남 노부타카(信孝, のぶたか)를 양자로 받아들이게 하였다. 그리고 세키성(関城, せきじょう)의 세키 모리노부(関盛信, せき もりのぶ)와도 화평을 맺고, 북이세(北伊勢, きたいせ)도 세력 하에 두었다. 이 타이밍에 에치젠(越前, えちぜん-현재의 후쿠이현의 동부)의 아사쿠라(朝倉, あさくら) 가문에 몸을 의탁하고 있었던 아시카가 요시아키(足利義昭, あしかが よしあき)가, 아사쿠라 가문을 단념하고 노부나가에게 원조를 요청했다. 그리고 드디어 노부나가는 상경(교토로 가는 것)작전을 결행하여 대군을 이끌고 오우미로 침공했다. 이 침공에 이미 노부나가와 동맹을 맺었던 아자이 가문을 비롯하여 오우미의 무장들은 잇달아 노부나가에게 무너졌다.

「고토소동」 이후, 겨우 버티고 있던 롯카쿠 가문은 상당히 어려운 지경에 이르렀다. 롯카쿠 요시카타는 노부나가의 대군을 상대로 항전을 하지만, 불과 하루만에 패배, 고카(甲賀, こうか) 산속으로 피신을 했다. 이 때 쯔루치요의 아버지 가타히데는 요시카타에게 「관음사성을 공격하고 있는 노부나가군의 일부를 무너뜨려, 미쯔쿠리성(箕作城, みつくりじょう)의 군사와 협공을 하자」라고 진언을 했다. 그러나 요시카타는 거절했다. 화가 난 가타히데는 「이런 곳에 있어 보았자 의미가 없다. 히노성으로 돌아가서 철저 항쟁을 하겠다. 노부나가에게 오우미 사무라이의 기세를 보여주겠어!」라고 소리치며 히노성으로 돌아가 군사 천 명과 함께 농성 준비에 들어갔다.

가타히데는 「히노의 꼰대 주군」으로 불렸던 사람이었고, 그만큼 고집이 셌다. 그러나 노부나가 대군을 상대로 천 명의 군사만으로는 역부족이었다. 하지만 다행스럽게도 노부나가에게 항복했던 간베 도모모리(神戸具盛, かんべ とももり)의 아내는 가타히데의 여동생으로, 그가 노부나가와 자리를 주선해 주었다.

간베에 도모모리는 노부나가의 양해를 얻은 후, 히노성으로 뛰어들어가, 「매형, 노부나가는 위험한 인물입니다. 롯카쿠에 대한 의리는 이미 다 했죠? 이제 그만둡시다」라고 자신이 노부나가에게 항복한 경위를 설명하고 필사적으로 설득을 했다. 완고한 꼰대 도모모리도 결국 의지를 꺾고 노부나가에게 항복을 하였다. 가타히데는 쯔루치요와 가신 몇 명을 데리고 노부나가를 방문했다.

가타히데는 노부나가에게 엎드려 항복의 경위를 설명했고, 이 때 노부나가는 「당신을 할복시킬 마음은 전혀 없다」고 했다. 사실 노부나가의 관심은 가타히데가 아니고 옆에 있던 쯔루치요에게 있었다.

노부나가는 가타히데의 말은 듣는 둥 마는 둥 하며, 쯔루치요에게 부드러운 목소리로 말을 걸기 시작했다.

노부나가 「자네 이름이 뭔가?」

쯔루치요 「예, 쯔루치요라고 합니다」

노부나가 「흠, 쯔루치요구나. 나이는?」

쯔루치요 「예. 13세입니다」

시원시원하고 또렷하게 대답하는 쯔루치요를 노부나가는 완전히 마음에 들어, 가타히데에게, 「가타히데, 이 아이를 기후(노부나가의 거성)로 데려가고 싶은데 괜찮지?」라고 말을 했다. 형식상 인질로 데리고 가는 것이었다. 그래서 쯔루치요, 즉 후의 가모 우지사토는 오다 가문의 인질이 되었다. 쯔루치요를 정말 마음에 들어 했던 노부나가는, 즉시 시동으로 옆에 두었고 귀여워했다. 그리고 쯔루치요와 생활하면서 그의 외모나 영민함뿐만 아니라 무장으로서의 높은 소양에도 주목을 했다.

노부나가는 쯔루치요에게 철저한 영재교육을 시켰다. 서 미노(西美濃, にしみの, 현재의 기후현)의 미노삼닌슈(三人衆, さんにんしゅう)의 한 명인 이나바 요시미치(稲葉良通, いなば よしみち)에게 군학을 배우게 하고, 기후 성하 마을의 즈이센지(瑞泉寺, ずいせんじ)의 승려 그룹에게는 한학·종교·유학·시·다도를 배우게 했다. 게다가 창과 활, 마술(馬術) 등의 무예도 철저하게 가르쳤다. 노부나가 밑에서 14세가 된 쯔루치요는, 노부나가가 에보시오야(烏帽子親, えぼしおや-성인의식 때 관례를 행하는 사람)가 되어 관을 씌워 주었고, 노부나가의 관위, 단조다이(彈正台, だんじょうだい)에서 한 글자를 받아 추사부로 야스히데(忠三郎賦秀, ちゅうさぶろ やすひで)로 부르게 되었다. 우지사토라고 부르게 된 것은 아직이다. 쯔루치요를 지칭하는 다양한 이름이 있기에 지금부터는 우지사토로 통일하겠다.

우지사토는 성인식을 치룬 해에 첫 출진을 하였다. 데뷔전의 무대는 이세(伊勢, いせ)의 오카와치성(大河内城, おかわちじょう)이었다. 노부나가는 이 무렵 이미 이세의 북부를 제압했고, 남은 것은 남쪽 이세의 기타바타케(北畠, きたばたけ)뿐이었다. 우지사토는 첫 출진이었기에 격전지에서는 조금 떨어져 있었다. 노부나가는 기타바타케 가신에게 모략을 하여 내부에서 붕괴시킨 후, 공략에 나섰다. 그러나 기타바타케는 약 50일이나 저항을 계속했다. 기타바타케가 저항을 계속하는 중에, 우지사토는 오카와치성의 험한 곳인 마무시 계곡(魔虫谷, まむしだに)에서 같은 편과 떨어지게 되

오카와치성터(大河内城, おかわちじょう)

347

었다. 아무래도 적진 깊숙이 들어간 것 같다. 아버지 가타히데도 엄청 걱정을 하며 찾아 돌아다녔으나 당일에는 발견되지 않았다.

그러나 다음날, 우지사토는 건강한 모습으로 돌아왔다. 온몸에 피를 뒤집어쓰고 적장의 목을 두개나 허리에 찬 모습으로. 아버지는 상당히 기뻐했지만 노부나가는 엄청 화를 냈다. 하지만 결국 포상으로 말린 전복을 주었다. 다소 엉뚱함은 있지만 이 전쟁에서 우지사토의 용맹함은 오다 가문에서 호평을 받았다. 어쨌든, 기타바타케는 최종적으로 노부나가의 차남, 노부카쯔(信雄, のぶかつ)를 당주 기타바타케 도모노리(北畠具教, きたばたけ とものり)의 양자로 삼는 것에 동의하여, 이세는 노부나가의 세력 하에 놓였다.

이세를 평정한 노부나가는 자신의 4녀인 후유히메(冬姫, ふゆひめ)를 우지사토에게 시집을 보냈다. 그리고 우지사토의 가족이 있는 오우미로 가게 했는데 가타히데와 우지사토의 능력이 노부나가를 만족시켰기 때문이다. 참고로 후유히메는 절세가인으로 소문난 사람이었다. 오우미로 돌아온 우지사토였지만 신혼생활을 즐길 여유도 없이 다음 전쟁이 시작되었다. 노부나가는 2만의 군사를 이끌고 에치젠으로 출병하여 아사쿠라 공격을 개시했다. 가모 가문은 시바타 카쯔이에(柴田勝家, しばた かついえ)의 군에 소속되어, 선봉대로서 활약을 하였고, 우지사토도 특기인 창술을 사용하여 적군을 물리쳤다. 우지사토를 필두로 가모 가문의 활약은 오다 가문의 모든 장군도 감동할 정도였다.

그러나 여기서 예상외의 사태가 발생했다. 노부나가와 동맹을 맺었

던 아자이 나가마사(浅井長政, あざい ながまさ)가 배신을 했다. 아무리 노부나가가 대군이라도 북쪽과 남쪽에서 협공을 당하면 힘든 전투가 된다. 노부나가는 키노시타 토키찌로(木下藤吉郎, きのした とうきちろう-후의 도요토미 히데요시)와 아케치 미쯔히데(明智光秀, あけち みつひで), 그리고 도쿠가와 이에야스(徳川家康, とくがわ いえやす)에게 뒤를 맡기고 급히 철수를 시작했다(金ヶ崎の退き口, 가네가사키 철군). 겨우 교토까지 되돌아와서 기후로 가려고 했지만 놀랄만한 정보가 들어왔다.

아자이・아사쿠라의 움직임에 호응하였고, 예전에 노부나가에게 패한 적인 있는 롯카쿠 요시카타(六角義賢, ろっかく よしかた)가 무장봉기를 했다는 것이다. 노부나가는 도중에 총으로 저격을 당하는 등의 위기도 있었지만 롯카쿠의 잔당은 시바타 카쯔이에와 그의 조직 하에 있는 가모 가문에 의해 토벌되었고 기후로 돌아온 노부나가는 반격의 준비를 하였다.

여기서 우지사토는 노부나가의 명령으로 기나이(畿内, きない-왕성과 천황 등이 있는 수도권 주변의 특별구역)를 중심으로 각 지역을 전시 상황으로 바꾸는 등 바쁜 나날을 보낸다. 아네가와 전투(姉川の戦い, あねがわのたたかい)의 시작, 롯카쿠 잔당의 정벌, 오다니성(小谷城, おだにじょう)의 아자이 공격, 더 나아가 아시카가 요시아키(足利義昭, あしかが よしあき) 추방 후의 아자이・아사쿠라 공격, 이세의 나가시마(長島, ながしま)・무장봉기세력 공격・나가시노 전투(長篠の戦い, ながしののたたかい)・배신한 셋쯔노쿠니(摂津国, せっつのくに-현재의 오사카 북중부와 효고현 남동부)의 아라키 무라시게(荒木村重, あらき むらしげ)의 토벌 등, 역사에 남을 수

많은 전투에 참가하였다.

　우지사토는 전투에서는 변함없이 용감하게 선봉에 서는 경우가 많았고, 화려한 전과를 올렸다. 하지만, 전투 중에 너무 전선 앞으로 나가는 경우가 많아 노부나가가, 「우지사토, 대장이 그렇게 무턱대고 앞으로 나가서는 안 된다」라는 충고를 할 정도였다. 그 후에는 「제2차 덴쇼이가의 난(天正伊賀の乱, てんしょういがのらん)」에 참전했다.

　이 전쟁에 대해서 간단히 설명하자면, 이세의 기타바타케에 양자로 들어간 노부나가의 차남, 노부카쯔(信雄, のぶかつ)가 혈기왕성하여 이가노쿠니(伊賀国, いがのくに-현재의 미에현 서부・우에노 분지 일대)에 침공한 것이 사건의 시작이었고, 지형을 잘 활용하는 이가의 닌자들에게 박살이 나 철수를 했다. 어리석은 행동을 한 노부카쯔는 노부나가에게 심하게 혼이 났고, 부모자식의 연을 끊겠다는 말까지 들었다. 노부나가의 분노는 이가로 향해, 드디어 노부나가 자신이 대군을 이끌고 이가로 진군했다. 저항하는 이가의 세력을 노부나가는 가차없이 죽여버렸다. 우지사토가 이끄는 가모군도 이 섬멸전에 참전을 하였다. 그러했기에 이가에서는 우지사토에 대한 평판이 비참할 정도로 나빴다.

　그러나 이 섬멸전의 기록은 사료가 별로 남아 있지 않다. 주로 이가의 사람들의 기록에서 나쁘게 쓰여진 것뿐이어서 어디까지가 진실인지 확실하게는 알 수 없다. 이 덴쇼이가의 난 후, 노부나가는 이가를 평정했다. 그리고 약 10년에 걸쳐 자그마한 분쟁이 계속되었던 이시야마(石山, いしやま) 혼간지를 굴복시켰고, 타케다 가문마저 멸망시켰다. 잘 나갔던 노부나가였지만 혼노지의 변(本能寺の変, ほんのうじのへん)으로 사망했다.

노부나가, 그리고 장남인 노부타다(信忠, のぶただ)도 아케치 미쯔히데에 의해 죽임을 당해 오다 정권은 붕괴하였다. 노부나가 사망의 뉴스는 우지사토가 있던 오우미에 바로 전달되었고, 혼노지가 있던 쿄토와 오우미는 가까웠기 때문이다. 가모 가문은 우왕좌왕했으며, 가족을 데리고 피난가는 사람과, 돈이 될 만한 물건을 챙기고 도망가는 사람이 속출했다.

미쯔히데는 쿄토에서 조정에 금품을 헌상한 뒤, 아즈치(安土, あづち)로 향하자, 쿄고쿠 타카쯔구(京極高次, きょうごく たかつぐ) 등, 오우미의 모든 무장들이 미쯔히데 쪽으로 들어갔다. 미쯔히데의 군세를 본 모든 무장들이 미쯔히데 지지 쪽으로 돌아서는 중에, 우지사토의 아버지 가타히데는 마쯔히데와 싸울 준비를 갖추고, 아즈치성(安土城, あづちじょう)에서 농성을 했다.

가타히데의 중신들은, 우선은 우지사토와 합류하여 히노성(日野城, ひのじょう)에서 농성하도록 설득하였다. 가타히데는 중신들의 이야기를 듣고 아즈치성에 남아 있는 노부나가의 가족을 데리고 히노성으로 갔다. 가타히데는 아즈치성에서 나올 때, 노부나가의 여자들이 「성을 불태울 때 보물을 들고 도망갑시다」라고 제안을 했지만 「그렇게 재물에 욕심을 내면 부처님에게 엄벌을 받습니다」라고 말하며 보물에는 일절 손을 대지 않도록 하였다. 히노성으로 돌아가던 도중, 아케치군의 추격을 받고 7번이나 서로 싸웠지만 전부 물리치며 히노성까지는 무사히 도착할 수 있었다.

아케치 미쯔히데는 가모 가문의 강력함을 아까워하며 「오우미의 반을 줄 테니 같은 편이 되어 달라」고 제안했지만, 가타히데, 우지사토 부자는 이 조건을 단숨에 거절했다. 농성 중, 가타히데는 몰래 이세의 기타바타케 노부오(北畠信雄, きたばたけ のぶお-노부나가의 차남)에게 구원을 요청하였고, 그 외에도 놀랍게도 노부나가의 숙적, 이시야마 혼간지와도 협력의 약속을 받았다. 그러나 가모 가문에게 불리한 상황은 변함이 없었다.

하지만 이 때 가모 가문에게 행운이 찾아왔다. 추고쿠지방(中国地方, ちゅうごくちほう)에서 한창 모리(毛利, もうり)를 공격하고 있던 하시바 히데요시(羽柴秀吉, はしば ひでよし-후의 도요토미 히데요시)가, 모리와 화평을 맺고, 엄청난 속도로 기나이까지 달려 왔다.

히데요시는 셋쯔노쿠니(摂津国, せっつのくに-현재의 오사카 북중부와 효고현 남동부)의 다이묘들과 쯔쯔이 준케(筒井順慶, つつい じゅんけい)를 같은 편으로 끌어들였고, 노부나가의 3남인 오다 노부타카(織田信孝, おだ のぶたか)를 받들며 미쯔히데와 대립했다. 미쯔히데는 기대를 했던 호소가와 후지타카(細川藤孝, ほそかわ ふじたか)・타다오키(忠興, ただおき) 부자의 협력을 얻지 못했기에 충분한 준비가 되지 않은 상태에서 히데요시와 맞붙게 되었다.

이 두 사람은 셋쯔 산성의 경계에 위치하는 야마자키(山崎, やまざき)에서 격돌하였고, 히데요시가 승리하였으며 미쯔히데는 사망하였다. 가모 가문은 위기를 극복했고 우지사토는 기타바타케 노부오와 함께 교토로 들어가서 히데요시를 알현했다. 히데요시는 가모 가문이 미쯔히데를 따르지 않고 농성을 선택한 것을 칭찬하고, 미쯔히데를 따랐던 무장들의 영지를 몰수하여 우지사토에게 주었다. 야마자키 전투(山崎の戦い, やまざきのたたかい-1582년)에서 약 보름 후, 전후 처리를 하기 위해 오다 가문의 중신들은 기요스성(清洲城, きよすじょう)에 집결하여 회의를 개최했다.

이른바 기요스 회의(清洲会議, きよすかいぎ)이다. 오다 가문의 중진, 시바타 카쯔이에는 오다 가문의 후계자로 노부나가의 3남, 노부타카를 옹립하려고 했지만 히데요시는 죽은 노부나가의 장남, 노부타다의 아들인 삼보시(三法師, さんぼうし)를 제안했다. 모반을 일으킨 미쯔히데를 죽인 공훈이 있었기에 회의의 주도권은 히데요시가 쥐고 있었다. 우지사토도 이 회의에 참석

라쿠이찌라쿠자를 행한 기후 성하마을

을 했지만 지위가 낮았기에 분위기를 파악하며 잠자코 있었다. 이 회의에서 오다 가신단은 히데요시파와 카츠이에파로 분열하여 드디어 시즈가타케 전투(賤ヶ岳の戦い, しずがたけのたたかい-1583년)로 발전했다. 우지사토는 카쯔이에와 단교를 하고 히데요시에게 붙었다. 이런 사태를 예견했던 우지사토는 전쟁을 미리 대비하고 있었고, 영토 경영에도 집중했다. 우지사토는 라쿠이찌라쿠자(樂市樂座, らくいちらくざ- 상인들이 물건을 팔 때 토지의 소유주인 절 등에게 자릿세나 세금을 지불하지 않고 누구라도 자유롭게 물건을 팔 수 있도록 한 제도)를 장려하여 상업과 물류를 활성화시켰다. 라쿠이찌라쿠자는 노부나가가 전국적으로 실시하였으며 여러 다이묘들이 실행을 했다.

　　도난품의 매매와 싸움도 금지하여, 상인들이 안전하게 장사할 수 있도록 배려하기도 하였다. 그 외에도 히노는 총의 생산지로도 유명하여 히노에서 만든 「히노즈쯔(日野筒, ひのづつ-히노 화승총)」는 「쿠니토모즈쯔(国友筒, くにともづつ-쿠니토모 화승총)」에 필적하는 총이었다고 한다. 원래 히노는 당시의 오우미의 중심가에서 떨어진 곳이었지만, 이세나 이가, 야마토로 향하는 교통의 요충지였다. 조금 전의 이야기로 돌아가서, 히노 화승총을 비롯하여, 된장이나 곤약, 이가 닌자가 만든 약이나 도검 등의 특산품도 많이 생산하였다. 우지사토의 할아버지 때부터 장사는 번성하였고 우지사토는 그것을 더욱 발전시켰다.

　　우지사토는 영지경영에 힘을 썼지만 한편에서는, 히데요시와 카쯔이에의 대립은 점점 악화되어 양 진영은 카메야마성(亀山城, かめやまじょう)에서 처음 부딪혔다. 시바타 카쯔이에와 같은 편인 다키가와 카즈마스(滝川一益, たきがわ かずます)가 이세에 침공하여, 세키 모리노부(関盛信, せき もりのぶ)가 지키는 카메야마성을 비롯한 이세 주변의 성을 함락했다. 히데요시도 즉시 대군을 동원하여, 오우미의 나가하마성(長浜城, ながはまじょう), 이세의 구와나성(桑名城, くわなじょう)을 중심으로 넓은 지역에 군세를 파견했다.

우지사토가 이끄는 가모군은 선봉을 맡아 카메야마성을 되찾기 위해 맹공격을 퍼부었다. 그러나 견고한 수비 때문에 우지사토도 애를 먹었지만 카메야마성은 군량미가 부족하였기에 성문을 열었다. 이 후, 시바타 카쯔이에와 히데요시는 시즈가타케에서 격돌하여 히데요시가 승리를 하였고, 시바타 카쯔이에는 기타노쇼성(北ノ庄城, きたのしょうじょう)에서 할복을 하였다. 이 일련의 전투에서 공훈을 올렸던 우지사토는 카메야마성을 받을 예정이었지만 우지사토는 거절했다.

우지사토는 「카메야마성은 원래 세키 일족의 성이었기에 그들에게 돌려주십시요」라고 부탁을 했다. 실은 세키 모리노부의 아들인 카즈마사(一政, かずまさ)는 우지사토의 여동생의 남편이었다. 후에 세키 일족은 가모 가문의 사무라이로서 활약을 하였기에 매우 좋은 처사였다고 할 수 있겠다. 시즈가타케 전투 이후, 히데요시 아래의 무장들 사이에서 우지사토의 평판은 매우 좋았다.

시바타 카쯔이에를 무너뜨린 히데요시였지만 이번에는 도쿠가와 이에야스와 부딪혔다. 우지사토는 이에야스와 손을 잡은 노부나가의 차남 노

부카쯔가 있는 이세로 출진을 했다. 우지사토는 쯔쯔이 준케와 토도 타카토라와 함께 이세의 각지에서 분전을 했다. 특히 마쯔가시마성(松ヶ島城, まつがしまじょう)에서는 상당히 격렬한 전투가 펼쳐졌지만 새롭게 가신이 된 세키 일족 등의 신 전력 덕분으로 우지사토는 이세평정에 공헌을 했다.

이것을 인정받아 히데요시로부터 이세 마쯔자카 12만석을 받아, 일전에 격전을 펼쳤던 마쯔가시마성으로 거성을 옮겼다. 히노성에 있었을 때는 6만석이었기에 두 배의 영지를 받은 것이었다. 이 때 우지사토의 나이는 29세였다. 히데요시와 이에야스의 싸움은 고착상태에 빠졌기에, 히데요시로서는 이세방면의 군사거점의 구축을 위해 우지사토를 발탁한 것이었다. 우지사토는 즉시 마쯔가시마성의 대보수공사를 진행하였고, 성하 마을 만들기에도 힘을 쏟았다. 영지경영에 탁월한 재주가 있었던 우지사토는 근세적인 성과 성하 마을을 완성했다. 그러한 덕분에 성하 마을은 눈부신 발전을 거듭하였다.

그러나 성하 마을이 발전할수록 무사나 백성들이 증가하여 마쯔가시마성은 미어터지게 되었다. 그래서 우지사토는 새로운 성과 성하 마을 만들기에 착수했다. 이 무렵 대지진이 발생하여 마쯔가시마성도 큰 피해를 입었기에 새로운 성이 필요했던 것이다. 이러한 경위로 새롭게 만들어진 성이 마쯔자카성이다. 이 때 만들어진 성하 마을은 지금의 마쯔자카시의 기반이 되었다. 우지사토는 성곽과 성하 마을 만들기에 전념하면서도 구 세력과도 싸웠고, 히데요시의 명령에 따라 기슈(紀州, きしゅう)의 네고로슈(根来衆, ねご

ろしゅう-기슈 북부의 네고로사를 중심으로 일대에 거주하던 승려들의 집단)의 정벌과 큐슈정벌에 출진, 더 나아가 교토 대불전의 공사, 교토에서 천황의 주라꾸테(聚楽第, じゅらくてい-히데요시가 만들었고 행정·저택·성곽·유흥을 했던 곳) 행차, 히데요시가 요도도노(淀殿, よどどの-히데요시의 측실)를 위해서 만든 요도성(淀城, よどじょう)의 공사 등, 전쟁과 건축공사, 연회를 주재하는 역할을 맡으면서 본인의 성곽과 보수, 그리고 새로운 성과 성하 마을 건설을 단기간(약 5년)에 해치웠다.

이런 미친 스케줄을 무사히 성공할 수 있었던 것은, 히노에서 데리고 온 가신단과 상인들, 장인들과 이세의 새로운 영민들을 우지사토가 조화롭게 뭉치게 한 결과였다. 그 외에도 멀리 떨어진 로마 바티칸에 몇 번이나 사절단을 파견하기도 하였다. 실은 일전에 우지사토는 다카야마 우콘(高山右近, たかやま うこん)의 권유로 기독교의 세례를 받았고 세례명은 「레오」이다. 이 이야기는 다양한 설이 있다. 사절단에게는 황금을 주었고, 로마나 스페인으로부터 총을 수입하기도 하였다. 우지사토는 평생 측실을 두지 않았기에 기독교의 영향이 없었다고는 할 수 없다. 후쿠시마현에 가면 레오 우지사토 남반관(レオ氏郷南蛮館, れおうじさとなんばんかん)이 있는데

레오 우지사토 남반관

최근(2023년 5월)에 저자가 가 보았지만 레오 우지사토 남반관이라는 간판이 없었다. 그 가게(1층에는 민예품을 팔고 2층이 자료실)의 주인에게 물어보니, 관청에서 사료 미비로 그 자격을 박탈하였다고 하였기에, 우지사토가 기독교인이었다는 것에는 다소 의문이 남는다.

  이세 마쯔자카 시대에 이름을 우지사토도 바꾸었다. 주군인 히데요시는 도쿠가와 이에야스를 복종시켰고 남은 것은 관동의 호조와 동북부 지방의 처리였다. 히데요시는 오다와라 정벌(小田原征伐, おだわらせいばつ)을 결심하여 전국의 다이묘에게 동원을 명하였고 당연히 우지사토도 참전을 했다. 히데요시군은 압도적인 대군으로 오다와라성을 포위하였고, 동북부 최대의 세력을 뽐냈던 다테 마사무네(伊達政宗, だて まさむね)도 히데요시에게 복종을 하였다. 결국 호조는 히데요시에게 항복을 하였고, 성주 호조 우지마사(北条氏政, ほうじょう うじまさ)는 할복을 하였다. 그 후 히데요시는 오슈(奧州, おうしゅう·현재의 일본 동북부, 후쿠시마·미야기·이와테·아오모리·아키다현의 일부)의 다이묘들에게 영지의 재편성을 행하였고 이것에 의해 다수의 다이묘가 전봉 혹은 감봉, 면직이 되었다.

  이러한 흐름 속에서 우지사토에게도 새로운 전기가 찾아왔다. 히데요시의 명령으로 이세 마쯔자카에서 아이즈(会津, あいづ·현재의 후쿠시마현) 구로가와(黒川, くろかわ)로 전봉이 결정되었고 전봉 후는 42만석이 되어 전보다 3.5배가 늘었다. 그만큼 우지사토에게 주어진 역할은 컸다. 아이즈는 다테 마사무네의 인국이었기에 마사무네를 감시하도록 하였다. 우지사토는 이

제안을 한번 거절했다. 왜냐하면 이 제안은 처음에 호소가와 타다오키에게 간 것이었고, 타다오키가 자신이 없다고 거절하였으며, 다음에는 호리 히데마사에게 제안되었다. 그 역시 다테 마사무네를 겁내며 거절하였고 그 세번째가 우지사토였기 때문이다. 우지사토는 히데요시에게 「지금까지 이세 마쯔자카를 잘 운영해 왔기에 다른 영지로 전봉하는 것은 좀 그렇습니다」라고 항의를 했다.

그러자 히데요시는 「우지사토, 아이즈 구로가와는 오슈 지역이라고 해도 중요한 포인트가 되는 곳이야. 나도 누구를 보낼까 고민했어. 너와 나는 오다 노부나가라는 같은 주군을 모신 사이가 아니냐? 주군의 꿈을 이룰 수 있는 인물은 자네밖에 없어. 부탁할게」라고 설득을 하자 우지사토도 이렇게까지 말을 하는데 안 갈 수는 없었다. 히데요시의 「오슈지방 영지 재편성」은 많은 혼란을 초래했다. 이 당시 도요토미 정권은 억지스러운 토지검사와 가타나가리(刀狩り, かたながり-무사 이외의 사람 곧, 농민 등으로부터 무기를 몰수한 일), 전봉되어 온 다이묘가 영민에게 지나치게 엄하게 대해서 백성들로부터 원망이 높았다. 하지만 히데요시는 토지검사와 가타나가리에 대해서 불만이 있는 자는 모두 죽여도 좋다고 명령을 했다.

우지사토가 아이즈 구로가와에 들어가자 마자, 「가사이・오오사키 잇키(葛西・大崎一揆, かさい・おおさきいっき)」를 비롯해서 오슈 각지역에서 무장봉기가 발발하여, 우지사토는 그 대응에 쫓겼다. 우지사토는 아이즈에서 출진하여 도요토미 히데쯔구(豊臣秀次, とよとみ ひでつぐ)와 도쿠가와 이에야스, 다

테 마사무네와 합류하여, 겨우 무장봉기세력을 진압했다. 이것에 의해 마사무네의 영토는 증가하지만 여기서 문제가 발생했다. 무장봉기세력의 발생에 부자연스러움을 느낀 우지사토는 일의 경위를 조사했고, 마사무네가 연관되었다는 증거를 잡았다. 마사무네는 이래저래 핑계를 댔지만 포상으로 받을 영지를 몰수당했다.

그러나 이번에는 남부 가문의 호족, 구노헤 마사자네(九戸政実, くのへ まさざね)가 반란을 일으켰다. 도요토미 정권은 우지사토를 대장으로 동국지방 모든 무장을 동원, 5천의 군사로 봉기한 구노헤 마사자네 쪽으로 6만의 대군을 파견했다. 그러나 구노헤 마사자네는 동북에서도 굴지의 요새인 구노헤성(九戸城, くのへじょう)에서 농성전을 전개하며 도요토미 대군을 괴롭혔다. 이 성은 방어가 단단함은 물론이고, 무기, 도구나 총탄까지 만들 수 있는 공방도 가지고 있었다. 그러나 이 농성전은 불과 3일 만에 정전이 되었다.

도요토미군은 구노헤 마사자네의 보리사의 주지를 통해서 항복을 권유했다. 그러나 머리를 전부 밀고 항복에 응한 마사자네를 우지사토는 죽여버렸다. 그리고 「성에서 도망쳐 나오는 녀석이 있으면 한 명도 남기지 말고 죽여라!」고 명령을 했다. 바로 도요토미군은 그대로 성으로 물밀듯이 들어가서, 농성하고 있던 자들을 성의 내성에 몰아넣어 불을 질렀다. 도망치려는 자는 명령대로 가차없이 베어버렸다. 그러나 이 건에 대해서는 의문도 남는다. 최근에 행해진 발굴조사에서는, 현장에서 전국시대의 것이라고 여겨지는 도상(刀傷, 칼에 베인 상처)이 있는 인골이 발견되지 않았다. 발견된 인골은 십 수 명밖에 되지 않아 농성했던 군사의 수와 전혀 맞지 않았다. 우지사토가 속여서 죽였다는 그 시대의 사료, 즉 1차 사료에 있는 이야기는 아니지만 구노헤 마사자네가 죽은 것은 틀림없는 사실이다. 어쨌든 이「구노헤 마사자네의 난」의 진압으로 히데요시는 일본통일의 대업을 이루었다. 이 난의 제압으로 우지사토는 히데요시로부터 73만석을 받아 가모 가문은 동북지방 최대의 다이묘가 되었다.

통일 후, 우지사토는 거성인 구로가와성의 대보수에 착수하여 1년 남짓으로 동북지방 최대규모의 성으로 만들었다. 이렇게 탈바꿈한 구로가와성은 아이즈와카마쯔성(会津若松城, あいづわかまつじょう)으로 이름을 바꾸었다. 우지사토의 아명 츠루치요에 빗대어 쯔루가성(鶴ヶ城, つるがじょう)이라고도 한다. 성하 마을도 아이즈와카마쯔성과 마찬가지로 동북 지방 최대의 규모로 만들었다. 건설에는 우지사토의 고향 오우미에서도 장인들이 참여하였고, 히노나 마쯔자카 시절의 노하우를 살려서 근세적인 성하 마을로 완성했다. 마을의 구획도 철저히 계획대로 진행하여 아름다운 마을이 되었다.

그리고 시가지를 의도적으로 굴곡시켜 전망이 나쁘며, 적의 침입을 방해할 수 있도록 하였다. 우지사토는 아이즈와카마쯔에서도 라쿠이찌라쿠자를 장려하여 마을은 착실히 번성해 갔다. 아이즈에서 착실히 일을 했던 우지사토였지만, 주군인 히데요시는 본격적으로 폭군의 면모를 더해 갔다.

히데요시의 야심은 해외로 향했고, 주위의 반대를 무릅쓰고 조선으

로의 출병을 단행했다. 히데요시는 우키타 히데이에(宇喜多秀家, うきた ひでいえ)를 대장으로 14만명 이상의 대군을 편성하여 조선반도로 보냈다. 히데요시는 조선 출병의 거점 히젠(肥前, ひぜん-지금의 사가현) 나고야성(名護屋城, なごやじょう)에 10만의 예비부대와 함께 주둔했다.

이 조선 출병은 주로 서쪽 지역의 다이묘 가문을 중심으로 편성되었지만, 동북에서는 우지사토, 다테 마사무네도 참전을 했다. 마사무네는 우지사토가 본인에게 무장봉기의 의심이 있다는 보고를 한 것을 비꼬며 휘황찬란한 군장과, 그리고 우지사토군의 2배 이상의 병력을 이끌고 참전을 했다. 우지사토도 마사무네에 대한 의심을 풀지 못해서 아이즈와카마쯔성에는 최정예군을 남겨두고 출진을 했다. 이 당시 우지사토는 몸 상태가 좋지 않아 결국 조선으로 도항은 하지 못했다.

그러나 아이즈에서 성이 완성되었다는 소식을 듣고, 기뻐하며 히데요시에게 보고를 했다. 그리고 히데요시에게도 요도도노와의 사이에 대망의 남자 아이, 히데요리(秀頼, ひでより)가 태어나서 히데요시는 오사카로 향하였고 우지사토도 동행을 했다. 후계자가 태어나 기분이 좋아진 히데요시는, 오랜 세월에 걸쳐 공헌을 세운 우지사토에게 쌀 2천 가마를 하사했다. 그리고 히데요시의 명령으로 우지사토의 딸과 마에다 도시이에(前田利家, まえだ としいえ)의 차남, 도시마사(利政, としまさ)와 혼례를 올리는 것을 보고 아이즈로 돌아왔다. 이 후, 그 유명한 「다이코겐치(太閤検地, たいこうけんち-히데요시가 일본 전국에서 행한 측량 및 수확량 조사)」가 행해졌고, 가모 가문이 소유한 영지는 더 증가

하여 놀랍게도 99만석까지 올라갔다. 이것으로 가모 가문은 전국 3번째의 대 다이묘가 되었다.

우지사토도 기뻤는지, 지금까지 함께 해 온 가신들에게 감사의 마음으로 영지를 듬뿍 나누어 주었다. 그러나 기쁨을 나눌 틈도 없이 히데요시의 명령으로 교토로 가서 고야산(高野山, こうやさん)으로 꽃놀이를 겸해 참배를 갔다. 몸 상태가 좋지 않는 상태에서 무리한 동행을 하였다. 그리고 「나도 조선에 가서 지휘를 하겠다!」 라고 엉뚱한 소리를 하는 히데요시에게 우지사토는 「주군이 일부러 갈 필요는 없습니다. 어떻게든 가시겠다고 하면 제가 가겠습니다」 라고 말을 하며 히데요시의 출병을 나무라듯이 말해서 히데요시의 심기를 불편하게 했다는 소문이 흘렀다.

그리고 교토에 있는 본인의 후시미(伏見, ふしみ) 저택에서 히데요시를 초대하여 연회를 열었지만 몸 상태가 급격하게 나빠졌다. 걱정을 한 히데요시는 명의로 유명한 마나세 도산(曲直瀬道三, まなせ どうさん)을 불렀고, 도쿠가와 이에야스와 마에다 도시이에도 의사를 데리고 우지사토를 병 문안하도록 가신에게 명령을 했다. 그러나 그러한 보람도 없이 우지사토의 병 상태는 악화하기만 하여, 마침내 돌아올 수 없는 길을 떠났다. 향년 40세. 우지사토의 갑작스러운 죽음으로 히데요시를 비롯하여 우지사토를 아는 모든 다이묘들은 충격을 받았으며 동시에 가모 가문의 미래를 걱정하였다. 우지사토라는 리더를 잃은 가모 가문은 내분이 발생하였고, 더 나아가 세키가하라 전투나 오사카 전투에서도 농락을 당하여, 역사의 뒷무대로 사라졌다.

너무나 갑작스러운 죽음 때문에 히데요시의 독살이라는 이야기도 있지만 그것은 터무니없는 이야기이다. 죽음의 원인으로 생각되는 것은 「과로」가 아닐까 라는 생각이 든다. 젊었을 때부터 성의 구축과 개축, 성하마을의 정비로 전국을 돌아다녔으며, 격렬한 전투에도 몇 번이나 참전하였기에 아무리 철인이라도 버티지는 못했을 것이라는 합리적인 추론을 해본다. 우지사토의 사후, 가모 가문의 내분도 있고 해서, 92만석에서 18만석으로 대 감봉이 이루어졌고, 아이즈에서 우쯔노미야(宇都宮, うつのみや)로 전봉되었다. 그 후, 가모 가문이 떠난 아이즈로 옮겨온 가문은 고다이로(五大老, ごたいろ)의 한 명이 우에스기 카게카쯔(上杉景勝, うえすぎ かげかつ)이다. 나중에 이에

린카쿠(麟閣, りんかく)

야스가 아이즈 정벌을 하게 된 계기를 만든 인물이다. 우지사토의 죽음은 도요토미 정권뿐만 아니라 당시의 다도계에도 큰 손실이었다.

　　우지사토는 다도의 슈퍼스타인 센노리큐(千利休, せんのりきゅう)의 제자이기도 하였다. 우지사토는 그 중에서도 리큐시찌테쯔(利休七哲, りきゅうしちてつ)라고 불리는 7명의 무장(武将) 수제자 중의 한 명이었다. 우지사토는 일을 하는 틈틈이 스스로 대나무로 가루차를 떠내는 조그마한 숟가락을 만들어 다도를 즐기는 가신이나 상인에게 주었다. 후에 센노리큐는 여러 가지 이유로 히데요시에게 할복을 명 받았다. 그러나 우지사토는 리큐의 아들, 센노쇼안(千少庵, せんのしょうあん)을 위해 아이즈와카마쯔성 안에 「린카쿠(麟閣, りんかく)」라는 다실을 만들어 쇼안을 몰래 숨겨 두었다. 쇼안은 지금의 다도 우라센케(裏千家, うらせんけ-다도 유파 중의 하나), 오모테센케(表千家, おもてせんけ)의 선조이다. 우지사토는 문화인으로서도 뛰어났고, 내정능력도 발군이었기에 에도시대까지 살아 있었다면 틀림없이 뛰어난 번주가 되었을 것이다.

초판발행_ 2023년 10월 21일
1쇄 발행_ 2023년 10월 21일
저자_ 이장우
펴낸이_ 이장우
펴낸곳_ Freedom&Wisdom
등록일자_ 2014년 1월 17일
등록번호_ 제 398 - 2014 - 000001호
전화_ 070-8621-0070
이메일_ jpt900@hanmail.net

ISBN 979-11-86337-58-5

Copyright © 2023 이장우

* 본서의 내용을 사전 허가없이 전재하거나 복제할 경우 법적인 제재를 받게 됨을 알려 드립니다.
* 잘못된 책은 구입하신 서점이나 본사에서 교환해 드립니다.
* 정가는 표지에 표시되어 있습니다.